淘宝网店运营

全能一本通

开店 装修 推广 物流 客服

◎ 陈志轩 张运建 张艳格 张燕 编著

【视频指导版 第2版】

人民邮电出版社

北 京

图书在版编目（CIP）数据

淘宝网店运营全能一本通：视频指导版／陈志轩等编著. -- 2版. -- 北京：人民邮电出版社，2020.1（2020.8重印）
ISBN 978-7-115-50910-9

Ⅰ. ①淘… Ⅱ. ①陈… Ⅲ. ①电子商务-商业经营-中国 Ⅳ. ①F724.6

中国版本图书馆CIP数据核字(2019)第037512号

内 容 提 要

淘宝网作为电子商务模式的代表平台之一，在电子商务网站中具有相当广泛的影响力。它一方面为买家提供了非常丰富的网络购物服务，另一方面也为各大卖家提供了良好的销售平台。本书从淘宝网店运营的角度出发，详细介绍了开店的准备、选择并发布商品、店铺管理、商品拍摄和美化、店铺装修、搜索排名优化、站外和站内推广、数据分析、物流管理和客服管理等内容。

本书可作为普通高等院校电子商务相关专业的教材，也可作为淘宝开店、运营管理培训的培训教材，还可供已经从事或准备从事淘宝店铺工作的相关人员学习和使用。

◆ 编　　著　　陈志轩　张运建　张艳格　张　燕
　　责任编辑　　许金霞
　　责任印制　　周昇亮

◆ 人民邮电出版社出版发行　　北京市丰台区成寿寺路 11 号
　　邮编　100164　电子邮件　315@ptpress.com.cn
　　网址　http://www.ptpress.com.cn
　　北京鑫正大印刷有限公司印刷

◆ 开本：787×1092　1/16
　　印张：17.5　　　　　　　　　2020 年 1 月第 2 版
　　字数：434 千字　　　　　　　2020 年 8 月北京第 3 次印刷

定价：52.00 元

读者服务热线：(010)81055256　印装质量热线：(010)81055316
反盗版热线：(010)81055315
广告经营许可证：京东市监广登字 20170147 号

前言 PREFACE

随着电子商务市场的不断发展，淘宝平台的竞争环境、淘宝用户的特征等均已发生变化，淘宝网作为早年的"创业圣地"，虽然对创业者依然具有不凡的吸引力，但淘宝创业已不是轻而易举的事。

为了更好地帮助读者认识淘宝网，掌握淘宝网的开店过程和经营方法，我们编写了《淘宝网店运营全能一本通》一书。该书上市两年多，得到了很多老师和读者的好评。但在这两年的时间里，淘宝网的政策及网店运营的方法也在不断发生变化，为了能让广大读者更好地了解这些变化，并能将新方法和新思维运用到淘宝店铺的运营中，本书在第1版的基础上，加入了一些新知识，如拍摄和制作主图视频、店铺视觉设计、移动端店铺装修与推广、内容电商的全渠道推广、直播引流推广等，从而帮助读者更好地在淘宝网上发挥所长，使读者不仅可以实现在淘宝网上开店，还可以在淘宝网上运营一个既有口碑又能盈利的店铺。

本书共4篇，包括店铺开张、网店装修、运营推广和管理售后，其具体内容和学习目标如下表所示。

本书内容和学习目标

篇	章节	主要内容	学习目标
店铺开张	第1章~第3章	1. 开设一家淘宝店铺 2. 选择并发布商品 3. 店铺管理	了解网上开店的常见平台，熟悉淘宝开店的流程，掌握淘宝开店的方法，在合理定位的基础上选择并发布商品，完成店铺的基本设置和管理
网店装修	第4章~第5章	1. 拍摄并美化商品素材 2. 店铺的设计与装修	了解商品拍摄的基础知识，学会使用Photoshop处理和美化图片，能够完成对店铺不同板块的设计和装修
运营推广	第6章~第9章	1. 搜索引擎排名与优化 2. 利用站外资源推广店铺 3. 利用站内资源推广与促销 4. 网店数据分析	掌握网店推广的基本方法，学会查看和分析网店的经营数据，学会对网店各项内容进行优化
管理售后	第10章~第11章	1. 网店物流与仓储 2. 网店客服与售后服务	掌握网店物流的管理方法，掌握网店客服服务的方法与技巧

本书内容主要有以下特点。

（一）知识系统，结构合理

本书针对淘宝店铺运营的需求，逐步深入地介绍了与其相关的开店、装修、推广、物流、客服等知识，由浅入深，层层深入。与此同时，本书按照"知识讲解＋疑难解答＋经典案例＋高手进阶"的方式进行讲解，让读者在学习基础知识的同时进行实战练习，从而加强读者对知识的理解与运用。

（二）案例丰富，实用性强

本书知识讲解与实例操作同步进行，结合真实的店铺需求进行内容架构，案例丰富、实用。读者可以借鉴书中的案例进行练习，也可以在其基础上进行扩展练习。本书具有很强的可读性和可操作性，可以帮助读者快速理解与掌握相关知识的应用。

（三）教学资源丰富

书中的"经验之谈"小栏目是关于淘宝网开店、装修、推广、物流、客服的经验、技巧与提示，能帮助读者更好地梳理知识；"新手练兵"小栏目给出了练习的任务，方便读者对知识进行巩固。此外，本书为读者提供了配套的视频教学资料，读者直接扫描二维码即可观看。本书的相关素材和效果文件可通过登录人邮教育社区（www.ryjiaoyu.com）进行下载。

本书由多年在一线教学且网店运营经验丰富的教师编写，同时也得到了众多皇冠店主的支持，在此表示衷心的感谢。

编者

2019年5月

目录 CONTENTS

第1篇 店铺开张

第1章 开设一家淘宝店铺

1.1 网上开店的方式 002
1.1.1 自助式开店 002
1.1.2 创建独立网站 002
1.1.3 独立网站和自助开店结合 003

1.2 常见的网上开店平台 003
1.2.1 常见的电子商务类型 003
1.2.2 网上开店的平台 004
1.2.3 淘宝网中的店铺类型 006
1.2.4 淘宝店铺的移动运营 007

1.3 淘宝店铺的运营流程 007
1.3.1 开店前期准备 008
1.3.2 选择开店平台 008
1.3.3 开设店铺并完成装修 008
1.3.4 进货 008
1.3.5 拍摄商品照片 009
1.3.6 上传商品 009
1.3.7 店铺营销和推广 009
1.3.8 商品售中服务 010
1.3.9 发货 010
1.3.10 处理评价和投诉 010
1.3.11 售后服务 010

1.4 注册淘宝会员 010
1.4.1 注册成为淘宝会员 010
1.4.2 登录淘宝账户 012

1.5 开通支付宝认证 013

1.6 申请淘宝店铺 014
1.6.1 分析店铺定位 014
1.6.2 申请店铺 015

1.7 店铺设置 018
1.7.1 应用店铺模板 018
1.7.2 选择合适的店铺风格 018
1.7.3 店铺基本设置 020

疑难解答 022

经典案例——找准市场定位，网店轻松发展 022

实战训练 023

第2章 选择并发布商品

2.1 选择合适的商品 025
2.1.1 选品前的市场分析 025
2.1.2 选品前的行业分析 026
2.1.3 选品前的消费者分析 026
2.1.4 选择商品 027

2.2 网上商品的进货渠道 028
2.2.1 在阿里巴巴批发进货 028
2.2.2 通过分销网站进货 032

2.2.3 通过供销平台进货 032
2.2.4 通过线下批发厂家进货 033
2.2.5 其他进货渠道 033
2.2.6 进货的技巧 034

■ 2.3 发布商品和修改信息 035
2.3.1 发布一口价商品 035
2.3.2 使用淘宝助理批量
发布商品 038
2.3.3 修改商品信息 041

■ 疑难解答 041

■ 经典案例——严把质量关，
成功上皇冠 042

■ 实战训练 043

第3章 店铺管理

■ 3.1 推荐优势商品 045
3.1.1 商品推荐的原则 045
3.1.2 使用橱窗推荐商品 046
3.1.3 使用店铺推荐位推荐商品 ... 046

■ 3.2 使用千牛工作台与买家
交流 047
3.2.1 认识和设置千牛工作台 047
3.2.2 联系人管理 049
3.2.3 与买家进行交流 050

■ 3.3 商品交易管理 053
3.3.1 商品上下架 053
3.3.2 商品信息修改 053
3.3.3 订单发货 055
3.3.4 退款处理 056
3.3.5 关闭交易 056
3.3.6 评价买家 057

■ 3.4 用千牛工作台管理店铺数据
.... 057
3.4.1 工作台的功能 057
3.4.2 查看店铺数据 058
3.4.3 查看物流数据 060

■ 3.5 用支付宝管理账目 061
3.5.1 查询账户余额 061
3.5.2 查看账单明细 062
3.5.3 申请提现 063

■ 疑难解答 063

■ 经典案例——及时与买家沟通，
避免投诉和差评 063

■ 实战训练 064

第2篇 网店装修

第4章 拍摄并美化商品素材

■ 4.1 使用相机拍摄商品 066
4.1.1 相机需具备的功能 066
4.1.2 相机的设置 067
4.1.3 拍摄方法 068

■ 4.2 室内外商品拍摄技法 069
4.2.1 室内商品拍摄技法 069
4.2.2 室外商品拍摄技法 073

■ 4.3 认识图像处理软件 074
4.3.1 选择合适的图像处理软件 ... 074
4.3.2 了解常用图片处理操作 075

■ 4.4 处理图片 076

4.4.1 调整图片大小 …………… 076
4.4.2 裁剪图片 ……………… 076
4.4.3 旋转图片 ……………… 079
4.4.4 变换图片 ……………… 080
4.4.5 调整曝光不足或曝光过度的
图片 ………………… 080
4.4.6 调整图片亮度和对比度 …… 080
4.4.7 调整图片颜色 …………… 081
4.4.8 为图片添加水印 ………… 083
4.4.9 为图片添加边框 ………… 084
4.4.10 使图片更加清晰 ………… 084
4.4.11 抠图 ………………… 085
4.4.12 批处理图片 …………… 092

■ 4.5 拍摄和制作主图视频 ……… 093
4.5.1 主图视频内容设计 ……… 093
4.5.2 主图视频拍摄的流程 …… 094
4.5.3 使用淘拍拍摄视频 ……… 095

■ 疑难解答 ………………… 097

■ 经典案例——商品美化，成就
销量神话 ………………… 098

■ 实战训练 ………………… 099

第5章 店铺的设计与装修

■ 5.1 店铺视觉设计 …………… 101
5.1.1 认识视觉营销 …………… 101
5.1.2 商品主图视觉设计 ……… 101
5.1.3 店铺首页视觉设计 ……… 102
5.1.4 商品详情页视觉设计 …… 104
5.1.5 移动端店铺视觉设计 …… 105

■ 5.2 电商文案的策划与写作 …… 107
5.2.1 文案的策划 …………… 107

5.2.2 文案的写作 …………… 108

■ 5.3 设置主图 ……………… 109
5.3.1 主图的尺寸要求 ………… 110
5.3.2 制作主图图片 …………… 110

■ 5.4 设置店招和导航 ………… 112
5.4.1 店招制作规范 …………… 112
5.4.2 设计店招 ……………… 112
5.4.3 上传店招 ……………… 115
5.4.4 设置导航条 …………… 120

■ 5.5 设置分类导航 ………… 121
5.5.1 分类导航制作规范 ……… 121
5.5.2 制作分类导航按钮 ……… 122
5.5.3 设置分类导航按钮 ……… 123

■ 5.6 添加店铺其他装修模块 …… 124
5.6.1 图片轮播模块 …………… 125
5.6.2 客服中心 ……………… 129
5.6.3 商品搜索 ……………… 130

■ 5.7 设计商品详情页 ………… 131
5.7.1 商品详情页制作规范 …… 131
5.7.2 制作商品详情页 ………… 131

■ 5.8 装修移动端店铺 ………… 138
5.8.1 设置移动端店铺的店标
与店招 ………………… 138
5.8.2 设置移动端店铺的商品
模块 ………………… 140
5.8.3 设置移动端店铺的商品
详情页 ………………… 141

■ 疑难解答 ………………… 142

■ 经典案例——店铺装修成就
大生意 ………………… 144

■ 实战训练·············· 145

第3篇　运营推广

第6章　搜索引擎排名与优化

■ 6.1 影响淘宝搜索排序的因素 ··· 147

■ 6.2 优化商品标题 ·············· 148
　6.2.1 了解商品标题的结构 ······ 148
　6.2.2 查找关键词 ·············· 148
　6.2.3 拆分与组合关键词 ········ 149
　6.2.4 突出卖点 ················ 151

■ 6.3 优化商品描述页 ·········· 151
　6.3.1 目标消费人群定位 ········ 151
　6.3.2 商品展示 ················ 151
　6.3.3 页面布局 ················ 153
　6.3.4 加载速度 ················ 153
　6.3.5 关联营销 ················ 153

■ 6.4 其他类型优化 ············ 154
　6.4.1 类目优化 ················ 154
　6.4.2 价格优化 ················ 156
　6.4.3 图片优化 ················ 157
　6.4.4 商品上下架时间优化 ······ 160
　6.4.5 橱窗推荐 ················ 161

■ 疑难解答 ···················· 162

■ 经典案例——关联营销提高
店铺动销率 ·················· 164

■ 实战训练 ···················· 164

第7章　利用站外资源推广店铺

■ 7.1 店铺流量的来源 ·········· 166
　7.1.1 淘宝站外流量 ············ 166
　7.1.2 站内搜索 ················ 166
　7.1.3 付费推广 ················ 167
　7.1.4 参与活动 ················ 168
　7.1.5 会员营销 ················ 168

■ 7.2 运用网络资源宣传店铺 ······· 168
　7.2.1 微博推广 ················ 168
　7.2.2 微信推广 ················ 170
　7.2.3 淘宝论坛推广 ············ 174

■ 7.3 运用站外平台宣传店铺 ······· 176
　7.3.1 折800 ··················· 176
　7.3.2 返利网 ·················· 176
　7.3.3 卷皮网 ·················· 178
　7.3.4 参与团购 ················ 178
　7.3.5 其他站外平台 ············ 179

■ 7.4 内容电商的全渠道推广 ······· 180
　7.4.1 内容型电商的现状和类型 ··· 180
　7.4.2 淘宝内容营销的常见入口 ··· 182
　7.4.3 内容电商的主要形式和
　　　　优化 ·················· 185

■ 疑难解答 ···················· 186

■ 经典案例——借助自媒体的
"东风"推广店铺 ············· 188

■ 实战训练 ···················· 188

第8章　利用站内资源推广与促销

■ 8.1 利用淘宝活动进行营销
推广 ························· 190

8.1.1 策划店内促销活动 190

8.1.2 参加免费试用 191

8.1.3 加入淘宝直通车 193

8.1.4 参加智钻 200

8.1.5 参加淘宝"天天特价" 205

8.1.6 参加聚划算 207

8.1.7 淘宝客推广 208

■ **8.2 直播引流推广** **210**

■ **8.3 移动端店铺推广** **211**

8.3.1 利用"码上淘"进行推广 ... 212

8.3.2 利用微淘达人推广店铺 ... 213

■ **疑难解答** **215**

■ **经典案例——玩转直通车,快速打造淘宝爆款** **216**

■ **实战训练** **217**

第9章 **网店数据分析**

■ **9.1 网店数据分析的意义** **219**

9.1.1 了解电商大数据 219

9.1.2 了解网店数据 220

■ **9.2 网店经营现状分析** **221**

9.2.1 基本流量分析 221

9.2.2 基本运营数据分析 222

■ **9.3 网店商品分析** **223**

9.3.1 商品销量分析 223

9.3.2 商品关联分析 223

9.3.3 单品流量分析 224

■ **9.4 客户分析** **225**

9.4.1 客户购物体验分析 225

9.4.2 客户数据分析 226

9.4.3 客户特征分析 227

9.4.4 客户行为分析 228

■ **9.5 常用数据分析工具** **229**

9.5.1 使用工具进行实时流量分析 229

9.5.2 使用工具进行实时商品分析 231

9.5.3 使用工具进行实时交易分析 233

■ **疑难解答** **235**

■ **经典案例——小数据中的"大道理"** **236**

■ **实战训练** **237**

第4篇 管理售后

第10章 **网店物流与仓储**

■ **10.1 物流的选择** **239**

10.1.1 网上商品的主要发货方式 239

10.1.2 如何选择适合自己的物流 240

■ **10.2 物流设置** **241**

10.2.1 服务商设置 241

10.2.2 运费模板设置 242

10.2.3 编辑地址库 243

■ **10.3 仓储管理** **244**

10.3.1 商品入库 244

10.3.2 商品包装 ························ 244

10.3.3 商品出库 ························ 246

10.3.4 物流跟踪 ························ 247

10.3.5 货物维护 ························ 247

■ 疑难解答 ························ 248

■ 经典案例——好物流成就
好口碑 ························ 249

■ 实战训练 ························ 250

第11章 网店客服与售后服务

■ 11.1 了解客户服务 ·············· 252

11.1.1 客户服务的意义 ············· 252

11.1.2 客户服务的沟通原则 ······ 253

11.1.3 客户服务流程 ················ 255

■ 11.2 售前服务 ···················· 255

11.2.1 介绍商品 ····················· 256

11.2.2 推荐商品 ····················· 256

11.2.3 与不同的买家沟通 ·········· 256

■ 11.3 售中服务 ···················· 257

■ 11.4 售后服务 ···················· 257

11.4.1 售后客服注意事项 ·········· 258

11.4.2 对待买家的中评和差评 ····· 258

11.4.3 退换货处理 ··················· 259

■ 11.5 客户关系管理 ·············· 260

11.5.1 新客户的寻找和邀请 ········ 260

11.5.2 影响客户回头率的因素 ····· 260

11.5.3 老客户的发展与维护 ········ 261

11.5.4 客户关系管理工具 ·········· 262

11.5.5 客户关系管理的内容 ········ 262

■ 11.6 客服人员管理 ·············· 265

11.6.1 客服人员的招聘和选择 ····· 265

11.6.2 客服人员素质要求 ·········· 266

11.6.3 客服人员激励方法 ·········· 267

11.6.4 客服人员绩效考核 ·········· 268

■ 疑难解答 ························ 269

■ 经典案例——不从买家身上
找原因 ························ 269

■ 实战训练 ························ 270

第1篇　店铺开张

第 1 章
开设一家淘宝店铺

　　网上购物是一种十分方便快捷的购物模式，随着电子信息技术的逐渐发展和普及，网上购物的范围和方式也在不断地丰富和完善。网上开店是基于网上购物这个大时代背景而快速发展起来的活动，具有成本低、方式灵活等特点，经营得当，可为经营者带来非常可观的利润。本章主要介绍网上开店的基本概念、网上开店平台和网上开店流程等知识。通过本章的学习，读者可以对网上开店有一个整体性的了解和认识。

1.1 网上开店的方式

网上开店是通过互联网建立虚拟商店，并利用该商店出售商品或服务的一种销售方式。它是一种诞生于互联网大发展背景下的新型销售方式。在网上店铺中，消费者无法直接接触商品，只能通过商家图片、商品描述、买家评论等对商品进行了解。确认购买后，再由商家通过邮寄等方式将商品寄给消费者。网上开店的方式主要有两种，一种是自助式开店，即借助网上商店平台，依附于该平台开设店铺；另一种是创建独立网站，即商家自己申请域名，设计自己的网站。

1.1.1 自助式开店

自助式开店是指通过提供网上商店服务的平台进行自助开店，这样的平台包括淘宝网、易趣网等C2C网站，天猫商城、京东商城、当当网等B2C网站。自助式开店类似于在商城中租用一个柜台出售商品，其方式比较简单。提供这类服务的平台大都提供了自助开店服务，一般只需支付给平台相应的费用，即可简单快捷地建立自己的店铺。

自助式开店是一种非常主流的开店方式，其优势是可以借助这些网上商店平台的人气，图1-1所示为入驻天猫商城的页面。

▲ 图1-1 入驻天猫商城的页面

经验之谈

现在有很多网上商城平台，不同平台对入驻商家的要求不同。例如，淘宝网对商家入驻的要求较低，个人或企业都可入驻；而天猫商城、京东商城等平台，则对入驻要求较高，一般是商家才可入驻，且入驻时需提供企业基本信息并缴纳一定的保证金。

1.1.2 创建独立网站

创建独立网站是指网店经营者根据自己商品的经营情况，自行设计或委托专人制作网站。独立网站一般都有一个独立域名，不依附其他的大型购物商城，经营者自主进行经营。建立独立网站需要完成域名注册、空间租用、网页设计、程序开发、网站推广、服务器维护等工作，由于是自主设计，所以可以体现出独特的设计风格，这一点与会受限于商城模板的自助式开店不同，图1-2所示为独立网站。

　　独立网站的经营推广比自助式网站更加困难，需要有一定的运作团队来维护网站的运作。同时，由于这类网站不挂靠其他商城，虽然不需要缴纳保证金，但网站推广及维护的费用成本较高，新的独立网站比较难取得消费者的信任。

▲ 图1-2　独立网站

1.1.3　独立网站和自助开店结合

　　独立网站和自助开店结合即将两种方式结合起来，既在大型商城中开设店铺，又建立自己独立的网站进行运营。这种方式的投入较高，但集合了两种开店方式的优势，新的品牌也可以依靠大型商城的人气慢慢积累品牌知名度，再发展自己的独立网站。现在很多知名品牌也都采用了这种模式进行销售。

1.2　常见的网上开店平台

　　现在网上开店平台非常多，部分平台已经积累了相当高的人气，选择一个好平台，对于自己店铺的推广非常有利。因此，对网上商店的经营者而言，首先需要对主流的网上开店平台有个基本的了解和认识。

1.2.1　常见的电子商务类型

　　根据电子商务平台经营性质的不同，可将电子商务划分为不同的类型。例如按照交易的主体，可将电子商务划分为B2B、B2C、C2C、O2O、B2G、C2G 6种类型，其中前3种类型是现在主流的电子商务网站类型。

1.　B2B

　　B2B（Business-to-Business）是一种企业对企业的电子商务类型。B2B电子商务是以企业为主体，通过互联网，企业与企业之间对产品、信息、服务等进行沟通和交易，如阿里巴巴网就是B2B电子商务中的典型代表。

2．B2C

B2C（Business-to-Customer）是一种企业对消费者的电子商务类型，即企业直接面向消费者销售产品和服务的商业零售模式。B2C电子商务一般以网络零售业为主，主要借助于互联网开展在线销售活动，如京东商城、当当网就属于B2C电子商务类型。

3．C2C

C2C（Customer-to-Customer）是一种个人对个人的电子商务类型。C2C电子商务平台一般会为交易的双方提供网上在线交易平台，卖方将商品信息提供给交易平台，由交易平台展示商品，买方可选择需要的商品进行竞价，如淘宝网、易趣网等就属于C2C模式。

 经验之谈

O2O 即 Online to Offline，是指将线下的商务机会与互联网结合，让互联网成为线下交易的平台。O2O 是现在非常常见的一种电子商务模式，比如团购、网上订票等本地生活服务就是非常典型的 O2O 模式。

1.2.2 网上开店的平台

经营者需根据实际需要来选择网上开店平台，如个人用户适合在淘宝网、易趣网等C2C平台开设店铺，商家、企业等既可以选择C2C平台，也可使用京东商城、天猫商城等B2C平台。

1．淘宝网

淘宝网由阿里巴巴集团在2003年5月创立，是中国受众非常大的一个网购零售平台。自创建后，随着规模的不断扩大和用户数量的快速增加，淘宝网逐渐由原本的C2C网络集市变成了集C2C、团购、分销、拍卖等多种电子商务模式于一身的综合性零售商圈。

淘宝网为淘宝会员打造了非常全面和完善的网上交易平台，操作比较简单，非常适合想要开设网络店铺的个人卖家。图1-3所示为淘宝网首页。

▲ 图1-3 淘宝网首页

2．天猫商城

天猫商城原名淘宝商城，是一个综合性购物网站。天猫商城是淘宝网打造的B2C电子商务网站，整合了众多品牌商和生产商，为消费者提供了100%品质保证、7天无理由退货，以及购物积分返现等优质服务，其中天猫国际还为国内消费者直供海外原装进口商品。图1-4所示为天猫商城的首页。

▲ 图1-4　天猫商城的首页

3. 京东商城

京东是中国最大的自营式电商企业，京东集团旗下设有京东商城、京东金融、京东智能、O2O及海外事业部，其售后服务、物流配送等方面的软、硬件设施和服务条件都比较完善。京东商城与天猫商城一样，是B2C类型的电子商务网站，入驻京东必须具备基本的条件。图1-5所示为京东商城的首页。

▲ 图1-5　京东商城的首页

4. 其他开店平台

与淘宝、天猫、京东等电子商务网站类似的平台有很多，如易趣网、当当网、苏宁易购、国美在线等。下面分别进行介绍。

- **易趣网**：易趣网于1999年8月在上海创立，2002年与eBay结盟更名为eBay易趣，发展成为国内在线交易社区。易趣网不仅为卖家提供了网上创业的平台，也为买家提供了物美价廉、品类众多的商品。
- **当当网**：当当网是知名的综合性网上购物商城，由国内著名出版机构科文公司、美国老虎基金、美国IDG集团、卢森堡剑桥集团、亚洲创业投资基金共同投资成立。当当网早期主要进行书籍的出售，后逐渐扩展至图书音像、美妆、家居、母婴、服装和3C数码等几十个大类。在物流方面，当当在全国600个城市实现了"111全天达"，在1 200多个区县实现了次日达，条件十分完善。
- **苏宁易购**：苏宁易购是苏宁云商集团股份有限公司旗下的B2C网上购物平台，覆盖了传统家电、3C电器、日用百货等众多品类，目前位居中国B2C市场份额前三强之列。
- **国美在线**：国美在线原身为国美电器网上商城，2012年12月初，国美电器整合旗下"国美电器网上商城"和"库巴网"两大电商平台，实现后台统一管理和资源共享，并更名为"国美在线"，发展成为一个面向B2C业务的跨品类综合性电商购物网站。

1.2.3 淘宝网中的店铺类型

淘宝和天猫都是阿里巴巴旗下的网站，但是两者的店铺经营方式却差异很大，按照商家经营性质、收费标准、入驻标准的不同，可将店铺划分为集市店铺和商城店铺。下面分别对淘宝和天猫的经营模式进行介绍。

1. 集市店

集市店铺一般也被称为C店（Customer），淘宝网中的店铺均为C店。C店是淘宝网中的主体经营模式，所收取费用较少，门槛较低，无论是公司经营还是个人经营，只需要进行相关的身份认证就可以创建自己的店铺。由于C店经营和销售的成本控制具有较大的自由性，因此前往C店开设店铺的个人或公司非常多，竞争情况十分激烈。

C店的信用等级可以划分为红心、钻石、蓝皇冠、金皇冠4个，淘宝会员在淘宝网中每成功交易一次，就可以对交易对象做一次信用评价。评价分为"好评""中评""差评"3类，每种评价对应一个信用积分，"好评"加一分，"中评"不加分，"差评"扣一分。其信用度分为20个级别，卖家信用越高，越容易在店铺运营中占据有利条件。

2. 天猫商城

天猫商城是由淘宝网打造的在线B2C购物平台，相对于集市店铺而言，质量更有保证，但投入也相对较高。天猫商城的入驻流程大致分为提交申请、审核、完善店铺信息和开店4个阶段。天猫商城只接受合法登记的企业用户入驻，不接受个体工商户、非中国大陆企业入驻，在入驻之前还需提供天猫入驻要求的所有相关文件。

天猫商城的店铺类型主要分为旗舰店、专卖店和专营店3类。

- **旗舰店**：商家以自有品牌（商标为R或TM状态），或由权利人独占性授权，入驻天猫开设的店铺。
- **专卖店**：商家持他人品牌（商标为R或TM状态）授权文件在天猫开设的店铺。
- **专营店**：经营天猫同一经营大类下两个及以上他人或自有品牌（商标为R或TM状态）商品

的店铺。一个招商大类下专营店只能申请一家。

在天猫商城中，不同类目的商品其入驻要求也不一样，想要入驻天猫的商家都需仔细阅读相关规定和资费说明。

1.2.4　淘宝店铺的移动运营

淘宝的移动运营是指利用手机、掌上电脑等移动终端进行营销的电子商务模式。为了满足不同用户的消费需求，淘宝网提供了两种主要的端口服务：当消费者通过计算机访问淘宝网站进行消费时，使用的是淘宝PC端服务；而当消费者通过安装在手机、平板电脑等移动设备上的淘宝应用访问淘宝网站并进行消费时，则使用的是淘宝移动端服务。淘宝网创建之初，主要以PC端服务为重心，但近几年，随着用户、市场、网络环境的不断变化，不管是淘宝消费者还是运营者，都逐渐将阵地转移到淘宝移动端上。

1.　移动电商的发展趋势

电子商务从诞生到现在，商业模式一直在不断地发生着变化，其中，移动化就是最显著的变化之一。不仅淘宝、天猫、京东等电子商务网站纷纷开发了自己的移动端服务，很多直接立足于移动端的电子商务应用也陆续出现。

电子商务商业模式的移动化并不是毫无根据的，智能手机、掌上电脑等移动终端的普及和发展，不仅方便了人们的生活，也为电子商务的营销模式拓展了更广阔的空间。移动互联网技术的发展和移动设备的普及，让移动终端成为用户连接互联网的主要工具。据统计，2017年我国网民规模已达到7.51亿，其中手机网民规模达7.24亿，占比达96.3%，成为网络用户的主力军。此外，移动支付的发展使移动购物更加安全便捷，而移动设备具有方便携带的特点，也方便了用户随时随地连接网络进行消费。在众多因素的综合影响下，传统电商行业的主要载体PC端逐渐被移动端所超越，移动电商的便利性更能满足消费者的消费需求，为消费者提供更优质的服务。

2.　淘宝移动运营的重要性

淘宝移动端构建于移动设备之上，在移动设备上安装淘宝应用即可使用淘宝移动端提供的服务，如手机淘宝。手机淘宝是淘宝网官方出品的手机应用软件，它将旗下的天猫、聚划算、淘宝商城等整合为一体，具有购物比价、便民充值、淘宝团购、折扣优惠、类目浏览、宝贝筛选、宝贝浏览、宝贝详情、分享惊喜等功能。

淘宝移动端是淘宝平台中用户流量非常大的一个端口。2017年"双十一"的购物狂欢节，在阿里巴巴的总销售额中，移动端支付占比超过90%，也就是说，至少90%的淘宝用户是通过淘宝移动端进行支付消费的。所以，对于淘宝商家而言，淘宝移动端是不可放弃的主要营销阵地。

1.3　淘宝店铺的运营流程

网上开店与线下实体店的开店流程比较类似，从店铺策划到售后服务，这个过程十分漫长。以淘宝网为例，由于淘宝集市店铺的门槛较低，因此开店的前期准备工作较天猫之类的B2C类电子商务平台更简单。下面介绍集市店铺从策划到售后的开店过程。

1.3.1 开店前期准备

开店前期准备主要是指卖家根据对市场的分析，选择和确定适合自己用于网上销售的商品，并找好合适的供应商和物流公司。其中选择适合网上销售，且具有特色的物美价廉的商品是网上开店的基本前提。与此同时，卖家还需提前准备好在网上购物平台开店需要的相应资料。

1.3.2 选择开店平台

选择开店平台时，卖家需根据自己的实际情况选择合适的开店模式和开店平台，不同类型的网上开店平台对入驻卖家的要求不同。一般来说，淘宝网、易趣网等网络交易服务平台对成本、资质等要求较低，基本属于全民可选模式，只需使用有效证件进行注册和申请即可拥有自己的店铺，图1-6所示为淘宝店铺。而天猫商城、京东商城等B2C网站则对商家入驻要求较高，普通个体户不能申请。

▲ 图1-6　淘宝店铺

1.3.3 开设店铺并完成装修

卖家申请成功后，即可开始店铺的装修和管理。装修和管理店铺的过程比较烦琐，包含的内容非常多，如店铺名称设置、店铺招牌设置、图片管理、商品分类、商品导航、岗位管理及物流管理等，其中店铺名称的确定和商品类目的选择是该阶段比较重要的工作之一。好的名字可以给消费者留下好印象，方便消费者进行记忆，而商品类目的选择则与店铺日后的经营成效息息相关。

1.3.4 进货

对于进货这一阶段而言，低价进货、控制成本非常重要，而要做好这一点，卖家需选择好的进货渠道，并与供应商建立良好的合作关系。

网上商品的进货渠道很多，阿里巴巴等很多批发网站都提供商品批发服务。此外，也可选择线下实体批发市场进货，或选择厂家直接进货等。

1.3.5 拍摄商品照片

拿到商品以后，卖家需要为商品拍摄好看的照片，如图1-7所示。由于消费者无法直接接触和检查网上商店中的商品，因此通常顾虑较多。为了在一定程度上打消这种顾虑，商家需要向其展示商品的实拍图片。网上商店中商品的实拍图一般都要求美观好看，但好看的前提保证是图片不失真，否则极容易产生售后问题。

▲ 图1-7 商品的拍摄

1.3.6 上传商品

上传商品是指把商品的名称、产地、所在地、性质、外观、数量、交易方式、交易时限等信息填写到网站中。上传商品的过程也比较烦琐，如上传主图、选择二级类目、设置商品名称、设置商品属性、上传商品详情页、设置价格等。该阶段的商品名称设置非常重要，直接关乎店铺和产品的自然流量，卖家要提前进行分析和确定，商品的主图和详情页也要提前在Photoshop中进行制作。此外，商品价格的设置也是商品销售成功与否的重要因素之一。

1.3.7 店铺营销和推广

店铺开设初期，人气会比较低，此时卖家就需要适当地进行营销推广。网上商店营销和推广的方式与实体店不一样，网上商店的推广主要是通过网络渠道进行的，例如，通过淘宝网自身推广平台进行推广，或通过其他自媒体平台推广，图1-8所示为淘宝网自身提供的推广工具。

▲ 图1-8 淘宝网自身提供的推广工具

1.3.8　商品售中服务

通过网上商店进行消费的消费者，在消费过程中会与卖家进行一些必要的沟通，如提出某些问题或要求，此时需要卖家能快速、妥善、及时地回复消费者并处理相关问题。需要注意的是，很多平台对消费者信息的保密要求非常严格，卖家严禁向第三人透露消费者的相关信息，否则将给予处罚。

1.3.9　发货

消费者确认购买商品后，卖家要在自己设定的时间内寄出商品，包括通过快递公司揽件、填写订单号及更新订单信息等。发货快慢也是消费者在网上购物时非常关心的问题，因此卖家应尽量早发货，选择正规的快递公司，保证商品寄送的速度和质量。

1.3.10　处理评价和投诉

店铺信用是网上商店非常重要且直观的一个评价因素，在完成交易之后，淘宝网买卖双方都需对对方做出评价。淘宝网中买家对卖家的评价是可以更改的，如果遇到买家差评或投诉，需尽快联系买家解决问题。如果遇到恶意投诉，卖家也须向网站投诉，以减少损失。

1.3.11　售后服务

售后服务也是商品价值的一种体现，它包括技术支持、退换货服务等。好的售后服务不仅可以为商品增值，还可以扩大商品影响力，留住更多的回头客，直接影响商品销量。

1.4　注册淘宝会员

淘宝网是网上商店交易平台之一，要想在淘宝网开店，首先需要成为淘宝会员。淘宝网的注册主要以手机号码注册为主，手机号码注册也是淘宝的默认注册方式。

1.4.1　注册成为淘宝会员

注册淘宝会员的操作比较简单，只需根据注册系统的提示进行相关操作即可。下面介绍在淘宝网中注册会员的方法，其具体操作如下。

▲ 图1-9　打开注册页面

STEP 01　在浏览器的地址栏中输入淘宝首页的网址，按"Enter"键进入淘宝网首页，单击"免费注册"超链接，如图1-9所示。

STEP 02　打开"用户注册"页面，此时该页面中将打开"注册协议"对话框，必须同意该协议才可进行注册，单击 按钮，如图1-10所示。

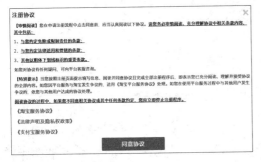

▲ 图1-10 注册协议

STEP 03 淘宝注册分为个人账户注册和企业账户注册，个人账户注册一般使用手机号码进行注册，企业账户注册可通过邮箱进行注册。这里默认为个人账户注册，在该注册页面填写注册手机号码，如图1-11所示。

▲ 图1-11 输入注册手机号码

STEP 04 按住鼠标左键拖动"验证"栏中的滑块至最右边完成验证，然后单击 下一步 按钮，如图1-12所示。

▲ 图1-12 完成验证

STEP 05 此时，淘宝注册系统将向所填写的手机号码发送验证码，在打开的"验证手

机"页面的"验证码"文本框中输入收到的验证码，单击 确认 按钮，如图1-13所示。

▲ 图1-13 输入验证码

经验之谈

淘宝会员名一经注册不能更改，卖家可选择与店铺相关且适合记忆的名称，方便买家记忆。

STEP 06 打开"填写账号信息"页面，分别在"登录密码""密码确认"文本框中输入账户密码，在"登录名"文本框中输入账户名称，然后单击 提交 按钮，如图1-14所示。

▲ 图1-14 输入注册信息

STEP 07 此时，将打开登录验证界面，单击 手机短信验证 按钮，在打开的页面中单击 免费获取验证码 按钮获取验证码，然后输入验证码

再次进行验证，验证完成后单击 确定 按钮，如图1-15所示。

▲ 图1-15　登录验证

STEP 08　打开"设置支付方式"页面，在"银行卡号""持卡人姓名""证件""手机号码"文本框中输入相应信息，然后单击 同意协议并确定 按钮，如图1-16所示。

▲ 图1-16　设置支付方式

STEP 09　上述操作完成后，即完成淘宝账户的注册，并在打开的页面中看到显示注册成功的信息，如图1-17所示。

▲ 图1-17　完成注册

1.4.2　登录淘宝账户

完成淘宝账户的注册后，即可使用注册好的账号和密码登录到淘宝网站中。下面介绍登录淘宝账户的方法，其具体操作如下。

STEP 01　打开淘宝网首页，如图1-18所示，在页面上方单击"请登录"超链接，打开淘宝登录页面。

▲ 图1-18　打开淘宝网首页

STEP 02　淘宝网登录方式默认为扫描二维码登录，该方法主要是通过手机淘宝客户端的扫码功能进行登录。单击右上角的图标，可切换至账户登录模式，如图1-19所示。

▲ 图1-19　切换登录方式

STEP 03　在账户登录页面的文本框中分别输入账户名称和密码，单击 登录 按钮，如图1-20所示。

▲ 图1-20 密码登录

STEP 04 开始登录时，淘宝网将对当前登录环境进行检查，检查无误后可直接完成

登录。如果检查出当前登录环境有异常，则会要求用户进行验证，如图1-21所示，输入验证码并单击 ▇确定▇ 按钮即可完成登录。

▲ 图1-21 登录验证

1.5 开通支付宝认证

支付宝是淘宝主流的支付方式之一，要想成为淘宝卖家，必须开通支付宝认证。注册淘宝账号后直接使用该账号即可登录支付宝。下面介绍在支付宝中开通认证的方法，其具体操作如下。

扫一扫 实例演示

STEP 01 在IE浏览器的地址栏中输入支付宝网址，并按"Enter"键，打开支付宝页面，单击 ⓐ我是个人用户 按钮，在打开的页面中单击 ▇登录▇ 按钮，打开登录对话框，在其中输入账号与密码进行登录，单击 ▇登录▇ 按钮，如图1-22所示。

▲ 图1-22 登录支付宝

STEP 02 登录成功后进入支付宝个人页面，在其中可查看支付宝账户的相关信息。将鼠标指针移动到"未认证"超链接上，在出现的提示框中单击"立即认证"超链接，如图1-23所示，打开"支付宝注册"页面。

▲ 图1-23 立即认证

STEP 03 在"设置身份信息"页面中输入支付密码和身份信息，输入完成后单击 ▇确定▇ 按钮，如图1-24所示。

 经验之谈

支付宝认证需要输入登录密码和支付密码，支付密码不能与登录密码相同。

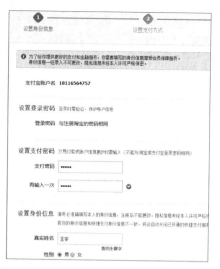

▲ 图1-24 设置身份信息

STEP 04 打开"设置支付方式"页面，在该页面中输入银行卡号、持卡人姓名、证件、手机号等信息，然后单击  按钮获

取验证码，输入验证码后单击 同意协议并确定 按钮即可完成支付宝认证，如图1-25所示。

▲ 图1-25 设置支付方式

经验之谈

支付宝认证必须填写真实的身份证号和银行卡号，该银行卡需开通网上银行功能。添加了银行卡后，在支付宝个人页面右侧可对银行卡进行管理。

1.6 申请淘宝店铺

为了能够更好地经营店铺，淘宝网店经营者在开店前应该先做好开店准备，包括店铺定位分析、准备开店资料等。完成了前期的准备工作之后，即可申请成为淘宝卖家。申请淘宝店铺一般需要对支付宝和淘宝进行实名认证，然后等待淘宝官方进行审核，审核通过即可创建自己的店铺。

1.6.1 分析店铺定位

店铺定位分析是指对店铺所要经营的产品类型、产品用户群体、产品市场环境等因素进行分析，让经营者尽可能地熟悉当前行业的行情，从而制订出更有效的店铺发展策略。

- **选择产品类型**：网上店铺主要有两种方式选择产品类型，即选择自己熟悉的行业产品或选择不熟悉的领域从头做起。如果选择前者，显而易见，其在店铺发展上将更加有利。如果选择后者，则经营者在开店时需要提前了解所选择的产品，包括行业环境、市场需求、买家特征和竞争对手等，然后为店铺做出准确定位。

- **预测市场前景**：市场前景预测通常是指通过各种手段获取该行业的大量信息，包括当前的社会热点、人们的生活方式以及经商者的商业行为等。通过数据分析，可以对该行业在未来一段时间内的发展趋势、供求变化进行预测，让经营者了解未来市场环境的变化情况，理性分析"朝阳"行业和"夕阳"行业，提前做出考量，抓住商机，更好地组织货源、扩展业务，顺应市场需求，从而提高经济效益。

- **进行市场定位**：市场定位是网店分析中比较重要的一个步骤，市场分析不仅需对行业市场进行分析，还需对自己的产品进行分析。一般来说，分析产品主要包括分析产品或店铺的优点和特色，了解自己的优势，选择最利于自己发展的产品定位，然后将优势作为推广重点，为店铺发展打好基础。同时，还需对竞争对手进行分析，了解竞争对手的优点、产品信息、数量、分布、营销策略等，然后根据分析结果制订出适合自己产品成长的策略，即是选择参与竞争与其共享市场，还是选择避开竞争对手，单独开辟自己的市场。

- **分析用户群体：** 用户群体是网店定位中非常重要的一个因素，产品必须拥有较稳定的用户群体，才能有更大的发展空间。另外，不同的用户具有不同的消费观念和消费行为，分析消费群体可以帮助经营者更好地进行产品定位。

- **确定店铺形象：** 确定了行业、产品等内容后，还需对店铺的形象进行合理规划。好的店铺形象可以突出自己的优势，让自己从竞争对手中脱颖而出。在树立店铺形象时，需对商品风格与店铺风格的统一性进行考虑，同时应该选择正确的经营策略，在产品质量和服务质量上打造出自己的特色。

1.6.2 申请店铺

申请淘宝店铺的操作比较简单，登录淘宝网后根据提示即可完成申请操作。下面介绍申请店铺的方法，其具体操作如下。

扫一扫 实例演示

STEP 01 登录淘宝网首页，将鼠标指针移动到网页上方"卖家中心"选项上，在打开的下拉列表中选择"免费开店"选项，如图1-26所示。

▲ 图1-26 免费开店

STEP 02 进入淘宝卖家中心的"免费开店"页面，在该页面中选择店铺类型，这里单击 个人开店 按钮，如图1-27所示。

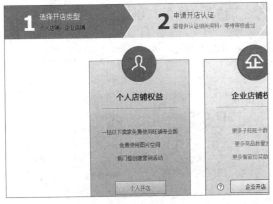

▲ 图1-27 个人开店

STEP 03 进入"开店条件检测"页面，在该页面中可查看未通过认证的选项，单击"支付宝认证"后的"立即认证"超链接，如图1-28所示。

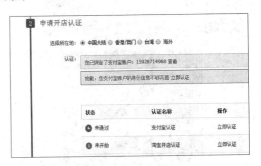

▲ 图1-28 支付宝实名认证

STEP 04 进入"支付宝实名认证"页面，在该页面中可通过上传身份证照片进行认证，也可使用手机扫描右侧的二维码进行认证，如图1-29所示。

▲ 图1-29 手机认证支付宝

经验之谈

　　建议使用手机扫描二维码的方式进行认证，其认证速度更快。

STEP 05　使用手机支付宝App扫描二维码进行验证，在手机上打开"身份校验"页面，点击 拍二代身份证 按钮，如图1-30所示。

▲ 图1-30　身份校验

STEP 06　在打开的页面中将直接进行身份证的拍摄，将身份证放置在手机镜头之下，点击屏幕即可拍摄，如图1-31所示。

▲ 图1-31　拍摄身份证

 经验之谈

　　在拍摄身份证时，需要拍摄正反两面，同时必须跟随提示进行拍摄，头像和国徽必须放入拍摄系统预设的头像框和国徽框中。

STEP 07　拍摄完成后单击 下一步 按钮，在打开的页面中可以查看拍摄后的证件图片，单

击 确认并提交 按钮提交认证，如图1-32所示。

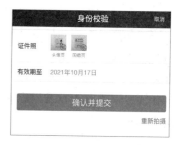

▲ 图1-32　提交认证

STEP 08　提交完成后，再次进入申请店铺页面，可看到支付宝实名认证已通过。在"开店条件检测"页面单击"淘宝开店认证"后的"立即认证"超链接，在打开的页面中单击 立即认证 按钮，进行淘宝开店的身份验证，如图1-33所示。

▲ 图1-33　淘宝开店身份认证

STEP 09　进入"淘宝身份认证资料"页面，在该页面中介绍了身份认证的相关步骤，如图1-34所示。淘宝身份认证需要使用阿里钱盾，单击 扫码安装 按钮，使用手机扫描该下拉列表中的二维码。

▲ 图1-34　安装阿里钱盾

STEP 10 在手机中打开阿里钱盾的下载安装页面，安装完成后打开阿里钱盾，使用阿里钱盾扫描图1-34中的二维码，在打开的页面中单击 开始验证 按钮进行验证，如图1-35所示，并根据系统提示做出相应动作。

▲ 图1-35　人脸验证

STEP 11 人脸验证完成后，进入"拍摄照片"页面，按照系统提示和要求对身份证进行拍摄，拍摄完成后系统将显示所拍摄照片，单击 提交 按钮提交申请，如图1-36所示。

▲ 图1-36　提交申请

STEP 12 提交完成后，在打开的页面中将提示开店申请已提交，等待审核，如图1-37所示。淘宝开店审核的时间一般为48小时，审核通过后即可进入店铺。

▲ 图1-37　等待审核

STEP 13 审核通过后，进入淘宝卖家中心即可查看审核结果，单击 创建店铺 按钮，如图1-38所示，进入卖家中心后台。

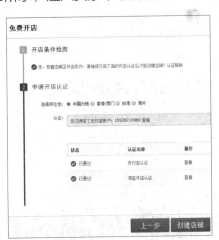

▲ 图1-38　创建店铺

STEP 14 第一次进入卖家中心后台，淘宝网将打开"签署开店协议"对话框，单击 同意 按钮同意开店协议后即可在后台进行开店操作。

1.7 店铺设置

申请到淘宝店铺后，即可根据需要对店铺进行一些简单的基本设置，包括应用店铺模板、选择适合店铺的风格、对店铺进行基本设置和设置商品分类等。

1.7.1 应用店铺模板

通过淘宝网首页的卖家中心进入卖家中心后台管理系统，在左侧"店铺管理"栏中单击"店铺装修"超链接，即可打开卖家中心的店铺装修页面。淘宝网为卖家提供了多种店铺模板类型，如果对默认模板不满意，可自行选择所需模板。其方法为：在店铺装修页面左侧单击"模板管理"选项卡，在打开的页面中即可查看已使用模板和可使用模板，选择需使用的模板，打开"模板详情"对话框，在该对话框中可查看模板预览效果和配色方案，单击 应用 按钮应用模板即可，如图1-39所示。

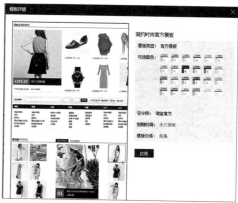

▲ 图1-39 更改模板

1.7.2 选择合适的店铺风格

店铺的颜色风格是店铺的主要基调，一般需与店铺所经营商品的属性相适应。在淘宝网中，主要可通过配色、页头、页面等对店铺风格进行设置。

1. 配色

配色是指对店铺模板的颜色进行设置，选择不同的模板类型，其配色方案也不一样。设置配色方案的方法很简单，进入卖家中心，在左侧"店铺管理"栏中单击"店铺装修"超链接，打开店铺装修页面，在左侧导航栏中选择"配色"选项，在打开的面板中选择所需的选项即可，如图1-40所示。

 经验之谈

在店铺装修页面，可分别对 PC 端和移动端的店铺进行装修。单击页面顶部的"手机端"选项卡，可进入手机端装修页面；单击"PC"端选项卡，则进入 PC 端装修页面。

▲ 图1-40　更改配色

2. 页头

页头是指店铺店招两侧的区域，在设置了常规店招后，页头区域的颜色依然为默认颜色。为了使页头效果与店铺装修效果相适应，可为页头设置合适的颜色或图案。

（1）为页头设置颜色效果

在店铺装修页面左侧导航栏中选择"页头"选项，在打开的面板中单击"页头背景色"色块 ■，打开"调色器"对话框，在其中选择所需的颜色或直接输入颜色的RGB值，并单击 确定 按钮，如图1-41所示。为了保证店铺的美观性，建议保持页头颜色与模板风格的统一，如果不需要显示页头效果，可撤销选中"显示"复选框。

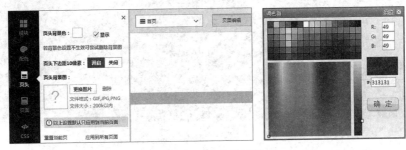

▲ 图1-41　设置页头颜色

（2）为页头设置图案效果

在店铺装修页面左侧导航栏中选择"页头"选项，在打开的面板中单击 更换图片 按钮，打开"打开"对话框，在其中选择需要设置为页头背景的图片，单击 打开(O) 按钮将图片添加到页头背景中。此时，"页头"面板中将打开"背景显示"栏和"背景对齐"栏，在其中可对页头背景的显示和对齐效果进行设置，如图1-42所示。

▲ 图1-42　设置页头图案效果

3. 页面

页面是指页头正下方的页面背景区域，页面的设置方法与页头一样，可设置为颜色，也可设置为图案。一般来说，页面与页头效果应该保持一致，即页头设置了颜色效果，页面最好也是相同或相似的颜色效果；页头为图案效果，则页面最好是相同或相似的颜色或图案效果。图1-43所示为页面与页头相统一的店铺效果。

▲ 图1-43 页面与页头相统一的店铺效果

 经验之谈

在店铺装修页面设置的效果为店铺的主页效果，为了使主页更加美观，在设置页头、页面效果之前，可以先对店铺的整体颜色基调进行构思和确认。

1.7.3 店铺基本设置

在申请了淘宝店铺后，店铺的名字、店标等都是默认的未设置状态，需要卖家自行设置。下面介绍店铺基本设置的方法，其具体操作如下。

扫一扫 实例演示

STEP 01 进入淘宝卖家中心，将鼠标指针移动到"店铺管理"栏右侧的›按钮上，在展开的列表中选择"店铺基本设置"选项，如图1-44所示。

▲ 图1-44 进入卖家中心

STEP 02 进入店铺基本设置页面，在"店铺名称"文本框中输入店铺名称，单击"店铺标志"栏的 上传图标 按钮，如图1-45所示。

▲ 图1-45 设置店铺名称

STEP 03 在打开的"打开"对话框中选择店标图片，然后单击 打开(O) 按钮，如图1-46所示。

▲ 图1-46 选择店标

STEP 04 返回店铺设置页面，即可看到店标已成功上传到页面中，如图1-47所示。

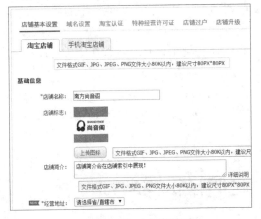

▲ 图1-47 上传店标

STEP 05 在"店铺简介"文本框中输入店铺简介，店铺简介会在店铺搜索中进行展现，因此应该填写具有实际意义的内容，如图1-48所示。

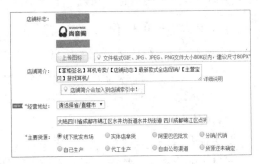

▲ 图1-48 设置店铺简介

经验之谈

在"店铺简介"栏后单击"详细说明"超链接，可查看店铺简介填写方法。

STEP 06 在"经营地址"栏中单击下拉按钮 ，设置店铺经营地址，在"主要货源"栏中设置货源，在"店铺介绍"栏中填写店铺简介信息，然后单击 保存 按钮，如图1-49所示。

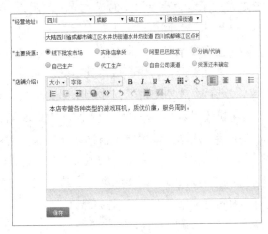

▲ 图1-49 设置其他信息

经验之谈

店铺基本设置中的信息都将在店铺前台中展示给买家，因此需要细心填写。

疑难解答

本章主要介绍了网上开店的基本概念、网上开店平台和网上开店流程、注册淘宝会员、申请淘宝店铺、设置店铺信息等知识。下面将针对本章中容易遇到的一些疑难问题进行解答。

1. 怎样更好地优化和完善店铺信息？

店铺基本设置中比较重要的信息主要包括名称、店标和店铺简介等。

- **名称**：淘宝店铺分为个人店铺和企业店铺。一般来说，个人店铺名称的自由度比较高，但需遵循简洁、便于记忆、与商品相关、具有特点等原则。企业店铺比较固定，通常与企业名称相同。

- **店标**：店标是店铺的标志，代表店铺的形象，大小为80像素×80像素。店标的设计需要凸显店铺或产品的特点，彰显店铺或产品的文化内涵。店标必须醒目，易于辨识，且具有一定的视觉冲击力，可以给买家留下深刻的印象。

- **店铺简介**：店铺简介中的内容会被淘宝搜索引擎抓取，即其中的关键词可被搜索，可在店铺搜索结果页中进行显示。在填写店铺简介时，主要需填写掌柜签名、店铺动态、主营宝贝3个信息。掌柜签名是指店铺的签名或者店铺梦想展示，可以设计一些个性化的短语。店铺动态是指店铺最近的促销信息，比如全场包邮、打折等。主营宝贝指店铺经营的主要宝贝的类型、风格等，比如民族风的羽绒服。主营宝贝信息的填写必须真实、客观，不能直接堆砌无用或与店铺无关的关键词，否则不仅会影响相关性，还会影响买家的购物体验。

2. 在进行网店定位时，需要提前考虑成本吗？主要考虑哪些因素？

在网店定位中进行目标消费人群的定位时，一般都需要结合成本、运营策略等问题综合进行考虑。卖家应该在可承受的成本范围内定位目标消费人群，店铺定位必须事先对成本因素进行分析。一般来说，网店成本主要需考虑生产成本、机会成本、销售成本和储运成本4个方面。

- **生产成本**：生产成本指企业生产过程中所支付的成本，生产企业规模越大、设备越精良、管理越完善，生产成本就越低。同时，生产成本还要考虑库存数量，在合理的库存条件下进行有规划的生产，才能保持生产成本的合理性。

- **机会成本**：机会成本指卖家在出售商品并获得收益后用于其他投资可能产生的额外收益。

- **销售成本**：销售成本指在商品销售过程中产生的费用，如推广费用、促销费用等。推广是商品销售中非常重要的环节，在商品成本中所占的比例越来越高，卖家在定位商品和确定商品价格时，都需慎重考虑销售成本这一因素。

- **储运成本**：储运成本指商品在储存和运输过程中所产生的成本，网店商品通常都需要经历储存和运输的过程，因此会涉及仓库、物流等费用。储运成本是商品综合价值中的一部分，包含在商品定价中。

经典案例——找准市场定位，网店轻松发展

张晓在淘宝网上销售女装有半年时间了，然而一直销量平平，网店发展非常缓慢。

张晓在大学时学的是兽医专业，毕业后发现电子商务发展势头很好，便果断决定投身电商大军，选择了非常热销的服装类目，紧锣密鼓地开张了自己的店铺。然而前期市场调查不足、准备不充分等问题，为店铺埋下了发展困难的隐患。

店铺不仅点击率低于同行业平均水平，转化率不高，而且由于同类型店铺比较多，竞争非常激烈，导致商品的复购率也比较低。

"成本投入有限，不了解淘宝服装行业，各种问题都让我步履维艰。在服装类目中，我一直没有找到和发挥出我的优势。"张晓仔细思考店铺的发展情况后，终于决定放弃服装类目。经过慎重思考之后，她决定选择自己熟悉的类目——宠物用品来做。首先自己更了解这个行业，可以更好地组织网店的运作；其次对于熟悉的类目，张晓有信心比其他店铺更专业，在销售产品的选择上也有更大的空间和针对性。

张晓的淘宝宠物用品店就这样开张了。

宠物用品店开始运营的前两天，就来了不少的买家，比之前服装店的情况好很多，这给了张晓很大的信心。由于她对宠物非常了解，清楚宠物需要的营养、宠物生病护理、宠物用品选择等知识，于是她便针对宠物主人比较关心的问题，对商品主图和详情页进行了优化，慢慢地，店铺的点击率和转化率都有了非常大的提升。买家非常信任这位身为宠物医生的掌柜，购买商品后感觉不错，纷纷给出好评，甚至很多买家收藏了店铺，固定在张晓的店里购买宠物用品。

店铺的综合评价好了，店铺信用等级上去了，淘宝小二主动联系张晓，让她参报宠物类目下的活动。在做淘宝女装时，为了参报活动，挤破头都未必申请得上，现在竟然由淘宝小二直接出面邀请，张晓有点受宠若惊。

借着活动的"东风"，张晓的宠物用品店越办越好，销售额逐步提升。张晓说："现在店铺的规模还比较小，我对淘宝开店的经验积累也还不够多，还需要继续观察和分析市场，销售更多宠物主人需要的宠物商品。"

总结：随着淘宝卖家数量的增加，淘宝店铺的竞争越来越激烈，与其选择不熟悉的行业摸爬滚打总结经验，还不如选择一个熟悉的行业快速上手。从买家的角度看，买家更信任专业的卖家；从卖家的角度看，在熟悉的行业里，更容易找准买家的真正需求。同时，淘宝店铺并不是一定要经营热销类目才能获得盈利，眼光独到的卖家，也可以另辟蹊径，寻找受买家喜欢且竞争不激烈的商品，开创自己的天地。

实战训练

（1）使用手机号码注册一个个人淘宝账户，并申请成为淘宝卖家，根据淘宝要求对支付宝、淘宝开店进行实名认证。

（2）对店铺的模板进行更改，然后结合店铺中的商品属性对模板的配色、页头和页面样式进行设置。

（3）根据需要，对店铺的名称、店标、店铺简介等进行设置，完善店铺的基本信息。

第2章

选择并发布商品

　　与经营实体店一样，在经营网店之前，也需要先选择和确定商品，并对店铺的客户群、商品等进行定位，清晰合适的定位可以提高网店的竞争力。本章主要介绍选择商品、网上商品进货渠道、进货技巧，以及发布商品和修改信息等知识。通过本章的学习，读者能够熟悉网店商品的选择、进货、发布与信息修改方法。

2.1 选择合适的商品

选择合适的商品是网上开店非常重要的一个步骤。对于卖家而言，选择合适的商品不仅需选择适合在网上销售的商品，还需选择自己熟悉且感兴趣的商品。网上商品的促销很多时候会采取"价格战"，选择合适的产品可以更好地控制成本，运营起来也更加得心应手。

2.1.1 选品前的市场分析

近几年，中国电子商务市场的发展呈现大幅度上升趋势。《2017世界电子商务报告》显示，当前全球网民人数达41.57亿人，互联网普及率达54.4%。中国是全球规模最大、最具活力的互联网用户市场，网民规模达7.72亿人，普及率达到55.8%。

根据艾瑞咨询分析，2017年中国网购市场交易规模达6.1万亿元，较去年增长29.6%，如图2-1所示。2017年第三季度中国网络购物市场交易规模1.44万亿元，同比增长30.2%。2017年第三季度，中国网络购物市场中B2C市场交易规模为0.9万亿元，在整体交易规模中的占比达到61.1%。2017年第三季度，B2C网络购物市场同比增长43.7%，C2C市场同比增长13.5%，图2-2所示为2016年第一季度到2017年第三季度的中国网络购物市场交易规模结构。

▲ 图 2-1 2013-2020 年中国网络购物市场交易规模　　▲ 图 2-2 2016Q1-2017Q3 中国网络购物市场交易规模结构

通常来说，B2C市场和C2C市场的商品销量表现并不一样，比如大家电类目，B2C的市场表现就会更好，而3C数码配件类目的市场则相差不大。对于淘宝网而言，女装、手机、美容护肤、数码配件、男装、箱包、女鞋、零食、汽车用品、电脑配件、玩具、床上用品、内衣等类目的销量表现都不错。表2-1所示为淘宝天猫2018年某月销量前十的商品。

表 2-1 淘宝天猫 2018 年某月销量前十的类目

1	男装	6	母婴
2	女装	7	3C 数码配件
3	大家电	8	内衣
4	零食	9	医疗器械
5	家装	10	珠宝

网络购物市场的商品销售额和销量排名并不是固定不变的，时间、环境、消费观念、流行趋势、热门话题等都会对网上销售的产品产生影响。因此，商品选择得好并不一定就能保证销量好，在商品选择的基础上提高竞争力才是成功营销的关键。

2.1.2　选品前的行业分析

选择具有良好市场和竞争力的产品是网店成功的关键。近几年，随着网上商店的快速增加，商店类型也越来越多样化，盲目地选择商品非常不利于网店的后续发展。一般来说，选择网店商品之前，首先需要对所选择的行业行情进行定位和分析，然后根据分析结果选择合适的商品。

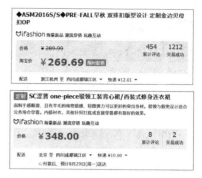

分析行业行情，即是对某行业的热门程度、发展前景、竞争力、市场等进行分析。通过正确分析一个行业的前景，卖家可以对店铺的发展方向、发展水平等进行预测和规划。

▲ 图2-3　相同类目的月销量对比

行业的热门程度常常与总销售额关系密切。以淘宝网商品的销售情况为例，女装作为热门行业，不论是销售额、成交量、关注度，还是搜索量都比较大，而五金电子类商品的总销售额、成交量、关注度、搜索量则低于女装。但是女装作为热门类目，由于竞争对手多，同类型产品多，因此竞争激烈程度也会远远高于五金电子类目。如图2-3所示的商品同为女装连衣裙类目，但两者的销售量却存在很大的差异。

从原则上来说，行业的选择主要有两个方向，一个是卖家熟悉的行业，一个是卖家喜欢的行业。但不管选择哪一个方向，时刻关注行业信息、行业展会，时刻留意行业最新消息、最新热点、最新产品、最新厂家和最新趋势都是非常必要的。此外，分析市场也包括分析竞争对手，关注同行业动向也有利于及时调整网店的发展方向和战略。

需要注意的是，电子商务网站的商品非常丰富，同一种类的商品成千上万，不能以某一类商品的销量来衡量其发展前景。在电子商务环境中，选择热门类目并不代表肯定可以成功，选择冷门类目也不代表没有发展前景。与线下市场一样，有计划地规划和实现目标，不断增强自身竞争力才是关键所在。因此，分析行业行情必须全面，卖家在做出商品选择的决策时，也需要有一定的市场敏感度，谨慎决策究竟是选择热门行业的商品参与竞争，还是选择非热门行业的商品来打造自己的特色。

2.1.3　选品前的消费者分析

网上商店基于互联网开设，因此在选择网上商品时，有必要对互联网用户进行分析。在整个电子商务的大背景下，年轻消费者正在逐步成为消费主力军。根据阿里妈妈对网络消费者消费数据的解读，发现90后正在逐渐成为中国消费市场的中坚力量，他们的消费观念将在很大程度上影响未来网络购物的走向。

我国网络消费者的总体性别占比目前差异不大，根据主流消费人群的年龄数据显示，18~35岁的中国网络消费者占总体的85%以上，是网络购物的主流群体。其中，占比最高的年龄区间为18~24岁，超过40%；25~30岁和31~35岁的网络消费者占比其次。结合年龄和性别进行交叉分析，在36岁以上的年龄段，男性消费者普遍高于女性消费者，60岁以上的网络消费者中男性占比超过80%。而在18岁以下和25~30岁，女性消费者则要多于同年龄段的男性消费者。

根据年龄、性别分析结果可以看出，店铺选品要更具针对性，比如目标消费者人群为中老年人，则推广营销要面向男性消费者。

根据消费者学历和收入情况数据显示，拥有大专及以上学历的网络消费者占比超过80%，人均月收入2 000~5 000元的网络消费者最为集中，占比超过50%。其中，人均月收入3 000~5 000元的消费者占比最高，超过27%。此外，在网络消费的主流群体中，无收入的学生群体占比也超过16%。根据消费者的消费行为数据显示，超过50%的网络消费者的网络消费行为是无计划性的，也就是以消遣为导向。而有计划的消费行为，即目标驱动型消费者的占比为36.8%。女性消费者中有近60%是消遣型消费者，男性消费者则计划性更强。将收入、消费行为、年龄进行交叉分析，在25~35岁的消费者中消遣型消费者占比达56.7%，比目标驱动型消费者高出24%。人均月收入5 000~8 000元的消费群体中消遣型消费占比超过55%。因此在进行店铺选品时，一般将消费者定位在25~35岁的高收入女性。

根据消费者地域分布数据显示，我国58.27%的网络消费者集中在苏、浙、沪、粤地区，50%以上的网络消费者来自北、上、广三大城市。从消费者的消费领域进行分析，服务、美妆、健康食品、智能设备、游玩等在80后、90后消费者的支出占比中有所提升。育儿、居家用品、保健食品等家庭消费品作为女性用户的高偏好品类，呈现出良好的发展趋势。从消费者的消费态度上进行分析，年轻消费者更倾向于快捷、高效的消费方式，在满足刚需的基础上，愿意为高品质的服务和产品买单，是高端消费的主力人群。根据消费者的地域分布、消费领域、消费态度进行交叉分析，发达的一二线城市更具有消费能力，服务、美妆、健康食品、智能设备等领域更受主流消费人群关注，他们愿意为更有品质和口碑的商品买单。

2.1.4　选择商品

完成网上商店市场行情与客户群体的分析后，即可考虑网店需要销售的商品。一般来说，商品选择包含两个主要阶段：第一阶段是选择商店所经营的产品；第二阶段是从已有商品中继续选择商品，将其打造为爆款。

1. 选款

第一阶段的商品选择一般是选择具有一定市场潜力的商品，需要结合市场、行业、消费者需求以及自身的资源情况进行综合选择。在众多商品类型中，有些商品的总成交量非常大，但是销售这类商品的商家也非常多，竞争非常激烈，需要具备成熟的营销推广手段。有些商品成交量不算很高，但是市场前景好，竞争小，所以部分商家开始另辟蹊径，选择一些竞争较小但销量也比较可观的商品。如果具备一定的资源，建议选择自己熟悉的领域和商品，或者选择经典产品、品牌产品，打造更专业的店铺。总之，优先选择更适合自己、更方便经营的产品或服务。

第二阶段是在第一阶段的基础上，为了赚取更多的利润，有选择性地打造商品爆款。爆款是指在商品销售中供不应求，销售量高、人气高的商品。当商品有了一定的基础销量后，可以自己转化为爆款，提升加购和收藏，对商品本身的权重十分有利。选择爆款的方法有很多，常用方法主要包括以下几种。

- **按销量选择款式**：该选择方式是一种比较简单的选款方式，按照销量选择的商品通常都是热销款式，受大众欢迎，竞争力比其他商品更强。但这类产品同款也会比较多，竞争环境会比较激烈。
- **搜索选款**：搜索选款指根据消费者搜索的热门关键词来分析和判定商品，并选择爆款。搜索选款和销量选款区别较大，销量选款注重产品之前的销售数据，而搜索选款则着眼于产品未来的数据。
- **直通车选款**：与销量选款类似，直通车选款首先需要选定一个主要关键词，便于在淘宝首页搜索。直通车选款需要分析直通车商品。找出直通车前100的商品，分析并筛选上架时间短但收藏数高于2 000的商品，这些商品既是受大众喜欢的商品，也会是一些大型店铺的主推款式，具有爆款潜力。

- **活动选款**：活动选款指根据活动的销售数据来选款。进行活动选款时，首先需关注各个活动中本类目的商品，并找出销量达到2 000的商品，然后使用数据分析工具查看竞争对手的销量，最后选择出合适且销量可观的商品。

从商品选择到打造爆款有一个过程。在选定商品后，首先，需对该商品的访问量、收藏量和购买量等进行分析，观察其是否可以成为爆款。其次，还需对商品的总成交率、点击转化率等进行观测，并对商品的实际销售情况进行监测。最后，将销量表现良好、转化率理想，以及评价不错的商品确定为主推款。

2. 选择注意事项

为了保持较好的利润空间和发展空间，在选择商品时还需分析以下问题。

- 出售的商品是否为消费者必需品或准必需品，是不是大众商品，持续购买和持续生产能力如何。
- 与线下商品相比，其价格优势和利润优势如何，运输是否便利。
- 是否容易被仿制，是否容易贬值。
- 是阶段性商品还是非阶段性商品。
- 售后服务难度如何。

商品的性质不同，营销和推广策略就不一样。对于从事电子商务的商家而言，商品的选择、销售策略的制订都会对商品的规模和利润产生非常大的影响。

2.2 网上商品的进货渠道

网上商品的进货渠道很多，如阿里巴巴，分销网站、供销平台、线下批发厂家进货等。

2.2.1 在阿里巴巴批发进货

阿里巴巴是国内最大的网上采购批发市场，很多淘宝店家喜欢通过阿里巴巴进货。阿里巴巴对各类商品均进行了详细的分类，并且提供了搜索功能，可以帮助买家快速准确地找到所需的商品，如图2-4所示。

▲ 图2-4　阿里巴巴批发网

1. 进货前的准备

在各类电子商务平台中进行活动时，首先需要进行注册，其注册流程一般比较简单，根据提示进行操作即可。阿里巴巴的账户与淘宝账户可以通用，因此拥有淘宝账户的用户可以直接使用淘宝账户登录阿里巴巴。

此外，在阿里巴巴寻找货源时，为了保证商品的质量，需要事先对供货商做一些分析。

- 查看供货商的资质、联系方式、厂家信息等。
- 查看供货商的"诚信通"年份，诚信指数高的商家信任度更高。
- 查看商品的图片、销量及评价，也可事先小额订货，了解其供货速度。

2. 搜索商品

在阿里巴巴批发网中搜索商品的操作比较简单，可以通过"行业市场"列表搜索商品，也可直接搜索所需商品。

（1）通过分类列表搜索商品

阿里巴巴的"行业市场"列表对各种类型的商品进行了详细的分类，用户可直接选择所需商品，进入该类商品的搜索结果页面。下面介绍通过"行业市场"列表搜索"帆布鞋"的方法，其具体操作如下。

扫一扫 实例演示

STEP 01 在浏览器地址栏中输入阿里巴巴网址，或通过百度搜索"阿里巴巴"，进入阿里巴巴批发网首页。在左侧的表中选择所需商品类型，这里单击"鞋靴"超链接，进入鞋靴市场，如图2-5所示。

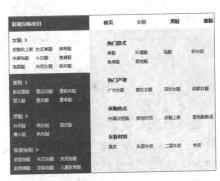

▲ 图2-6 选择帆布鞋

▲ 图2-5 进入鞋靴市场

STEP 02 在鞋靴市场页面左侧的"鞋靴导购类目"列表中选择需要搜索的商品，这里单击"女鞋"类目下的"帆布鞋"超链接，如图2-6所示。

STEP 03 打开"帆布鞋"的搜索结果页面，查看搜索结果，如图2-7所示。

▲ 图2-7 查看搜索结果

淘宝网店运营全能一本通（视频指导版 第2版）

 经验之谈

将鼠标指针移动到"行业市场"列表上，将展开当前类目下的二级类目，如"鞋靴/箱包/配饰"类下还包括"女鞋""男鞋""童鞋"等二级类目，单击这些类目的超链接，也可进入相应的市场选择商品。

新手练兵

用淘宝账号登录阿里巴巴，选择"日用百货"类目下的"厨房工具"，查看搜索结果。

（2）直接搜索商品

直接搜索商品也是非常简单且常用的一种搜索方式。通过阿里巴巴的搜索文本框输入关键词，可以快速搜索到所需的商品。其方法是：在阿里巴巴批发网首页的搜索文本框中输入关键词，如"帆布鞋 女"，此时搜索文本框下方将自动弹出与"帆布鞋 女"相关的下拉列表，下拉列表中列举了所搜索商品的相关分类，如图2-8所示，选择所需选项或直接单击 搜索 按钮，即可打开"帆布鞋 女"的搜索结果页面，如图2-9所示。

▲ 图2-8 输入商品关键词

▲ 图2-9 查看搜索结果页面

3. 选购商品

阿里巴巴批发网上的商品非常丰富，买家可在"货比三家"后再进行购买。下面介绍在阿里巴巴批发网上选购"帆布鞋"的方法，其具体操作如下。

扫一扫 实例演示

STEP 01 在"帆布鞋 女"搜索页面中对帆布鞋进行了非常详细的分类，包括"选购热点""鞋面材质""流行元素""风格""价格"等，单击"选购热点"栏后的"懒人鞋"超链接，如图2-10所示。

 经验之谈

是阿里巴巴实力商家的标志，3年代表该商家"诚信通"的年份。

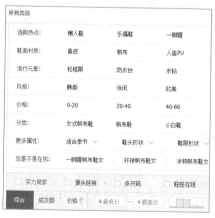

▲ 图2-10 设置帆布鞋的选购热点和价格

STEP 02 将价格设置为"40~60",此时在"所有类目"栏中将显示已设置选项,同时显示根据设置搜索出来的结果,如图2-11所示。

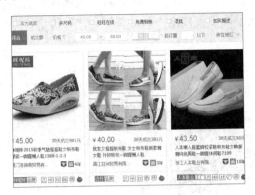

▲ 图2-11 查看搜索结果

STEP 03 单击商品主图或商品名称,进入商品详情页面,滚动鼠标滚轮查看商品的图片、价格、材质等具体信息。浏览并对比各个供货商的商品,确认选择后,在该商品的详情页中设置商品的颜色、尺码等订购信息,然后单击 立即订购 按钮,如图2-12所示。

▲ 图2-12 订购产品信息

STEP 04 在打开的页面中设置收货地址、联系电话等信息,设置完成后单击 确认收货信息 按钮,如图2-13所示。在该页面的下方,还将显示已订购商品的信息、运费金额等,确认无误后单击 提交订单 按钮。

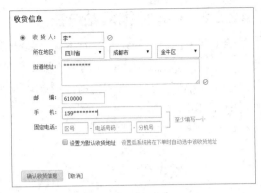

▲ 图2-13 设置收货地址

STEP 05 此时将打开支付页面,在该页面中选择支付方式并输入支付密码,然后单击 确认付款 按钮,即可完成交易,如图2-14所示。

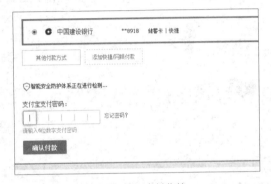

▲ 图2-14 支付货款

经验之谈

阿里巴巴的购买操作与淘宝网非常相似,单击 按钮可以将所选商品添加至进货单,在完成商品的选购之后,再进入"进货单"页面,可对所有选购商品的费用进行一次性支付,简化购买流程。

新手练兵

在阿里巴巴中搜索关键词"雪纺连衣裙",查看并分析搜索结果,然后选购不同花色和尺码的连衣裙。

2.2.2 通过分销网站进货

除了阿里巴巴之外，网络上还有很多提供批发服务的分销网站，如搜物网、衣联网、中国货源网、好多鞋等。其中，衣联网主要提供女装批发；好多鞋主要提供女鞋批发，其批发流程与阿里巴巴大同小异，首先需要在对应分销网站中进行注册，然后选择所需商品，设置订购信息并支付金额即可；图2-15所示为搜物网首页，在搜索文本框中直接输入商品关键词进行搜索，即可进行后续订货操作。

▲ 图2-15　搜物网首页

 经验之谈

通过第三方分销网站进货，可能会存在一些风险。为了降低进货风险，买家可以提前查询了解供应商的网址信息以及公司信息。

2.2.3 通过供销平台进货

供销平台是淘宝网为商家提供代销、批发的平台，通过该平台可以帮助商家快速找到分销商或成为供货商。分销平台由代销和批发两部分组成。代销是指供货商与代销商达成协议，将商品的品牌授予代销商，为其提供商品图片等数据，而不提供实物，并与代销商协议价格，代销商赚取差价。批发则与其他批发网站相似。要成为供销平台的代销商，首先需要进行申请，然后才能通过供销平台选择供货商进行代销。图2-16所示为天猫供销平台首页。

▲ 图2-16　天猫供销平台首页

经验之谈

网络代销的资金投入比较少，比较适合新卖家或小卖家。同时，网络代销操作过程要简单一些，不需要仓库，商品照片、商品描述等基本都由供应商准备，甚至不需要自己邮寄，只需将定金和资料提供给供应商即可。但由于不直接接触商品，所以很难把控商品质量，因此在选择供货商时一定要选择正规公司。

2.2.4 通过线下批发厂家进货

与线下商店进货方式一样，线上商店也可通过线下批发市场进货。批发市场的商品价格比较便宜，而且可以查看商品的质量、样式等，因此受到很多经营者的青睐。线下批发市场一般具有以下几个特点。

- 本地货源成本更低，还可以节约部分运输和仓储成本。
- 商品数量更丰富，品种更齐全，可选择范围更大。
- 进货时间和进货量都比较自由，补货时间更短。

经营者如果与本地批发市场的供应商建立了良好的供求关系，通常可以拿到更便宜、更新、质量更好的商品，甚至可以等网上商店的商品售出以后再前往取货，不必占用过多的资金，也不会积压商品。

除了亲自前往本地批发市场选择商品之外，经营者还可以登录阿里巴巴产业带网查询不同类型商品的产地以及本地的产业带。例如查询本地产业带，可在网站首页左侧的搜索文本框中输入产地名称，单击 🔍 按钮，在打开的页面中即可显示该产地的产业带，如图2-17所示。

▲ 图2-17 查询产业带

2.2.5 其他进货渠道

线上商店的进货渠道非常多，除了阿里巴巴、分销网站、供销平台和线下批发厂家，还可以通过采购品牌积压库存，换季、拆迁与转让的清仓商品，外贸尾单货、国外打折商品等途径获得商品。

1. 品牌积压库存

品牌积压库存一般是指当季未售完的品牌商品，对于很多买家而言，品牌商品更具有吸引力，也更容易得到信任。品牌商在当季商品未售完时，为了清理积压库存，可能会选择低价出售或选择代销商进行代销。经营者如果有途径，即可寻找可靠的品牌积压商品通过网店进行销售。

2. 换季、拆迁与清仓商品

线下很多商店在换季、节后、拆迁或清仓的时候，都会低价出售大量库存商品，通常价格较低，品种也较为丰富。经营者亦可买进这些低价商品，通过网上商店进行销售。需要注意的是，清仓商品质量上大多参差不齐，经营者需要仔细检查商品质量、有效期等，注意辨别是否为促销手段，赢得尽可能大的价格空间。

3. 外贸尾单货

外贸尾单货是指厂家在生产外贸订单时的多余商品。商品在生产过程中难免会出现次品，而为了保证外贸订单中商品的质量，厂家一般会多生产一些商品以作备用，而这些尾单就变成了线上商店获得货源的一种途径。外贸货单性价比一般都较高，但可能颜色、尺码不齐全。此外，经营者还需要在外贸市场中仔细辨认外贸尾单货的真伪，确保商品质量。

4. 国外打折商品

寻找货源并非仅仅局限于国内，很多国外一线品牌在换季、节日期间，也可能会打折扣出售，经营者也可通过国外代购来获得货源。

经验之谈

二手市场也是获得货源的一种途径，但是二手市场商品的不确定性太大，可能不合时宜，或者品质得不到保证。

2.2.6 进货的技巧

对于卖家而言，商品并不是盲目选择的，进货时不仅需要考虑商品的热度、质量等因素，还需要考虑成本、库存等问题。基本的进货要领一般如下。

- **选择好商品**：好商品一般需具备顾客喜爱、质量好、价格合理等特点，因此店家在进货时，要注意辨别商品是否热门、是否有市场、是否价格合理，以能满足顾客需求为准。为了保证商品质量，可以"货比三家"后再建立合作关系。

- **合理进货**：对于新产品而言，试销时进货量不宜过大。对于畅销商品而言，则需要检查和分析库存，提前进货，保证供应量，但库存亦不建议过大。对于季节性商品而言，季初可以多进，季中少进，季末补进。此外，还需要注意进货时机，一般大部分商品都需要提前进货。

- **控制成本**：成本高低对盈利高低产生直接影响，同时成本高低也直接影响着价格策略的实施。为了合理控制成本，需要充分了解商品和市场，还可以与供货商建立良好的长期合作关系，尽量以最低价格拿到商品。

2.3 发布商品和修改信息

发布商品是指将商品信息上传至网上商店中。完成商品的发布之后，还可根据实际情况对商品信息进行修改。

2.3.1 发布一口价商品

在网上商店发布商品的流程基本类似，在发布商品之前都需要做一些准备工作，如了解商品信息，准备商品图片等。下面将介绍在淘宝网中发布一款帆布鞋的方法，其具体操作如下。

扫一扫 实例演示

STEP 01 在淘宝网首页单击"卖家中心"超链接，登录并进入卖家中心。在"卖家中心"首页的"宝贝管理"栏中单击"发布宝贝"超链接，如图2-18所示。

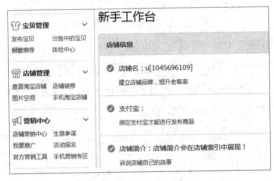

▲ 图2-18 登录卖家中心

 经验之谈

卖家的后台管理基本都可以通过卖家中心完成，其中包括交易管理、物流管理、宝贝管理、店铺管理、营销管理、货源中心等。卖家不仅可以通过后台发布商品、装修店铺，还可以选择营销工具推销商品、分析店铺等。

STEP 02 进入商品发布页面，在左侧列表框中选择商品类目，如"女鞋"，在右侧打开的列表选择商品的二级类目，如"帆布鞋"，再在右侧打开的列表中选择商品的品牌，单击 我已阅读以下规则，现在发布宝贝 按钮，如图2-19所示。

▲ 图2-19 选择商品类目

STEP 03 在打开的页面中继续填写商品的标题、卖点、属性等信息，如图2-20所示。

▲ 图2-20 填写商品信息

STEP 04 滑动鼠标滚轮，上传商品图片。单击"宝贝主图"的图片框，打开"图片空间"对话框，如图2-21所示。

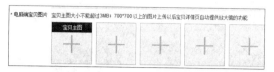

▲ 图2-21 上传商品图片

 经验之谈

在设置商品类目时，也可直接搜索商品类型，然后在打开的列表中选择商品类目和二级类目。

STEP 05 在"图片空间"对话框中单击"上传新图片"选项卡，再单击 点击上传 按钮，如图2-22所示。

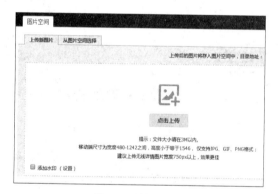

▲ 图2-22 选择本地上传

STEP 06 打开"打开"对话框，在其中选择需要上传的商品图片，再单击 打开(O) 按钮，如图2-23所示。

▲ 图2-23 选择商品图片

STEP 07 按照该方法，依次上传其他商品主图，效果如图2-24所示。

▲ 图2-24 上传所有商品主图

STEP 08 在"手机端宝贝图片"栏中单击选中"上传新图片"单选项，上传手机端商品主图，如图2-25所示。

▲ 图2-25 上传手机端商品主图

STEP 09 在"宝贝规格"的"颜色分类"栏中单击选中文本框前的复选框，将鼠标指针定位到文本框中，在打开的下拉列表中选择颜色，如图2-26所示。

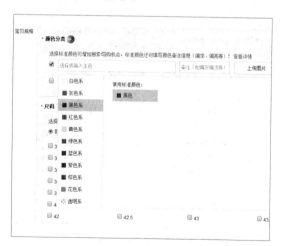

▲ 图2-26 设置商品颜色

STEP 10 单击文本框后的 上传图片 按钮，在打开的"图片空间"文本框中设置当前颜色的商品图片，然后依次设置商品的其他颜色，并上传图片，如图2-27所示。

▲ 图2-27　设置其他颜色

 经验之谈

在设置商品颜色时，可以选择颜色，也可以手动输入颜色。在上传不同颜色的商品后，如果图片上传错误，可以单击其后的"删除图片"超链接删除图片，然后单击 上传图片 按钮重新上传。

STEP 11　在"尺码"栏中设置商品的尺码，如图2-28所示。

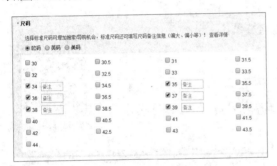

▲ 图2-28　设置商品尺码

STEP 12　在"宝贝销售规格"栏中输入商品的价格和数量，如图2-29所示。如果商品价格一样，可直接在"批量填充"栏中输入统一的价格和数量，单击 确定 按钮。

宝贝销售规格

该类目下：颜色分类、尺码，请全选或全不选，如果只选一部分则无法保存对应的价格和库存

批量填充：价格　　数量　　商家编码　　条形码

*颜色分类	*尺码	*价格（元）	*数量（件）	商家编码
黑色	34	109	100	
	35	109	100	
	36	109	100	
	37	109	100	
	38	109	100	
	39	109	100	

▲ 图2-29　设置商品销售规格

STEP 13　在"电脑端描述"栏中设置商品详情描述，这里单击"添加图片"按钮 ，在打开的"图片空间"对话框中上传商品详情描述的图片，效果如图2-30所示。

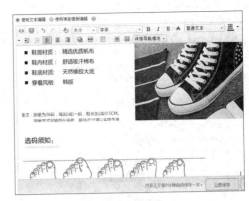

▲ 图2-30　编辑电脑端描述

STEP 14　在"宝贝物流服务"栏中设置商品的物流方式，如图2-31所示。

▲ 图2-31　设置物流方式

 经验之谈

如果已经提前设置了物流方式，可直接在"运费模板"下拉列表中进行选择；如果未设置物流模板，可单击 新建运费模板 按钮新建物流模板。

新手练兵

根据实际需要，选择一款商品进行发布，发布时需要先准备好相关的资料，并将发布中遇到的问题记录下来。

_____

_____

_____

_____

STEP 15　依次设置"售后保障信息"和"宝贝其他信息"，如图2-32所示。设置完成后单击 发布 按钮，即可发布商品，效果如图2-33所示。

| ▲ 图2-32　设置信息 | ▲ 图2-33　发布商品 |

2.3.2　使用淘宝助理批量发布商品

淘宝助理是一款功能十分强大的淘宝商品管理软件，通过它可以快速完成很多商品的管理，如快速创建商品、上传商品、批量编辑商品、编辑交易、下载订单、管理订单等。下面主要介绍使用淘宝助理创建并上传商品、批量编辑商品等操作。

1. 创建并上传商品

在使用淘宝助理之前，首先需要下载并安装该软件，然后通过淘宝账户和密码进行登录。下面介绍通过淘宝助理创建商品的方法，其具体操作如下。

扫一扫 实例演示

STEP 01 登录淘宝助理，在其工作界面中单击"宝贝管理"选项卡，在打开的界面中单击"创建宝贝"按钮 ，如图2-34所示。

▲ 图2-34　创建宝贝

 经验之谈

在淘宝助理中创建宝贝时，选择类目、填写基本信息以及上传图片的方法与在卖家中心后台中的操作基本类似。同时，在卖家中心设置的各类模板也可以在淘宝助理中直接进行选择。

STEP 02 打开"创建宝贝"对话框，在"基本信息"选项卡下单击"类目"文本框右侧的 选类目 按钮。打开"选择类目"对话框，在其中选择商品类目，然后单击 确定 按钮，如图2-35所示。

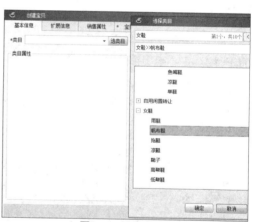

▲ 图2-35　设置商品类目

STEP 03 在"类目属性"栏中设置商品的品牌、工艺、材质、风格、上市年份等属性，然后在右侧的"宝贝标题""宝贝卖点""一口价""数量"文本框中输入相关内容，并对"所在地"和"运费模板"进行设置，如图2-36所示。

经验之谈

在设置商品的类目属性时，应尽可能全面、准确和真实，不可随意设置。对于虚假不实的商品信息，淘宝网会对其进行惩罚，这样会非常影响店铺的健康运营。该要求同样适用于标题、主图和详情页的设置。

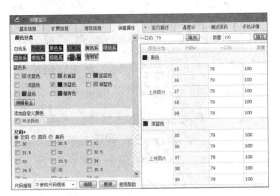

▲ 图2-38 设置商品颜色、尺码和价格

STEP 06 在"创建宝贝"对话框中单击"宝贝描述"选项卡，在其中编辑商品描述，或直接单击"插入图片空间图片"按钮 🖼，打开"选择图片"对话框，选择并上传商品描述页的图片，如图2-39所示。

▲ 图2-36 设置商品属性

STEP 04 在"创建宝贝"对话框右侧单击"宝贝图片"选项卡，然后单击 ➕添加图片 按钮，打开"选择图片"对话框，在其中选择上传的商品图片，单击 插入 按钮，确认上传商品主图，如图2-37所示。

▲ 图2-39 设置商品详情

STEP 07 设置完成后返回"宝贝管理"页面，单击 保存并上传 按钮，完成宝贝的创建和发布，如图2-40所示。上传时，将打开提示对话框，单击 上传 按钮即可。

▲ 图2-37 上传商品主图

STEP 05 在"创建宝贝"对话框中单击"销售属性"选项卡，在左侧列表框中设置商品的颜色和尺码，然后在右侧设置商品的价格和数量，如图2-38所示。

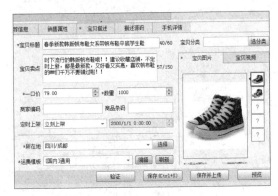

▲ 图2-40 保存并上传宝贝

2. 批量编辑商品

淘宝助理提供了批量发布宝贝的功能，可以帮助经营者快速发布商品。对于同一类型的商品，可以创建和应用统一的模板，省去商品创建过程中的重复操作。下面介绍批量发布商品的方法，其具体操作如下。

扫一扫 实例演示

STEP 01 在淘宝助理的工作界面中单击"宝贝管理"选项卡，在左侧列表框中选择"宝贝模板"选项，在右侧单击 创建模板 按钮，如图2-41所示。

▲ 图2-41 创建模板

STEP 02 打开"创建模板"对话框，在左侧列表框中设置商品的类目和类目属性，在右侧列表框中设置宝贝标题、一口价、数量、运费模板等，如图2-42所示。

▲ 图2-42 填写商品基本信息

STEP 03 单击"销售属性"选项卡，在其中设置商品的颜色和尺码，单击"宝贝描述"选项卡，在其中编辑商品描述，设置完成后单击 保存(Ctrl+S) 按钮，如图2-43所示。

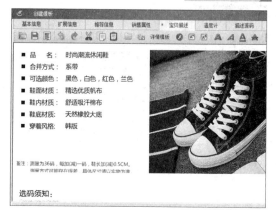

▲ 图2-43 编辑商品描述

STEP 04 在淘宝助理工作界面左侧列表框中选择"所有宝贝"选项，单击 创建宝贝 按钮右侧的下拉按钮▾，在打开的下拉列表中可以查看新建的模板，如图2-44所示。

▲ 图2-44 查看模板

 经验之谈

在设置商品信息时，带＊号的选项为必填选项。如果出现必填选项未填写的情况，在保存商品信息时，淘宝助理会给出相关提示。

STEP 05 选择该模板，将打开"创建宝贝模板"对话框，在其中可对模板信息进行更改，更改完成后单击 保存(Ctrl+S) 按钮，即可将该商品信息保存到本地库存宝贝中。单击选中需要上传的商品前面的复选框，再单击 上传宝贝 按钮上传商品，如图2-45所示。

▲ 图2-45 批量上传商品

2.3.3 修改商品信息

商品发布上架之后，如果发现商品信息不完善或者有误，还可以打开宝贝发布页面，对商品价格、名称、描述等进行重新编辑。下面介绍在淘宝卖家中心修改商品信息的方法，其具体操作如下。

扫一扫 实例演示

STEP 01 进入淘宝卖家中心，在"宝贝管理"栏中单击"出售中的宝贝"超链接，打开出售中的宝贝页面，如图2-46所示。

▲ 图2-46 进入出售中的宝贝页面

STEP 02 单击选中需要修改的商品前的复选框，并单击相应按钮，可对其进行下架、删除和橱窗推荐等操作。单击商品后的"编辑宝贝"超链接，打开商品发布页面，在其中即可修改商品信息，如图2-47所示。

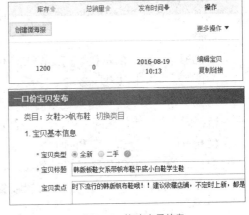

▲ 图2-47 修改商品信息

疑难解答

进货和发布商品都是网上开店最基本的步骤，关系着网店的后续发展，因此需要妥善地处理好各种细节问题。下面主要对进货和发布商品过程中的一些注意事项进行说明。

1. 对于新手店家而言，怎样进货才能保证一定的利润空间？

进货并不仅仅是单纯的购买和储存商品，在进货的过程中，进货的数量、质量、品种的选择，以及补货时机和补货数量等都有一定的规律性。

选择商品是进货的第一步。要选择到好销售、好口碑的商品，首先就需要对店铺的经营方向有个明确的定位，其次还需要对经营领域中的顾客群体、顾客喜好偏向性进行分析，这样才能保证商品的发展空间。

确定了商品类型后，接下来需要确定商品的数量、品种等。为了使进货价格合理，一般可以同时咨询多家供货商，对比并挑选出最经济实惠的商品。此外，不能为了压低成本，一味提高进货数量，商品积压不仅不利于资金周转，还会增加库存、维护等方面的成本。投入资金较少、商品种类齐全、加快商品周转才是网上商店理想的经营状态。如果不积压库存，则代表着卖家需要熟悉商品情况，及时了解交易状态、库存信息、货源状态，选择合理的进货方式，从而保证商品及时供给，不出现断货的情况。

不管是在批发市场进货，还是在网上批发平台进货，卖家都需要与供货商保持良好的关系。在网上批发平台选择商品时，最好选择商品实拍的供应商。如果不敢保证供货商的供货质量，第一次进货时尽量少进。合理进货是一项需要不断积累经验的工作，卖家在进货过程中要警惕价格陷阱，洞悉市场动向。只有经验丰富的卖家才能以最划算的价格拿到最优质的商品。

2. 商品价格怎样合理定价？

商品定价需要考虑很多方面的因素，如市场竞争情况、经销路线、商品形象、市场习惯、销售策略等。

- **市场竞争情况**：产品定价应该参考和分析竞争对手的定价，特别是对于同样质量、同样品牌的商品而言，消费者在进行选择时一般都会选择价格更便宜的商品。此外，商品本身的好坏也是消费者优先考虑的因素之一，不能一味采用低价策略，还需考虑成本因素。

- **经销路线**：有些商品从产地到消费者手中，会经过中间商、零售商等多条经销路线，这时商品的价格在不同中间商和零售商之间的差异幅度不宜过大，要采取公定价格制度，保证价格公平。

- **商品形象**：商品的价格与商品的形象也息息相关。口碑好、影响力大、历史悠久、形象好的商品，其价格也比一般商品略高。

- **市场习惯**：市场习惯指某类型商品在市场中的一贯价格，如很多小型的生活类商品，其价格都固定在一定的区间值内，消费者对这类商品的价格已形成了习惯认知，不宜差异过大。

- **销售策略**：根据商品销售的时期、商品销售的性质制订不同的销售策略时，价格也会随之产生变化。例如，某种口碑较好的新品，在刚上市时可能价格稍高，经过一段时间的销售后，则会将价格调低；某商品分为常规版和定制版，而定制版的价格一般都会高于常规版。

在确定了商品的价格区间后，可根据一些基本的心理定价策略确定商品的具体价格。例如，尾数定价法常用7、8、9作为价格的尾数，将原价100元的商品定价为99.8元或98.9元等。

经典案例——严把质量关，成功上皇冠

杨文原是某小城镇里的一名出租车司机，每月工作收入不高，听人说开网店在家里待着就

能赚钱，就寻思辞了工作开个网店，卖家乡特产的茶叶。网店开了大半年，好不容易将店铺的信用等级升到了3钻，但是店铺的生意却一直不温不火。看着越来越多的同行业店铺都变成了皇冠卖家、金牌卖家，杨文心里暗暗有些羡慕。

店铺销售额一直驻足不前，杨文也不是没考虑过自身原因，都说卖商品就是卖服务，杨文也在服务质量和服务方式上狠下了一番功夫，又是送小礼品，又是送红包，奈何收效甚微。直到遇到一个买家，在购买了杨文店铺的茶叶后，评价说"茶叶没有别家好，价格却跟别家一样，店家不实诚"。面对这项"指控"，杨文无法接受了。究竟是哪里比不上别人的茶叶？他决定亲自搞清楚原因。出于对制茶厂的信任，杨文并未对茶叶质量有过多质疑，通常是买家一下单，自己就直接包装厂家的茶叶进行邮寄。直到买家投诉之后，他才打开自家茶叶查看。杨文光顾了同行中销量比较好的店铺，把买回来的茶叶跟自己的茶叶进行了对比，发现自家茶叶确实存在问题。人家的茶叶颗粒饱满，泡开之后多为三瓣茶叶，自家茶叶颗粒很小，泡开之后多为一些单瓣茶叶。

茶叶在质量上竟然输给了对手，杨文不得不承认这是自己的重大失误。

找到原因之后，杨文决定换一种进货渠道。他直接走访茶园，请教种茶、制茶经验丰富的茶农，亲自甄选茶叶，记录采茶、炒茶、制茶的过程，让消费者明明白白看到茶叶的制作工艺，以获取消费者的信任。茶叶质量上去了，信誉慢慢好了，店铺的顾客越来越多，关键是回头客也越来越多，不到5个月时间，杨文的店铺信誉就升到了皇冠。

这次进货方式和进货渠道的改变直接扭转了杨文店铺的命运，杨文说："原本以为开网店很简单，客人来了就回复，订单提交了就发货，没想到每个环节都有这么大的学问，有些买家在某些商品时，往往不会告诉我们对商品的评价，只是下次就再也不会光顾了，让我们有时候无法清楚地看到自己的不足。开网店是个不断积累提高的过程，我还需要努力。"

总结：质量是消费者非常关注的问题，选择一个好的进货渠道和生产厂家对店铺至关重要。作为一个网店卖家，最好能够亲自查看货源，挑选货物，特别是店铺前期进货，应该尽量亲力亲为。此外，在进货的过程中，卖家应该多咨询、多了解商品的信息，以便挖掘商品卖点，打造出自己的店铺特色。

实战训练

（1）在阿里巴巴网中搜索并选购"连衣裙"商品，将搜索价格区间设置为50~100元，然后设置商品的数量和颜色，加入订货单中。

（2）登录淘宝卖家中心，发布面膜商品，将其类目设置为"美容护肤"→"面膜"，依次制订该商品的标题、价格、数量、物流等关键信息，设置完成后上传并发布到淘宝店铺中。

（3）登录淘宝助理，新建一个裙子类模板，依次设置该模板的价格、数量、物流等关键信息，设置完成后保存模板。然后根据该模板新建3个裙子类的商品，修改模板信息，修改完成后将其保存并上传至淘宝店铺中。

（4）登录淘宝卖家中心，进入"出售中的宝贝"页面，依次更改店铺中已上架商品的价格，然后单击"编辑宝贝"超链接，打开商品发布页面，在其中更改商品主图，并保存更改信息。

第3章
店铺管理

商品从上架到售后这个过程比较漫长，为了更快、更稳定地出售商品，在卖家与买家交易的前后都需要对店铺进行各种管理。本章主要介绍店铺管理的相关知识，包括推荐商品、与买家交流、商品交易管理、店铺相关数据和账目的管理等。通过本章的学习，读者可以掌握交易过程中的管理知识。

3.1 推荐优势商品

使用橱窗和店铺推荐位是推荐主推商品时十分常用的一种营销方法。主推商品使用橱窗、店铺推荐位等进行推荐，不仅可以提高店铺的流量，使之从众多商品中脱颖而出，还可以增加成交量。

3.1.1 商品推荐的原则

由于推荐位的数量有限，因此经营者要学会挑选合适的商品，在合适的时间，以合适的方式将其推荐出来。

1. 选择推荐商品

网上店铺的橱窗功能等同于实体店中的橱窗，不仅可以起到展示商品的作用，还能为网店带来更多的潜在顾客，提高其他商品的浏览量，因此选择合适的产品进行推荐非常重要。一般来说，选择推荐商品时需遵循以下内容。

- **性价比高的商品**：选择性价比高的商品是指将同类中具有一定优势的商品推荐到橱窗中，简而言之，就是选择物美价廉的商品。
- **人气高的商品**：很多买家在网上购物时都非常关注商品的人气和销量，人气高的商品更容易被买家信任。因此，选择人气高的商品不仅可以吸引到买家，也更容易留住买家。
- **命名完善的商品**：在网上商店进行购物的消费者，很大一部分都是通过搜索关键词的方式寻找自己所需的商品。命名完善，符合消费者搜索习惯，又能概括商品卖点和特色的商品更容易被买家搜索和关注。同时，命名完善的商品也会获得更多的展示机会。
- **图片精美的商品**：图片是消费者了解商品的主要途径，精美的图片更容易获得消费者的关注，从而提高商品被浏览的概率。此外，图片也与消费者的后续购买行为息息相关。

 经验之谈

除了上述原则外，在橱窗中也可以推荐低价商品，喜欢买便宜商品的买家在进行搜索时，低价格的商品更容易展示在前面。

2. 选择合适的方式

既然是放入橱窗位进行推荐的商品，就一定要表现出值得推荐的亮点，并将其展示给买家看。对于橱窗展示商品而言，主图精美和卖点突出是比较重要的。

主图精美是指主图必须符合展示要求，具体为图片大小、图片内容、图片清晰度以及文案符合要求。卖点突出则是指在深刻剖析消费者需求后，充分结合商品特征，将商品卖点明确展示出来，牢牢吸引特定顾客群。

3. 选择合适的时间

商品的上下架时间是网上开店中十分重要的一项知识，将其与橱窗推荐结合起来，即快下架的商品优先设置为橱窗推荐，按照淘宝规则，下架时间越近，其推荐位越靠前，获得展示的机会越大。例如，将商品上架时间设置为7天一个周期，则上架7天的商品可设置为橱窗推荐。

3.1.2 使用橱窗推荐商品

橱窗推荐是展示和推荐商品的常用方法之一，橱窗推荐的商品会集中显示在橱窗推荐中。根据店铺的级别和销售情况，橱窗推荐的位置在数量上会存在一些差异，合理利用好橱窗推荐位，可以大大提高商品的展示率和点击率。下面介绍在淘宝卖家中心为商品设置橱窗推荐的方法，其具体操作如下。

扫一扫 实例演示

STEP 01 登录淘宝网首页，在"卖家中心"下拉列表中单击"出售中的宝贝"超链接，如图3-1所示。

▲ 图3-1 查看出售中的商品

STEP 02 打开出售中的商品页面，单击选中需要推荐的商品前的复选框，在上方的工具栏中单击 橱窗推荐 按钮，如图3-2所示。推荐成功后，在商品前将显示"已推荐"字样。

▲ 图3-2 设置橱窗推荐

STEP 03 将鼠标指针移至 橱窗推荐 按钮上，在打开的下拉列表中选择"橱窗设置"选项，打开"橱窗设置"对话框，在"宝贝推荐顺序"下拉列表中可设置推荐顺序，如"按人气"，设置完成后单击 确定 按钮，如图3-3所示。

▲ 图3-3 设置橱窗推荐顺序

经验之谈

设置好橱窗推荐后，如果需要继续将其他商品设置为橱窗推荐，可单击选中商品，再单击 橱窗推荐 按钮。若要取消推荐，可单击选中商品，再单击 取消推荐 按钮。

3.1.3 使用店铺推荐位推荐商品

除了可以用橱窗推荐商品外，卖家也可以使用店内的宝贝推荐模板，在店内推荐自己的主推款。淘宝为卖家提供了简单快捷、版式多样的店内宝贝推荐模板。下面介绍在淘宝中使用宝贝推荐模板推荐商品的方法，其具体操作如下。

扫一扫 实例演示

STEP 01 在淘宝装修页面中添加"宝贝推荐"模块，在该模块上单击 编辑 按钮，打开"宝贝推荐"对话框，单击选中"手工推荐"单选项，在下方的下拉列表中选择商品

分类，在下方显示的商品中选择需要推荐的商品，并单击其后的"推荐"超链接，如图3-4所示。

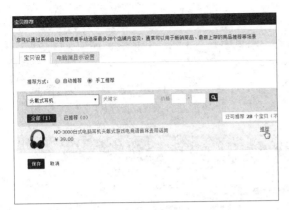

▲ 图3-4　选择需推荐的商品

 经验之谈

　　在淘宝中，"宝贝推荐"模块会默认选中"自动推荐"单选项，用户在添加该模块后，模块中将按照默认模式自动展示店铺中的商品。

STEP 02　按照该方法依次选择其他需推荐的商品，然后单击"电脑端显示设置"选项卡，在"显示标题"栏中单击选中"不显示"单选项，在"展示方式"栏中选择宝贝展示方式，这里选择"一行展示3个宝贝"选项，设置完成后单击 保存 按钮，如图3-5所示。

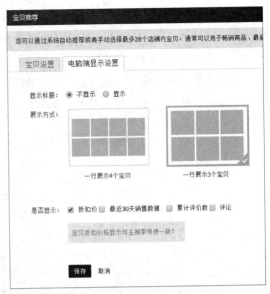

▲ 图3-5　设置展示方式

STEP 03　返回装修页面即可查看设置后的效果，如图3-6所示。

▲ 图3-6　宝贝推荐

3.2 使用千牛工作台与买家交流

　　交流与沟通是促进交易成功的前提，买卖双方在很多情况下都需要互相交流，如当买家拍下宝贝并未付款时、买家申请退款和取消订单时，或买家所提供信息不完整时，只有及时了解买家的实际需求，才能更快地促成交易。千牛工作台是淘宝卖家与买家进行沟通的主要工具，可以在同一个窗口中并列显示多个买家聊天窗口，快速与不同的买家交流。

3.2.1　认识和设置千牛工作台

　　在使用千牛工作台之前，首先要进行下载和安装。千牛工作台有PC端和移动端两种模式，选择需要的模式下载安装即可。安装完成后，通过淘宝账号和密码即可登录千牛工作台。登录千牛工作台时将默认打开工作台首页，当然用户也可根据需要打开其他页面。为了更好地进行操作，用户还可以对千牛工作台进行一些基本设置。

1. 认识千牛工作台

千牛工作台主要包括4个版块，分别是接待中心、消息中心、工作台和搜索，如图3-7所示。下面简单地对每个版块的作用进行介绍。

- **接待中心**：接待中心的功能类似于阿里旺旺，即通过这个版块可以接收和查看买家消息，与买家进行沟通交流，此外，还可以查看订单消息、商品信息、橱窗推荐以及管理交易中的商品等，如图3-8所示。

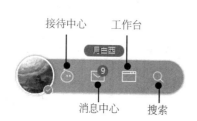

▲ 图3-7　千牛工作台的4个板块

▲ 图3-8　接待中心

- **消息中心**：消息中心是一个用于查看和阅读系统消息和服务号消息的版块，在该版块中卖家可以查阅商品消息、卖家成长攻略、营销活动通知等信息，还可以查看千牛和淘宝官方发布的一些新闻资讯，如图3-9所示。

- **工作台**：工作台是千牛工作台的重要版块，通过该版块可以查看店铺的访客、订单数、交易数、待付款、待发货等重要信息，还可以对商品发布、员工、物流等进行管理。工作台中的"生意参谋"是一款用于分析店铺数据的非常实用的应用，可以对店铺核心指标、流量等重要数据进行分析，如图3-10所示。

- **搜索**：搜索主要用于插件的搜索，在文本框中输入相关插件，在打开的下拉列表中即可显示相关插件的名称。

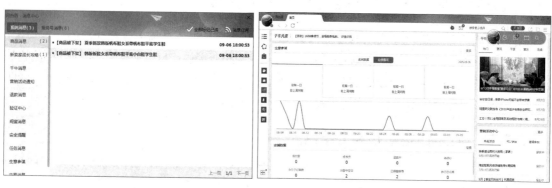

▲ 图3-9　消息中心　　　　　　　　　　　　　　▲ 图3-10　工作台

2. 千牛工作台的系统设置

千牛工作台的系统设置主要包括基本设置、消息中心、聊天设置、个性设置、安全设置和客服设置等内容。在系统通知区域的千牛图标上单击鼠标右键，在弹出的快捷菜单中选择"系统设置"命令，打开"系统设置"对话框，在其中即可进行相关设置。其设置方法比较简单，单击需设置的选项卡，在右侧单击选中相应的单选项或复选框即可。例如，要设置自动回复的客服短语时，可在"客服设置"选项卡下选择"自动回复设置"选项，在右侧的界面中单击"自动回复短语"选项卡，单击 新增 按钮添加自动回复的短语，然后单击"设置自动回复"选项卡，单击选中需要设置自动回复的选项前的复选框，在下拉列表中选择所需的回复短语，设置完成后单击 确定 或 应用 按钮即可，如图3-11所示。

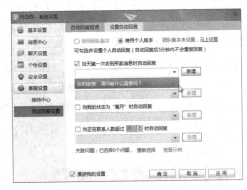

▲ 图3-11　设置客服自动回复

3.2.2　联系人管理

联系人管理是网店客户管理中十分重要的一环，完善的联系人管理可以为店铺发展更多的忠实客户和老客户，提高店铺的回购率。当联系人数量较多时，也需对其进行分类管理，便于区分。

1. 查找和添加联系人

对于经常在店铺中浏览或购买商品的顾客，可以将其添加为好友，主动与其进行沟通，将其发展为长期顾客。下面介绍使用千牛工作台查找并添加好友的方法，其具体操作如下。

STEP 01　登录千牛工作台，单击◎按钮打开接待中心界面，在左上方的搜索文本框中输入好友名称，如图 3-12 所示。

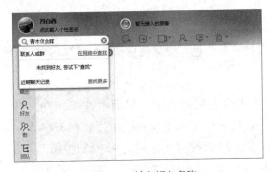

▲ 图3-12　输入好友名称

STEP 02　在打开的下拉列表中单击"在网络中查找"超链接搜索好友，搜索结果将显示在搜索下拉列表中，单击好友名称后的+按钮，如图 3-13 所示。

▲ 图3-13　搜索好友

STEP 03 此时，将打开添加好友成功的提示框，在"选择组"下拉列表中为好友设置分组，设置完成后单击 完成 按钮，如图3-14所示，也可单击 发送消息 按钮打开聊天界面，向好友发送消息。

▲ 图3-14 添加好友

2. 管理联系人

好友数量较多时，建议对好友进行管理，将联系人分别放置于不同分组中，以便更好地进行区分、查看和管理。在千牛工作台中可以新建组，并将好友从一个组移动到另一个组，也可以对好友的备注名称进行修改。其方法为：在接待中心界面的组名称上单击鼠标右键，在弹出的快捷菜单中选择"组管理"命令，打开"组管理"对话框，在其中单击 添加组 按钮新建一个组，并输入组名称，新建完成后单击 关闭 按钮关闭对话框，如图3-15所示。返回千牛工作台的接待中心界面，在需移动的好友名称上单击鼠标右键，在弹出的快捷菜单中选择"移动好友"命令，打开"选择组"对话框，在其中选择需要移动到的组，然后单击 确定 按钮即可移动好友，如图3-16所示。

▲ 图3-15 新建组

▲ 图3-16 移动好友

经验之谈

在"组管理"对话框中还可以进行添加子组、重命名组、删除组和为分组排序等操作，只需单击相应的按钮，即可进行相应操作。如果需要删除好友，可在好友名称上单击鼠标右键，在弹出的快捷菜单中选择"删除好友"命令。

3.2.3 与买家进行交流

千牛工作台是卖家与买家进行沟通的主要平台，提供了同时与多个买家进行聊天的功能。在千牛工作台上还可以实时查看当前聊天对象的信息，包括买家信息、商品信息和订单信息等。

1. 发送文字消息

卖家与买家主要通过聊天窗口进行交流。在千牛工作台的接待中心界面中选择好友，打开与该好友的聊天界面，单击聊天框上方的 T 按钮，在打开的字体下拉列表中设置聊天字体，在"字号"下拉列表中设置字号，也可根据需要单击 B、I、U 按钮，分别为文字添加加粗、倾斜、下划线效果，或者单击"颜色"按钮，在打开的下拉列表中选择文字的颜色，设置完成后再次单击 T 按钮，隐藏字体格式设置栏。此时，在下方的输入框中输入文本信息，输入完成

后单击  按钮或按"Enter"键，即可发送消息。发送成功后，在上方的聊天内容显示框中可以查看发送的消息，如图3-17所示。

▲ 图3-17 发送消息并查看发送的消息

2. 发送表情

卖家适当地发送表情，可以使买家感觉更加亲切，拉近与买家的距离，促进交流的顺利完成。发送表情的方法是：单击聊天窗口中的"表情"按钮☺，在打开的列表框中可选择"基本表情""我的表情""淘公仔"和"天猫"4个选项卡中不同的表情，完成选择后单击 发送 按钮或按"Enter"键进行发送即可。

3. 发送图片

在交易的过程中，很容易遇到买家主动咨询的情况，当遇到文字不方便表述的情况时，可直接发送相应图片给买家。在千牛工作台中图片的发送模式主要分为传送图片和屏幕截图两种。

- **传送图片**：在聊天窗口中单击☐按钮，打开"打开"对话框，在其中选择需要的图片后单击 打开(O) 按钮，此时图片被插入聊天窗口中，单击 发送 按钮发送即可，如图3-18所示。

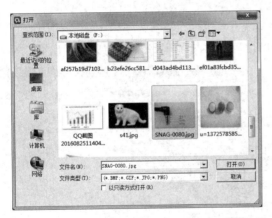
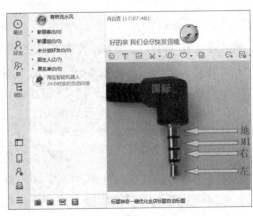

▲ 图3-18 传送图片

- **屏幕截图**：在聊天窗口中单击"屏幕截图"按钮✂，鼠标指针将变为十字形状，拖动鼠标截取需要的图片，完成后双击鼠标即可将图片插入到聊天窗口，按"Enter"键进行发送即可，如图3-19所示。

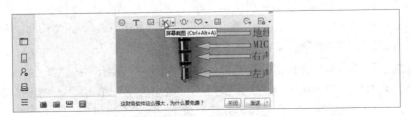

▲ 图3-19 插入屏幕截图

淘宝网店运营全能一本通（视频指导版 第2版）

经验之谈

使用千牛工作台可以同时对多个买家发送消息，其方法是：在需要进行群发消息的组上单击鼠标右键，在弹出的快捷菜单中选择"向该组成员群发即时消息"命令，打开"群发即时消息"对话框，在其中输入需要的内容后，单击 发送 按钮即可。

4. 回复买家信息

当买家主动对卖家发送消息时，千牛工作台将发出声音提醒，同时在接待页面中显示消息提示，如图3-20所示。此时，单击发出消息的联系人的名称即可查看消息，在输入栏中输入回复信息，输入完成后单击 发送 · 按钮发送消息。

▲ 图3-20　回复买家信息

5. 管理聊天信息

在千牛工作台中，卖家可以管理与买家交流的信息，如查看聊天记录、导入与导出消息等。

- **查看聊天记录**：在好友聊天界面的工具栏中单击"查看消息记录"按钮 ，在右侧打开的页面中将显示与该买家交流过的信息，在该页面下方单击"消息记录"按钮 ，打开"消息管理器"对话框，在其中选择相应的联系人，即可查看与该联系人的交流信息，如图3-21所示。在查看消息记录时，可以直接拖动滚动条上下翻查，也可以在对话框底部单击 、 按钮或在"当前第"数值框中输入具体页码数来查看记录。

▲ 图3-21　消息管理器

- **导入消息**：打开"消息管理器"对话框，单击顶部的"导入"按钮 ，在打开的对话框中选择需要导入的消息，单击 打开(0) 按钮即可。千牛工作台支持导入.wmd、.bak、.atb、.db等后缀名文件类型的消息。

- **导出消息**：打开"消息管理器"对话框，单击顶部的"导出"按钮 ，打开"导出选择"对话框，在其中设置导出的时间和需要导出的消息类型，单击 确定 按钮，打开"导出"对话框，在其中设置导出的路径和名称后，单击 保存(S) 按钮即可。

3.3 商品交易管理

千牛工作台是一个非常实用的淘宝店铺管理工具，通过它可以直接对淘宝店铺的商品上下架、商品信息、订单发货、退款管理、关闭交易、评价买家等交易相关内容进行管理，而不需要通过浏览器登录淘宝账号进行操作。

3.3.1 商品上下架

商品的上下架可以通过淘宝卖家中心的"出售中的宝贝"页面进行管理，也可以通过千牛工作台进行管理。下面介绍在千牛工作台中进行商品的上下架管理的方法，其具体操作如下。

扫一扫 实例演示

STEP 01 登录千牛工作台，打开接待中心界面，在界面顶部单击"出售中的宝贝"按钮，如图 3-22 所示。

▲ 图3-22 打开出售中的宝贝

STEP 02 在千牛工作台中打开"出售中的宝贝"页面，单击选中需下架的商品前的复选框，单击 下架 按钮，将商品下架，如图 3-23 所示。

▲ 图3-23 下架商品

STEP 03 在"宝贝管理"栏中单击"仓库中的宝贝"超链接，查看下架后存放于仓库中的宝贝，如图 3-24 所示。

▲ 图3-24 查看仓库中的宝贝

STEP 04 单击选中仓库中需重新上架的商品前的复选框，单击 上架 按钮，即可重新上架所选商品，如图 3-25 所示。

▲ 图3-25 重新上架商品

 经验之谈

一般不建议删除淘宝店铺中的商品，可将商品下架放入仓库中，等到需要时再重新上架。如果不再售卖该商品，确实需要将其删除时，可在"出售中的宝贝"页面或"仓库中的宝贝"页面中单击 删除 按钮进行删除。

3.3.2 商品信息修改

买家在店铺中浏览商品并提交订单后，卖家可在千牛工作台中查看订单信息。如果买家与卖家交流后，卖家需要修改订单商品的价格、地址等，也可以通过千牛工作台实现。下面介绍使用千牛工作台修改交易中商品信息的

扫一扫 实例演示

方法，其具体操作如下。

STEP 01 登录千牛工作台，打开接待中心界面，在页面右侧单击"订单"选项卡，该选项卡下方包含"全部""未完成""已完成""已关闭"4 个选项卡，单击"未完成"选项卡查看订单商品，如图 3-26 所示。

▲ 图3-26 查看订单

STEP 02 在订单下单击 改价 按钮，在打开的页面中可直接输入商品价格折扣，如输入"7"，此时商品价格将自动按 7 折价格显示，如图 3-27 所示。

▲ 图3-27 修改商品折扣

STEP 03 也可单击"一键改价"超链接，在打开的文本框中直接输入商品价格，输入后单击 确定 按钮，如图 3-28 所示。

▲ 图3-28 直接修改价格

STEP 04 修改完成后单击 保存 按钮，返回即可查看到修改后的商品价格，且千牛工作台将打开消息通知提示框，显示商品价格修改的相关信息，如图 3-29 所示。

▲ 图3-29 查看修改价格的信息

STEP 05 在商品信息下方单击 地址 按钮，可以查看买家地址、联系方式等信息，在右下角单击 发送地址 按钮，可将地址发送到聊天框中供买家确定，如图 3-30 所示。

▲ 图3-30 查看地址

STEP 06 在商品信息下方单击 催付 按钮，在打开的下拉列表中可以选择催付信息，如图 3-31 所示，也可以单击 编辑 按钮，自定义催付内容。

▲ 图3-31 发送催付消息

STEP 07 在商品信息下方单击 备注 按钮，在打开的下拉列表中可以填写备注信息，如图3-32所示。

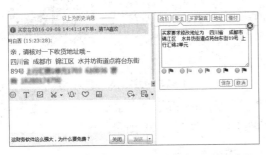

▲ 图3-32 添加备注信息

STEP 08 当买家完成付款之后，千牛工作台将打开提示框提示付款完成。如需修改收

3.3.3 订单发货

买家完成付款后，如果商品需要邮寄，则需卖家联系快递公司，填写快递单号并完成发货。下面介绍在千牛工作台中发货的方法，其具体操作如下。

STEP 01 确认信息无误后，即可发货。在接待中心页面底部单击"卖家中心"按钮，打开卖家中心页面，在"交易管理"栏中单击"已卖出的宝贝"超链接，查看已卖出的宝贝，然后单击 发货 按钮，如图3-34所示。

▲ 图3-34 发货

STEP 02 打开发货页面，在选择的快递公司后单击 选择 按钮，并输入订单号码，再单击 确认 按钮，如图3-35所示，继续根据提示完成发货操作。

▲ 图3-35 输入订单号码

货地址，可单击 地址 按钮，在打开的下拉列表中单击"修改"超链接，在打开的页面中修改收货地址、联系方式等信息，修改完成后单击 保存 按钮即可，如图3-33所示。

▲ 图3-33 修改收货地址、联系方式

扫一扫 实例演示

经验之谈

除了选择快递公司进行发货之外，卖家也可直接输入订单号完成发货。

STEP 03 若是无需发货的商品或同城交易商品，也可以在发货页面选择无需物流直接发货，即无需填写快递单号即可完成发货，如图3-36所示。

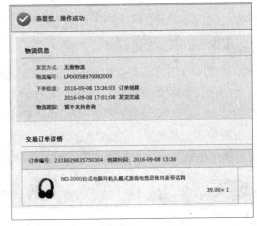

▲ 图3-36 完成发货

3.3.4 退款处理

在商品交易的过程中，当买家不需要已购买的商品，或由于某种原因申请退货或者退款时，一般会向卖家提出退款申请，买卖双方协商一致即可进行退款操作。下面介绍通过千牛工作台进入"退款管理"页面进行退款的方法，其具体操作如下。

扫一扫 实例演示

STEP 01 在千牛工作台接待中心页面底部单击"卖家中心"按钮，打开卖家中心页面，在"客户管理"栏中单击"退款管理"超链接，进入退款管理页面，在该页面中即可查看买家申请退款的商品，如图 3-37 所示。

▲ 图3-37 查看退款商品

STEP 02 在"操作"栏中单击"查看"超链接，即可查看退款商品的信息。如果卖家同意退款，则单击 同意退款申请 按钮完成退款申请，如图 3-38 所示。

STEP 03 同意退款后，在打开的页面中输入支付宝密码即可完成退款。若卖家拒绝退款申请，则需在打开的页面中填写拒绝退款申请的理由，如图 3-39 所示。

经验之谈

一般来说，退款申请最好买卖双方协商解决，寻求淘宝介入后，若是判定卖家责任，则会影响店铺的退款纠纷率。

▲ 图3-39 填写拒绝退款申请的理由

▲ 图3-38 同意退款

3.3.5 关闭交易

当商品订单出现买家取消购买、买家重新下单等情况时，卖家可以在"已卖出的宝贝"页面取消该订单。其方法为：在千牛工作台接待中心页面中单击"卖家中心"按钮，打开卖家中心页面，在"交易管理"栏中单击"已卖出的宝贝"超链接，打开"已卖出的宝贝"页面，在需要关闭交易的商品的"交易状态"栏中单击"关闭交易"超链接，在打开的提示框中设置交易关闭的原因，单击 确定 按钮即可，如图3-40所示。

经验之谈

千牛工作台中的"卖家中心"与淘宝网页中的"卖家中心"页面一样，其操作方法也相似。一般来说，商品交易管理主要都是通过"交易管理""宝贝管理"和"客户服务"栏进行的，单击各栏右上方的ˇ按钮，可查看每栏中的详细内容。

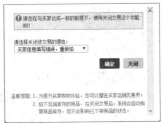

▲ 图3-40　关闭交易

3.3.6　评价买家

订单完成之后，买家可以对商品做出评价，同时卖家也可以对买家进行评价。其方法为：在"已卖出的宝贝"页面中需评价的商品的"评价"栏中单击"评价"超链接，打开评价页面，在其中设置"好评""中评""差评"，并输入评价内容，然后单击 发表评论 按钮，如图3-41所示。

▲ 图3-41　评价买家

3.4 用千牛工作台管理店铺数据

通过千牛工作台的接待中心，卖家可以与买家交流，以及进行交易和商品管理。而通过工作台，卖家则可以查看和分析店铺的销售数据，实时了解店铺的流量、访客等。

3.4.1　工作台的功能

工作台是千牛中非常重要的一个版块，主要包括常用网址导航、聚星台、生意参谋、服务市场、发布商品、员工管理、官方买家秀、智选物流等功能。

- **常用网址导航**：常用网址导航中罗列了淘宝卖家会经常使用的一些网址导航，通过该导航可以快速打开所需页面。

- **聚星台**：聚星台包括运营概况、客户管理、运营计划、营销工具4项功能，在其中卖家不仅可以查看店铺运营的访客调试率、访客转化率等数据，还可以对客户关系、运营计划、营销活动等进行管理。

- **生意参谋**：生意参谋是一款十分常用的店铺数据获取工具，卖家通过它可以查看和分析包括访客数、支付买家数、支付金额、热销商品排行、实时PC来源、实时无线来源等在内的主要数据，还可以对浏览量、支付金额、转化率、服务态度等核心数据进行查看和分析。

- **服务市场**：服务市场中列举了店铺装修、商品摄影、商品管理、促销管理、客服外包、店铺分析、代运营等服务功能，卖家可以根据需要进行选择。

- **发布商品：**发布商品的功能与淘宝网页中发布商品的功能一样，用于帮助卖家快速发布商品。
- **员工管理：**员工管理与淘宝网页中员工管理的功能一样，可以进行新建员工、设置员工权限、岗位管理等操作。
- **官方买家秀：**官方买家秀可以对商品的买家秀图片进行管理，包括将买家秀装修到无线端店铺、发送到微淘、查看买家秀数据等。
- **智选物流：**智选物流可以对物流数据进行监控、对比和分析，并可对快件的物流情况进行管理。

扫一扫 实例演示

3.4.2 查看店铺数据

使用生意参谋查看店铺数据，有利于卖家实时掌控店铺销售环境，并根据数据分析情况做出相应决策。下面介绍在生意参谋中查看店铺营销数据，提取指定日期的销售数据，并查看淘宝课程的方法，其具体操作如下。

STEP 01 在千牛工作台缩略界面中单击"工作台"按钮📖打开工作台，在工作台主界面左侧单击"生意参谋"选项卡，打开生意参谋，如图3-42所示。

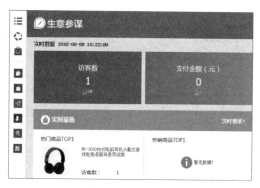
▲ 图3-42 打开生意参谋

STEP 02 在"实时数据"栏中单击"访客数"超链接，打开"实时直播-生意参谋"页面，在其中查看"实时总览""实时趋势"等数据，如图3-43所示。

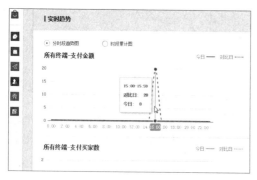
▲ 图3-43 查看实时数据

STEP 03 在生意参谋首页的"实时最热"栏中单击"实时榜单"超链接，在打开的页面中可以查看店铺热卖商品和商品榜单，如图3-44所示。

▲ 图3-44 实时榜单

STEP 04 在"实时榜单"页面中单击某商品后的 实时趋势 按钮，可以查看该商品的具体访问数据趋势图，如图3-45所示。

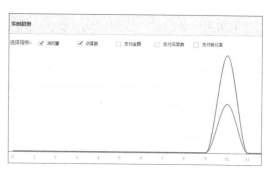
▲ 图3-45 查看商品访客实时趋势图

STEP 05 在生意参谋首页的"实时来源"栏

中单击"实时来源"超链接，在打开的页面中可以查看店铺流量的来源，如图3-46所示。

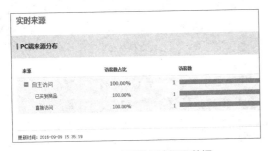

▲ 图3-46 查看流量来源及数据

　　流量是指进入店铺查看或浏览产品的独立IP，简而言之就是浏览量，新开店铺的浏览量一般较少，需要卖家通过一些推广营销手段来积累流量。

STEP 06 在生意参谋首页的"核心指标"栏中单击"自主取数"超链接，打开"我要取数"页面，在"分析维度"栏中单击选中"店铺"单选项，对整个店铺数据进行提取，在"汇总周期"栏中单击选中"自然周"单选项，提取一整周的数据，在"查询日期"栏中设置查询日期，在"选择指标"栏中选择需要提取的数据，如图3-47所示。

▲ 图3-47 提取数据

STEP 07 所提取的数据将显示在列表框下方，并显示提取数据的数量。若需删除已提取的数据，则单击数据选项后的×按钮。确定

所需提取的数据无误后，单击 预览数据 按钮，在打开的页面中即可预览提取的数据，如图3-48所示。在预览数据页面单击 下载全部数据 按钮，可打开"另存为"对话框，在该对话框中设置好数据的保存名称和位置后，即可下载并保存该数据报表。

▲ 图3-48 查看报表数据

　　工作台的功能非常丰富，卖家不仅要学习使用工作台查询店铺数据，还要学习通过数据分析店铺经营情况。

STEP 08 在"我要取数"页面中单击 加入我的报表 按钮，打开"完善报表信息"对话框，在其中可对报表信息进行设置，设置完成后单击 确认加入 按钮，即可将该数据生成报表并保存到"我的报表"中，如图3-49所示。保存完成后，用户可通过"我要取数"页面的"我的报表"选项卡随时进行查看。

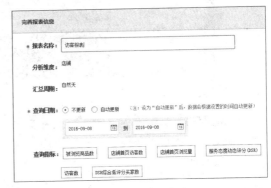

▲ 图3-49 保存报表

STEP 09 按照该方法依次对商品概况、服务、购买流失、交易、营销等数据进行查询。此外，单击"生意参谋"页面导航栏中的"数据学

院"选项卡，在打开的页面中卖家可以选择讲师，学习淘宝店铺装修和运营方面的知识，如图 3-50 所示。

新手试练

　　登录自己的淘宝账号，进入生意参谋，在其中查看并分析自己的商品数据。

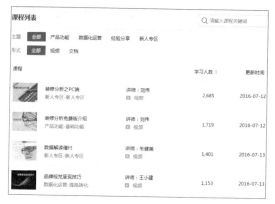

▲ 图3-50　查看课程

3.4.3　查看物流数据

　　工作台中的智选物流为卖家提供了物流监控、物流绩效监控等功能。通过智选物流，卖家可以实时查看和分析物流数据。

- **首页**：智选物流的首页主要显示所有快件的物流概况，包括已发货未揽收、已揽收未中转、已中转未派送、已派送未签收、已签收包裹、线路包裹超时、快递反馈异常件等，如图3-51所示。单击需要管理的物流信息，即可进入独立页面对相应的物流详细情况进行查看和管理。

▲ 图3-51　智选物流首页

- **物流监控**：智选物流的物流监控主要用于显示和查询具体的物流信息，在左侧列表中选择需要查询的快件类型，在右侧页面中即可查看订单详情、运单号、包裹状态等信息，如图3-52所示。

　经验之谈

　　发货策略设置的方法：在物流绩效页面左侧选择"发货策略设置"选项，在打开的页面中设置发货地址、合作物流公司、物流分配、发货策略等，设置完成后单击 保存设置 按钮即可。

▲ 图3-52　物流监控

- **物流绩效**：智选物流的物流绩效主要用于分析店铺物流绩效，查看优选快递、各物流的线路时效对比以及各物流的指数等，如图3-53所示。同时，在该页面中还可以进行发货策略设置。

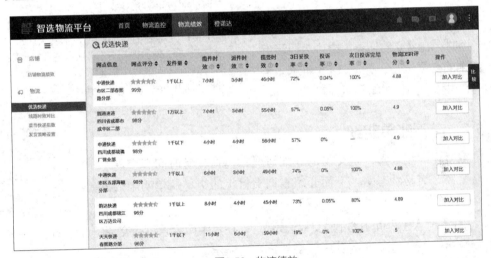

▲ 图3-53　物流绩效

3.5 用支付宝管理账目

　　当店铺中的商品交易逐渐增多时，卖家就需要对自己的支付宝账目进行管理。在支付宝中，卖家可以进行查看账户余额、提取现金、查询账户明细等操作。

3.5.1　查询账户余额

　　店铺的商品在交易成功后，销售金额将直接转至卖家绑定的支付宝账户中，并显示账目的具体明细。下面介绍在支付宝中查询账户余额的方法，其具体操作如下。

扫一扫 实例演示

STEP 01 在千牛工作台主界面中单击"常用网址"选项卡，在打开界面的"其他"栏中单击"支付宝"超链接，再在打开的界面中单击"进入支付宝"超链接，进入支付宝页面，如图3-54所示。

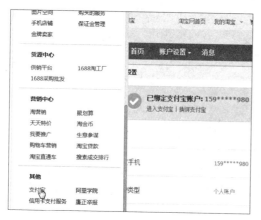

▲ 图3-54 进入支付宝

STEP 02 在该页面中，即可查看支付宝的账户余额，同时，在"交易记录"栏中将显示近期支付宝中的交易记录，如图3-55所示。若店铺中有待付款商品，也将显示在其中。

3.5.2 查看账单明细

支付宝会详细记录每一笔交易的详细情况，包括交易时间、交易原因、交易金额、交易状态等。下面介绍查询支付宝的交易账单明细的方法，其具体操作如下。

STEP 01 在支付宝主界面下方的"交易记录"栏中查看交易记录，将鼠标指针移至交易记录的"详情"栏上，在打开的下拉列表中单击 按钮，如图3-56所示。

▲ 图3-56 准备查看详情

STEP 02 此时，即可打开该笔交易的详情页，

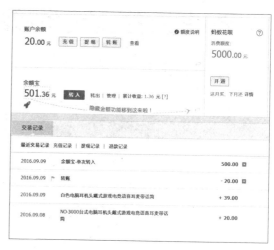

▲ 图3-55 查看交易记录

经验之谈

支付宝一般都是与银行卡绑定的，通过余额查询页面也可对银行卡进行管理。其方法为：在"其他账户"栏中的"银行卡"选项后单击"管理"超链接，在打开的页面中将显示支付宝绑定的银行卡，选择"添加银行卡"选项可继续添加银行卡；单击某个具体银行卡后的"管理"超链接，在打开的页面中可取消该银行卡的绑定。

扫一扫 实例演示

在其中可查看订单交易的详细情况，如图3-57所示。

▲ 图3-57 查看订单详情

经验之谈

在"详情页"上方单击"充值记录""提现记录""退款记录"超链接，可打开相应页面查看充值、提现、退款等信息。

3.5.3　申请提现

当卖家想将支付宝中的金额提取至绑定的银行卡中时，可通过支付宝的提现功能来实现。其方法为：在支付宝首页的余额栏中单击 提现 按钮，打开支付宝提现页面，在"选择银行卡"栏中选择提现账目转入的银行卡，在"提现金额"文本框中输入提现金额，在"到账时间"栏中设置到账时间，单击 下一步 按钮，如图3-58所示，然后在打开的页面中输入支付宝密码并单击 确认提现 按钮即可。

▲ 图3-58　支付宝余额提现

疑难解答

店铺管理是经营网店的过程中既基本又重要的一项工作，新手卖家在经营店铺的过程中经常会遇到各种各样的问题和误区。下面将针对店铺管理中的部分疑难问题提出适当的解决办法。

1. 在经营网店时，若是稍有不慎，就会发现库存数量不够，怎么实时查看库存呢？

库存是卖家需要时刻关注的一个问题。一般来说，在"出售中的宝贝"和"仓库中的宝贝"页面中可查看商品库存，通过卖家中心的"宝贝管理"栏进入"出售中的宝贝"页面或"仓库中的宝贝"页面，在其中的商品"库存"栏和"销量"栏即可查看当前商品的库存和销量。

2. 有可以供卖家互相学习交流的地方吗？

淘宝网为广大卖家提供了非常丰富的学习平台，如淘宝论坛、淘宝大学、阿里智库等网站都可以供卖家进行学习。除此之外，卖家也可以选择加入旺旺交流群，与其他卖家进行交流。加入旺旺交流群的方法是：在接待中心页面的搜索框中搜索群号并进行添加即可。

经典案例——及时与买家沟通，避免投诉和差评

随着电子商务的快速发展，现在很多线下实体店纷纷选择开设网上店铺，多渠道销售自己的商品。尼瑞旗舰店也是这样一家由线下发展起来的网上店铺，主要出售饮水机、饮水桶

等商品。

最近，尼瑞遇到一个难题。客服在处理售后问题时，不断收到买家的差评和投诉，店铺的综合评分明显下降，商品点击率虽然没有变少，但是销售额却下降了一大截。原来尼瑞为了保证每一台饮水机的质量，在将饮水机邮寄给买家之前，都进行了出水测试，仔细测验了饮水机是否漏水、出水口是否堵塞等问题，确定没问题之后才发货。但是在进行出水测试时，饮水机中难免会残留水渍，买家收到商品后，发现了这些水渍，以为卖家寄了使用过的饮水机，一怒之下直接给了差评。

这结果让尼瑞卖家哭笑不得，原本是为了保障买家利益的一项举措，结果反而引起不知情的买家的差评。尼瑞知道，这是由于与买家沟通不足和沟通不及时而造成的。为了避免这种"冤枉"的差评，尼瑞客服在出售饮水机时，主动联系买家告知水渍的原因，让买家放心使用，还在饮水机上贴上贴心的小便签进行说明，果然，关于饮水机水渍的差评再也没有出现过。买家觉得这家店非常负责任，质量有保证，店铺评价逐渐变好。

"吃一堑，长一智"。尼瑞从这个差评事件中，深刻地认识到沟通不足带来的隐患。此后，贴心小便签上的内容越来越多，例如怎么正确安装饮水机、出水变小怎么办、饮水机使用注意事项等问题纷纷加入其中。为了更好地解决买家的各种问题，尼瑞还在小便签上留下了店铺微信公众号的二维码，邀请买家关注，为买家实时解决各种问题。

总结：买卖双方的沟通是一件相互受益的事情。买家可以更多地了解商品信息；卖家可以解决买家的问题，打消买家的顾虑，促成买家的购物行为，还可以提前提醒，起到防患于未然的作用。特别是销售复杂且功能性较强的商品的卖家，一定要提前与买家沟通清楚，详细介绍使用方法，提醒买家注意。同时，客服人员还应该关注买家的使用体验，及时解决问题，将任何一个可能差评的因素"消灭在萌芽中"。

实战训练

（1）将店铺中的热卖商品设置为橱窗推荐商品，并通过"宝贝推荐"模块继续展示和推荐店内商品。

（2）使用千牛工作台查找在店铺中下订单的卖家，将其添加为好友并发送消息与其交流。

（3）通过千牛工作台将订单商品的价格修改为8折，等待买家付款后再根据买家需求更改其地址和联系方式。

（4）使用生意参谋查看店铺一周内的访客数、支付买家数、销售金额、热卖商品榜单、流量来源等数据。

（5）使用生意参谋提取店铺一天内的销售数据，包括被浏览商品数、浏览量较前一天变化量、访客数、访客较前一天变化量等，预览并下载数据，然后将报表保存到"我的报表"中，名称为"基础数据"。

（6）通过千牛工作台登录支付宝，查看支付宝余额和近期交易记录，然后对支付宝中的余额进行提现。

第2篇 网店装修

第4章
拍摄并美化商品素材

　　商品图片与商店橱窗中摆放的商品一样，在网店营销的过程中起着展示商品的作用，可以吸引买家进店查看，引导买家购买。对于网店而言，清晰、美观的商品图片是吸引买家点击和购买的重要因素，因此商家应该掌握商品图片拍摄和美化的基本方法。本章将主要介绍室内商品拍摄、室外商品拍摄、图片处理和主图视频制作的相关知识。通过本章的学习，读者可以掌握拍摄商品图片并进行美化的相关方法与技巧。

4.1 使用相机拍摄商品

在网上进行购物的买家主要通过商品图片来查看商品的外观、颜色等，因此卖家需要将商品真实清晰地拍摄和展现出来，而要拍摄出符合要求的图片，则需对相机功能、相机设置及拍摄方法有一个基本的了解。

4.1.1 相机需具备的功能

相机的种类十分丰富，对应的功能也各不相同。用于拍摄商品的相机最好具备以下功能。

- **合适的感光元件（CCD）**：感光元件又叫图像传感器，是相机的成像感光器件，也是相机最核心的技术。感光元件的大小是直接影响相机成像质量的因素，感光元件的尺寸越大，成像越大，感光性能就越好。在其他条件相同的情况下，感光元件越大，能记录的图像细节越多，各像素间的干扰越少，成像质量也就越高。

- **具备设置功能（M手动模式）**：数码相机通常具备很多种拍摄模式，包括手动曝光（M）模式、快门优先自动曝光（S或Tv）模式、光圈优先自动曝光（A或Av）模式、自动景深自动曝光、程序自动曝光（P）模式，以及多种场景模式等，如图4-1所示。在拍摄网上商品时，为了可以任意设置光圈大小、快门速度与感光度等拍摄参数，灵活控制光线，使所拍摄照片更具清晰性和真实性，最好选择具有手动模式的相机。

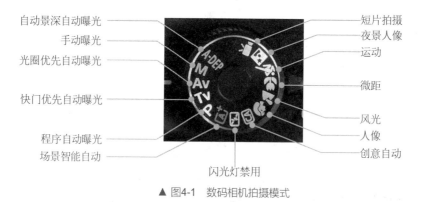

▲ 图4-1　数码相机拍摄模式

- **微距功能**：微距功能的主要作用是将商品主体的细节部分巨细无遗地呈现在买家眼前。使用微距功能拍摄出来的图像大小一般较实物原始尺寸比例更大，因此在拍摄体积较小的商品时，可以使商品的细节特写放大呈现。微距功能在拍摄拉链、针脚、标签和质感等商品细节时有较大的优势。

- **具备外接闪光灯的热靴插槽**：热靴插槽是数码相机连接各种外置附件的一个固定接口槽，主要用来与闪光灯进行连接，用于拍摄补光。热靴插槽一般位于照相机机身的顶部，附设两个或数个触点。借助热靴插槽来外接闪光灯比数码单反相机内置闪光灯的闪光指数更高，且使用起来更灵活。

- **可更换镜头**：一般相机的镜头因为拍摄的范围较小，无法将所有的景物拍下来，或使用一般的镜头在微距模式下进行拍摄时，会出现图像变形或在商品的光面上留下相机阴影的情况，此时就需要更换广角性能好的镜头。数码单反相机和微单都具有通过更换镜头来满足拍摄需求的功能。

4.1.2 相机的设置

对于商品拍摄而言，光圈、快门、感光度（ISO）是非常重要的3个参数，这3个参数都与光线有关，直接关系着商品拍摄的好坏，在商品拍摄的过程中设置得非常频繁。

1. 光圈

光圈是照相机上用来控制镜头孔径大小的部件，它通常位于镜头的中央，呈环形，拍摄者可以根据需要控制圆孔的开口大小，如图4-2所示。光圈的作用在于控制镜头的进光量，光圈大小常用f值表示。当需要大量的光线进行曝光时，就开大光圈的圆孔，让大量光线进入。而当仅需少量的光线来进行曝光时，就缩小圆孔，让少量的光线进入。常见的光圈值有f1.0、f1.4、f2、f2.8、f4、f5.6、f8、f11、f16、f22、f32、f44、f64。图4-3所示为不同数值的光圈与孔径大小的关系。

在快门不变的情况下，f的数值越大，光圈越小，进光量越少，曝光越低；f的数值越小，光圈越大，进光量越多，曝光越高。白天在户外或在光线充足的环境下，尽量使用小光圈进行拍摄；在夜晚或光线不足的环境中进行拍摄，以及拍摄人像或特写时，应尽量使用大光圈，扩大进光量。在拍摄小商品时，更需通过小光圈来展示商品的细节。

▲ 图4-2　光圈

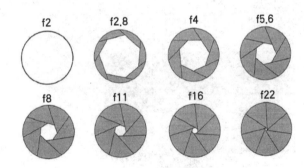

▲ 图4-3　不同数值的光圈与孔径大小的关系

2. 快门

快门是相机用来控制感光片曝光时间的装置，快门速度的单位是"秒"，一般用s表示。数码单反相机常见的快门速度范围是30s~1/8000s，即30s、15s、8s、4s、2s、1s、1/2s、1/4s、1/8s、1/15s、1/30s、1/60s、1/125s、1/250s、1/500s、1/1000s、1/2000s、1/4000s、1/8000s。相邻两档快门速度的曝光量相差一倍。

快门的主要功能是控制相机的曝光时间，数值越小，曝光时间越短，相机的进光量就越少，反之则越多。在光线较差的环境下进行拍摄时，使用低速快门可增加曝光量，但最好使用三脚架进行稳定，防止快门速度较低时可能会引起的相机抖动。在拍摄移动速度快的对象时，使用较快的快门速度可对移动瞬间进行抓拍，而使用较慢的快门速度则会拍出具有动感的画面。

3. 感光度（ISO）

感光度是指感光元件对光线反映的明暗程度，常用ISO表示。ISO数值越小，感光度就越低；ISO数值越大，感光度则越高。感光度可以根据拍摄环境的光线进行设置。

在光源充足的情况下，如阳光明媚的户外，可将感光度ISO数值设置为100左右；在户外阴天的环境下，最好将感光度ISO数值设置为200~400；在室内有辅助灯的环境下，建议使用100~200的感光度。

经验之谈

在拍摄主体物时，被摄对象前后有一段清晰的范围，该范围叫景深。景深越小表示可看到的清晰范围越小，景深越大则可看到的景物的清晰范围越大。调节景深最简单的方法是调节光圈的大小，光圈越小，景深越深，背景越清晰；光圈越大，景深越浅，背景越模糊。

4.1.3 拍摄方法

在拍摄照片时，正确的持机姿势能够保证相机的平稳，防止出现手抖的现象，有助于拍摄出更加清晰的画面。一般来说，可以通过横向或纵向的方式进行拍摄，其具体操作如下。

STEP 01 右手抓握相机机身的右侧部分，右手食指轻放于快门上。左手托住镜头下部，左手手肘靠近身体做稳固支撑。将相机贴紧面部，双臂和双肘轻贴身体，两脚略微分开站立，保持稳定的姿态。图4-4所示为相机的横向握法。

▲ 图4-5 相机的竖向握法

STEP 03 把相机腕带挂在脖子上，或将腕带缠在右手臂上，再通过横向或竖向持机的方法握住相机进行拍摄，可以起到一定的防摔和稳定作用。图4-6所示为相机腕带的使用。

▲ 图4-4 相机的横向握法

STEP 02 右手将相机竖起，食指轻放于快门上。左手从底部托住相机镜头，让相机的重心落于左手上。拍摄时，注意不要挡住镜头。图4-5所示为相机的竖向握法。

▲ 图4-6 相机腕带的使用

通过倚靠墙壁、柱子、树木等物体协助摄影可保持身体平衡。当拍摄低矮的物体时，拍摄者还可通过蹲、坐等方式来协调身体的重心，比如下蹲时，可用膝点地，用腿支撑手臂，以获得稳定的支撑。

STEP 04 在相机底部的螺丝孔安装一个快装板，将三脚架稳定地放在地面上，调节到适当的高度，然后将相机固定在三脚架上，这样拍摄时更加平稳。图4-7所示为相机固定在三脚架上的效果。

▲ 图4-7 相机固定在三脚架上的效果

4.2 室内外商品拍摄技法

美观的图片是网店商品销售的关键，而清晰的原图则是图片美化的基础。对于网店商品而言，要拍摄出优秀的照片，不仅需要一个合适的相机，还需要为商品搭建或选择一个最佳的拍摄环境，人为地创造出场景优势，提升商品图片的质量。

4.2.1 室内商品拍摄技法

室内摄影是网上商品十分常用的一种摄影方式。为了在室内拍摄出清晰美观的照片，需要同时考虑光影、色彩、角度、摆放、搭配等多个因素。

1. 了解室内摄影的基本要求

由于室内空间限制，拍摄者通常需使用广角镜头进行拍摄，因此室内摄影对摄影者的要求较高。在进行室内摄影时，为了布置出适合拍摄的环境，一般需要借助遮光罩、三脚架、静物台、柔光箱、闪光灯、无线引闪器、照明灯、反光板、反光伞、背景纸等辅助工具对光影进行控制。下面主要对室内摄影的一些基本要求进行介绍。

- **补光和布光：** 补光是室内拍摄的主要工作之一，室内补光的手段比较多，如闪光灯、照明灯、反光板、反光伞等都可以用于补光。反光板是室内和室外摄影必备的摄影配件之一，主要用于对被摄物在外部光源难以涉及的部分进行光线补偿，使被摄物整体受光均衡。室内摄影主要有顺光、逆光、侧光、顶光和底光之分，摄影者需根据不同的光线变化进行补光。闪光灯能在短时间内发出很强的光线，可用于在光线较暗的场合下瞬间照明，也可用于在光线较亮的场合下给拍摄对象进行局部补光。布光是指通过主光线和辅助光有效地配合应用，营造有质感的光影效果，完美呈现商品的材质和细节。

- **室内背景：** 室内背景主要是指对背景色进行选择，不同的背景色呈现出的拍摄效果也会存在很大的差异。一般来说，室内拍摄背景主要分为单色背景和题材背景。对于单色背景而言，背景色要与被摄物有颜色上的对比，增强被摄物的光感。为了达到良好的拍摄效果，也可通过灯光辅助拍摄出明暗、虚实对比明显的图片。此外，背景色的选择最好能与被摄物的风格接近。

- **相机设置**：室内摄影的快门速度一般是1/125s；ISO的感光范围一般设置为低感光度，或者统一ISO值为100；曝光方式设置为M挡手动；光圈则根据摄影灯的闪光系数，以及与被摄物的距离远近来进行调整，光圈范围一般为f5.6～f11。
- **镜头**：进行室内摄影时，如果没有广角镜头，则难以拍摄出全景角度的照片，因此采用标准广角变焦镜头比较合适。

2. 了解不同角度的光线变化

光线在立体空间中的变化非常丰富，是室内景物造型的主要条件，要拍摄出光影充分、清晰真实的照片，一定要对光线有一个基本的了解。

（1）光位

光位即光线的方向，指光源位置与拍摄方向之间形成的光线照射角度，光线的照射方位不同，所产生的画面效果也不同。根据照射的方向不同，光线大致可分为顺光、逆光、侧光、顶光和底光。

- **顺光**：顺光是指从被摄物体的正前方打光。顺光是最常用的照明光线，光线直线投射，照明均匀，阴影面少，可将商品的色彩和表面细节非常充分、细腻地表现出来。但顺光拍摄不易表现出商品的层次与线条结构，缺乏立体感，如图4-8所示。
- **逆光**：逆光是指从被摄物体后面打光，被摄物体与背景存在着极大的明暗反差，光源会在被摄物体的边缘勾画出一条明亮的轮廓线。在逆光的条件下，被摄物体大部分处在阴影之中，物体表面的细节与纹理不够清晰，如图4-9所示。
- **侧光**：侧光是指在被摄物体的左侧或右侧打光。侧光会在被摄物上形成明显的受光面、阴影面和投影，画面有强烈的明暗对比，有利于展现被摄物体的空间深度感和立体感，如图4-10所示。在侧光光线下拍摄人像时，会产生半明半暗的效果，此时可考虑使用反光板对暗部进行补光，来减轻脸部的明暗反差。
- **顶光**：顶光是指从被摄物体的上方打光，与相机成 90° 的光线。顶光会在被摄物体的下方产生较重的阴影，且阴影很短，如图4-11所示。顶光一般多用于做修饰光。
- **底光**：底光是指从被摄物体下方打光。这种光线形成自下而上的投影，产生非正常的造型和强烈的气氛，一般用于表现透明物体或营造气氛，如图4-12所示。使用底光拍摄人像会产生诡异阴险之感。

▲ 图4-8　顺光　　　▲ 图4-9　逆光　　　▲ 图4-10　侧光　　　▲ 图4-11　顶光　　　▲ 图4-12　底光

（2）光型

光型是指各种光线在拍摄时对被摄物体所起的作用。光型主要分为主光、辅光、轮廓光、装饰光和背景光5种。

- **主光**：主光是被摄物体的主要照明光线，对物体的形态、轮廓和质感的表现起主导作用。拍摄时，一旦确定了主光，则确定了画面的基础照明和基调。被拍摄物只能有一个主光，若同时将多个光源作为主光，那么被摄物体受光均匀，画面就会显得平淡。多个主光同时在被摄物体上产生阴影，还会使画面杂乱无章。

- **辅光**：辅光的主要作用是提高因主光而产生的阴影部位的亮度，使阴暗部位也能呈现出一定的质感与层次，同时减小被摄物体与阴影之间的反差。辅光的强度要比主光小，否则容易在被摄物体上呈现明显的辅光投影，造成"夹光"现象。

- **轮廓光**：轮廓光主要是用于勾画被摄物体轮廓的光线。轮廓光能展现被摄物体的立体感与空间感。逆光与侧逆光常用作轮廓光，轮廓光的强度往往比主光的强度高。使用深暗的背景有助于突出轮廓光。

- **装饰光**：装饰光主要用于对被摄物体的局部进行装饰或显示被摄物体细部的层次。装饰光大多是窄光，如人像摄影中的眼神光，以及商品摄影中首饰的耀斑等都属于典型的装饰光。

- **背景光**：背景光是照射背景的光线，主要用于突出被摄物体，营造环境气氛以及丰富画面的影调对比。背景光的运用要考虑到背景的色彩、距离与照明的角度，因此需对背景光进行反复调整才能得到不错的效果。

经验之谈

在室内拍摄的光线布置上，为了突出被摄物的细节、质感等，最好采用主光与辅光相结合的方式，即在被摄物前上方45°处放置主光，再在正前方放置光线弱一些的辅光，用于淡化主光的阴影，还可以在被摄物背面放一个辅光，用于照亮背景。

3. 商品的摆放和组合

为了展现出更好的拍摄效果，在拍摄商品之前，需对商品进行合理的摆放和组合，设计最佳的拍摄角度，从而刺激消费者的视觉感受和购买欲。

（1）摆放

对于网上商品而言，拍摄时商品摆放的方式即是该商品照片的基本构图方式，也是商品表现的陈列效果。商品的摆放方式和角度不同，呈现的商品重点就不一样。为了让消费者更多地了解商品细节，拍摄者应该在拍摄前设计出最佳的摆放角度，对拍摄的构图和取景做好准备。

- 多角度摆放商品，完整拍摄商品的正面、背面、45°、内部结构、细节局部、标识、说明书、防伪标签等。
- 多角度摆放商品包装，完整拍摄包装正面、背面、45°及商品和包装的组合。
- 多件商品的组合摆放。

如果商品的摆放拍摄符合逻辑，搭配效果好，则照片的美观度也会相应提升。原则上来讲，在拍摄时应尽量做到完善，以减少后期处理工作。

（2）商品摆放设计

商品的摆放设计即在商品原有形态的基础上，美化商品的外形、线条、组合等，使商品更具有美感，如图4-13所示。因此，二次设计需要充分发挥拍摄者的创造力和想象力，尽可能展现出商品的特点。

▲ 图4-13　商品的二次设计

　　商品的二次设计很多时候涉及商品的摆放问题，特别是小商品的摆放，更应该注意摆放的疏密感和序列感。在摆放多件商品时，需同时考虑构图的合理性和摆放的美观性，这样不仅可以使画面显得饱满丰富，具有节奏感与韵律感，还能避免画面内容无序导致的杂乱，如图4-14所示。

▲ 图4-14　小商品的摆放

（3）商品搭配

　　为了提高商品图片的美观性，在进行商品拍摄时，可添加一些饰品，对主体商品进行点缀和烘托，以增强视觉感染力，图4-15所示为出售花朵时用花盆进行的搭配和装饰。商品搭配不仅是商品的二次包装，在很多时候也能侧面体现商品的使用环境，更多地展示出商品的实用性，图4-16所示为展示花藤的使用环境。

▲ 图4-15　花朵的搭配　　　　　　　　▲ 图4-16　展示花藤的使用环境

4.2.2　室外商品拍摄技法

为了使商品更贴近实际的使用状态，显得更真实，很多时候拍摄者都会选择户外拍摄。相对于室内拍摄的人造光而言，户外拍摄都是自然光拍摄。一般来说，对颜色要求不苛刻的商品都可以在户外进行拍摄。

1.　了解室外拍摄的光影处理

室外的自然光线十分多变，且不易把握，户外拍摄需要借助其他工具进行布光，如反光板、反光伞等都可以用于布光。在进行室外拍摄时，光线会随着时间的变化而发生变化，根据光线性质可将其分为直射光、散射光和反射光3种类型。

- **直射光**：发光的光源照射到被摄物体上能产生清晰投影的光线叫作直射光。在直线光线下，受光面和阴影面之间有一定的明暗反差，很容易表现出被摄物体的立体感与质感，自然光中的太阳、人工光中的聚光灯等均属于直射光。
- **散射光**：阴天的时候，阳光被云彩遮挡，不能直接投向被摄物体，被摄物体依靠天空反射的光作照明，这种光叫作散射。在散射光下，物体表面不会形成明显的光面、阴影面和投影，光线效果较平淡柔和，因此也叫作柔光。
- **反射光**：反射光的光线并不是由光源直接发出照射到被摄物体上，而是先照射到具有一定反光能力的辅助工具上，然后由反射光对被摄物体进行照明，反光板或反光伞反射后的光线与散射光一样，比较柔和。

拍摄物品最重要的一点即是对光线的把握，户外自然光总是在不停地发生变化，因此在不同的时段，通常需要采用不同的拍摄方向和方式。下面对户外自然光拍摄时的一些要求进行介绍。

- **拍摄时间**：在户外自然光条件下进行拍摄时，尽量避免阳光直射的情况。阳光直射时，不仅受光面和阴影面会存在明暗反差，还可能在被摄物上形成不均匀光斑，影响商品图片的整体效果。一般来说，上午9~11点和下午3~5点这个时间段比较适合户外拍摄。
- **拍摄用光**：室外拍摄多依靠散射光和反射光，通过自然光加反光板补光的方式拍摄出来的照片效果更好。另外，室外拍摄需要对光圈、快门、感光度进行恰当掌握，可以通过不断调整来捕捉最好的光影效果。
- **背景选择**：商品是拍摄的主体，背景主要起到烘托装饰的作用。一般来说，户外背景的选择主要以不喧宾夺主、不杂乱无章为原则，可以选择反差相对大一些的背景，使主体更突出，也可以通过拍摄角度和方式的改变，来淡化背景的效果，还可以选择一些趣味背景，增加照片的亮点和特点。
- **拍摄角度**：由于户外自然光的不可控，所以选择角度就更加重要。角度不同，拍摄出来的商品效果就不同。如在清晨或傍晚时分进行拍摄时，逆光拍摄的照片可以呈现出一种日式的写真风格，而顺光方位拍摄出来的照片的光影感则更加真实。

经验之谈

在进行室外拍摄时，由于光线比较充足，一般不使用闪光灯，需要补光的部分尽量通过辅助工具来实现。

2. 室外拍摄场景布置

通过外景拍摄大件商品时，一般选择风景优美的环境作为背景，合理利用自然光和反光板对光线进行调节，拍摄出来的照片风格将更加明显，能形成独有的个性特色并营造出商业化的购物氛围。此外，室外大件商品拍摄可根据商品特性选择相应的场景，如夏威夷风格的衣服可在海边拍摄，时尚潮流的服装可在临街的商场、街道等地方拍摄，运动用品可在运动过程中拍摄等，如图4-17所示。

▲ 图4-17　大件商品的室外场景

小件商品适合在单纯的环境里进行拍摄，因此网上商店的小件商品多以室内拍摄为主。如果要通过外景拍摄小件商品，则可以为商品选择一个好看的参照物和装饰物，对商品环境进行设计，比如将商品的环境塑造成文艺风等具有特色的风格。为了凸显商品主体，背景应该尽量干净简单。此外，也可以为商品选择一些使用环境作为背景，如拍摄足球时，可以选择草地作为外景背景。

4.3 认识图像处理软件

为了使拍摄的照片更加美观，更具有吸引力，通常使用图像处理软件对图片进行美化处理。在处理图片前，可以先选择一款适合自己使用的图形图像处理软件。下面将对常用的图像处理软件和常见的图像处理操作进行介绍。

4.3.1　选择合适的图像处理软件

提供图像处理功能的软件有很多，比较常用的有Photoshop、光影魔术手、美图秀秀等。其中，Photoshop的功能比较强大，操作也稍复杂一些；光影魔术手和美图秀秀的操作较简单，卖家可根据实际情况来进行选择。下面对这些图形图像软件进行简单的介绍。

- Photoshop：Photoshop是一款功能强大，使用范围广泛的图形图像处理软件。Photoshop提供了非常多样化的图片处理功能，如修改图片大小、裁剪图片和修改图片色彩等，也可用于设计图片海报，制作店铺个性Logo、分类按钮、宣传广告、商品详情页等，充分满足卖家的不同需要。

- **光影魔术手**：光影魔术手是一款操作比较简单的图形图像处理软件，其功能也非常丰富，如图片的基本处理和后期调色、美化等都能通过它实现。光影魔术手的操作界面十分简洁，一目了然，直接选择相应的功能按钮即可进行相应的操作。因此，光影魔术手是进行图片辅助处理较好的选择。

- **美图秀秀**：美图秀秀与光影魔术手较为类似，也是一款简单易上手的图片辅助处理软件。它除了能对图片进行各种处理外，还提供了很多的设计元素和美化元素，可以帮助用户快速制作出各种具有美化效果的图片。

4.3.2 了解常用图片处理操作

在拍摄照片时，可能由于天气、环境、相机等客观因素的影响，图片会在色彩、清晰度上存在一些瑕疵。这些瑕疵可以通过图片处理软件进行修复。

- **还原物体真实属性**：如果因为一些客观原因导致图片质量不佳，出现光照不合理、颜色不均匀等情况，则可以通过图像处理软件对颜色、光影等进行修复，使图片色泽更加真实饱满。图4-18所示为修复图片光影的效果。

- **装饰图片**：如果直接拍摄的图片过于单调，可以使用图形图像软件为图片添加合适的元素，如背景、边框、拼图等元素，使商品更为美观，以吸引顾客的注意力。图4-19所示为对图片进行拼接的组图效果。

▲ 图4-18　修复光影

▲ 图4-19　图片拼接

- **突出商品属性**：为了提升图片质感，可对部分商品的图片进行处理，让图片中的商品主体变得更夺目。比如拍摄珠宝类商品时，珠宝的光泽度如果不能完全依靠拍摄展示出来，就可以利用图片处理软件添加高光和闪光效果，从而更加突出珠宝的特点。图4-20所示为突出珠宝高光后的效果。

- **打造自身品牌**：为了强调图片的独家性，可为图片添加标记，如添加店标和网址等，这样做不但可以防止图片被盗用，还能达到宣传店铺的作用。需要注意的是，图片标记应力求美观，最好不要影响图片整体效果。图4-21所示为图片添加标记的效果。

▲ 图4-20　处理图片高光

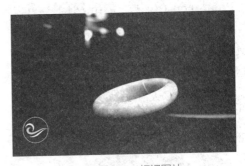
▲ 图4-21　标记图片

4.4 处理图片

对网店商品图片进行的操作一般包括调整大小、裁剪、旋转、变换、调整曝光度、调整亮度和对比度等，当所拍摄的照片不符合商品图片的要求时，则需对图片进行处理。下面以最为常用的图像处理工具——Photoshop CC为例讲解图像处理的方法。

4.4.1 调整图片大小

使用数码相机拍摄的图片所占用的存储空间一般都较大，而网店商品图片有上传要求和空间存储量的限制，因此需要对图片的大小进行适当的调整，使其符合要求。使用Photoshop CC调整图片大小的方法为：打开Photoshop CC，并在其中打开需要调整大小的图片，然后选择【图像】/【图像大小】菜单命令。打开"图像大小"对话框，在"像素大小"栏中的"宽度"数值框中输入具体数值，如"500"，在其后的下拉列表框中选择"像素"选项，单击 确定 按钮完成设置，如图4-22所示。返回Photoshop可看到图片变

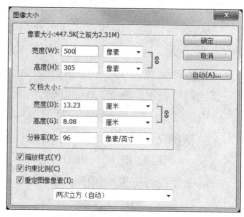

▲ 图4-22　设置像素宽度

小了，选择【文件】/【存储为】菜单命令，在打开的对话框中存储图片即可。

经验之谈

在调整图片大小时，为了保持图片的比例不发生变化，需单击选中"约束比例"复选框，此时调整宽度时，高度将根据原图片的比例自动缩放，调整高度亦然。

4.4.2 裁剪图片

在处理网店商品图片时，经常需要对图片进行裁剪，如裁剪为指定大小、指定形状，构图裁剪和裁剪细节等。下面介绍在Photoshop CC中裁剪商品图片的操作。

1. 直接裁剪

在Photoshop CC中，使用裁剪工具可以裁剪出图像的选定区域。其方法为：选择裁剪工具 ，此时在图像边缘将出现8个用于改变选区大小的控制手柄，将鼠标指针移动到图片边缘处进行拖动，对图像进行裁剪，如图4-23所示。裁剪完成后双击图片区域，然后在打开的裁剪提示框中单击 裁剪(C) 按钮即可。

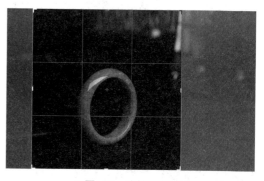

▲ 图4-23　直接裁剪图片

2. 裁剪为指定大小

淘宝中很多图片都是限制了大小的，通过Photoshop CC可以将图片裁剪为指定大小，如将图片裁剪为800×800像素的主图大小。其方法为：选择裁剪工具 ，在裁剪工具属性栏的下拉列表中选择"大小和分辨率"选项，打开"裁剪图像大小和分辨率"对话框，在其中的"高度"和"宽度"数值框中输入"800"，在其后的下拉列表中选择"像素"选项，单击 确定 按钮，返回裁剪区域，将鼠标指针移动到保留的图片区域中，按住鼠标左键不放拖动调整需保留的图片区域，然后双击图片区域即可完成裁剪，如图4-24所示。

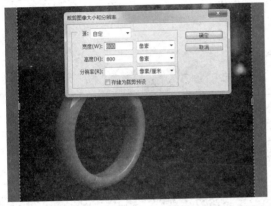 

▲ 图4-24 裁剪为指定大小

经验之谈

在裁剪工具属性栏的下拉列表中提供了"1×1""4×5（8×10）""8.5×11""4×3""5×7""2×3（4×6）"和"16×9"等选项，选择相应的选项即可将图片裁剪为指定比例。在按住"Shift"键的同时拖动鼠标绘制一个裁切区域，可裁剪出正方形的图像。

3. 裁剪校正角度倾斜的图片

在拍摄照片时，很可能会出现由于相机角度倾斜造成拍摄商品图片倾斜的情况，此时，可在Photoshop CC中利用裁剪工具对倾斜商品进行调整。使用裁剪工具校正角度倾斜的方法为：打开图像，选择裁剪工具 或按"C"键，在图像中拖动鼠标绘制一个裁剪区域，调整裁剪框的大小，将鼠标指针放在裁剪框角的控制手柄外，此时指针会变为旋转图标，按住鼠标左键拖动旋转裁剪框，旋转到合适角度后调整裁剪区域大小，然后双击裁剪区域或按"Enter"键，即可完成图像的裁剪，如图4-25所示。

▲ 图4-25 矫正倾斜图片

4. 构图裁剪

在拍摄商品的过程中，有时候为了得到更好的光影效果，构图上可能不尽如人意，如背景过大、主图商品不够突出等，此时可通过裁剪对商品照片进行重新构图。Photoshop CC提供了很多种构图方法，如三等分、对角、三角形、黄金比例等，简单易用，选择裁剪工具 🔲，在裁剪工具属性栏中的"视图"下拉列表中选择相应的选项即可。下面对这些常用的构图裁剪方法进行介绍。

- **三等分**：三等分构图法又称九宫格构图法，主要将整个截图区域横竖3等分为9个方块，其中4个交叉点就是视觉中心点，裁剪构图的时候，把主体事物放在交叉点上，如图4-26所示。

▲ 图4-26　三等分构图

- **对角**：对角线构图与三等分构图类似，都是对图片区域进行划分，然后将主体图片裁剪至中心点上，调整裁剪区域时，中心点的位置也将发生变化。图4-27所示为对角线构图的效果。

▲ 图4-27　对角构图

- **三角形**：三角形构图是一种可以使画面产生生动感的构图方式，能重点凸显图片的主体部分。图4-28所示为三角形构图的效果。

▲ 图4-28　三角形构图的效果

- **黄金比例**：黄金比例是一个美学比例，和九宫格构图法类似，黄金比例构图中的4个交叉点就是黄金比例点，也就是图片的中心，图片主体部分即可放置在该位置。图4-29所示为黄金比例构图法效果。

▲ 图4-29 黄金比例构图法效果

5. 裁剪细节

细节图在网店中十分常见，主图、详情页等都可以放置细节图。细节图可以体现商品的细节和质量，从不同方面表现商品的外观和性能，增加商品的可信度。细节图是影响商品成交的最主要因素之一，因此，精美的商品细节图是网店商品图片展示的必备内容。细节图的来源一般有两种方式，一种是直接使用微距拍摄出细节特写照片，另一种是对拍摄后的高清原图细节部分进行裁剪和放大。裁剪细节图的方法为：打开商品图片，选择裁剪工具 ，在图像中拖动鼠标绘制一个矩形裁剪框，对原图的细节部分进行裁剪，然后将其放大，效果如图4-30所示。

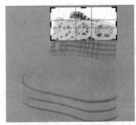

▲ 图4-30 裁剪细节

4.4.3 旋转图片

在处理商品图片时，可根据需要进行旋转操作，从而改变图片的角度，使其更适应实际要求。在Photoshop CC中旋转图片的方法很简单，只需打开图片，选择【图像】/【图像旋转】命令，在打开的子菜单中选择任意一个菜单命令即可旋转图片，图4-31所示为水平翻转图片后的效果。Photoshop CC为用户提供了多种旋转选项，在选择"任意角度"命令后，可对图片进行任意旋转。

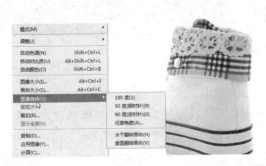

▲ 图4-31 水平翻转图片后的效果

4.4.4 变换图片

变换图片是指对图片的形状进行调整，使图片效果更多样化，在制作详情页时可能会用到。变换图片的方法是：在Photoshop中打开图片后，在"图层"面板中的背景图层上双击鼠标，在打开的对话框中单击 确定 按钮，将图片默认的背景图层转换为普通图层，然后选择【编辑】/【变换】命令或按"Ctrl+T"组合键，使图片处于自由编辑状态，此时可以通过图片四周的控制点对图片进行调整，包括调整大小、旋转图片、变形或扭曲图片等操作。图4-32所示为图片变形后的效果。

▲ 图4-32 图片变形后的效果

4.4.5 调整曝光不足或曝光过度的图片

当各种客观拍摄问题导致图片的曝光过度或不足时，Photoshop CC可以对其进行调整。其方法为：在Photoshop CC中打开图片，选择【图像】/【调整】/【曝光度】命令，打开"曝光度"对话框，设置"曝光度""位移"和"灰度系数校正"的值，然后单击 确定 按钮即可。图4-33所示为调整曝光度后的效果。

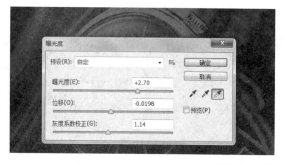 

▲ 图4-33 调整曝光度后的效果

4.4.6 调整图片亮度和对比度

如果拍摄的商品图片偏暗或偏亮，Photoshop CC则可以通过对图片的亮度和对比度进行调整，使其恢复正常。其方法为：选择【图像】/【调整】/【亮度/对比度】命令，打开"亮度/对比度"对话框，在"亮度"和"对比度"数值框中分别输入参数，完成后单击 确定 按钮。

图4-34所示为调整图片亮度和对比度后的效果。

▲ 图4-34　调整图片亮度和对比度后的效果

4.4.7　调整图片颜色

当拍摄的商品图片出现偏色的现象时，Photoshop CC可以对图片的色彩进行调整，使其恢复原始的效果。Photoshop CC调整图片颜色可以通过色阶、曲线等方式实现。

1.　色阶

当商品图片颜色不够饱满，或颜色存在偏差时，色阶工具可对颜色进行调整和矫正。下面介绍在Photoshop CC中色阶工具调整图片颜色的方法，其具体操作如下。

扫一扫 实例演示

STEP 01 在Photoshop CC中打开素材文件（配套资源:\素材文件\第4章\衣服.jpg），如图4-35所示，选择【图像】/【调整】/【色阶】菜单命令。

▲ 图4-35　图片素材

STEP 02 打开"色阶"对话框，在其中的"输入色阶"栏可分别对高光、暗调和中间调的分布情况进行调整，如图4-36所示。

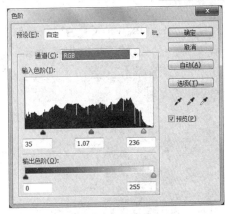

▲ 图4-36　调整RGB通道色阶

STEP 03 在"通道"下拉列表中选择"红"选项，在"输入色阶"栏中调整高光、暗调和中间调的值，设置完成后单击按钮，如图4-37所示。

经验之谈

"通道"下拉列表框中包括"RGB""红""绿""蓝"4个选项，可根据需要进行选择。

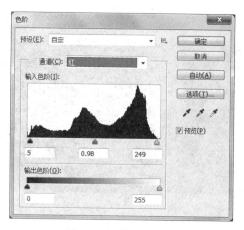

▲ 图4-37 调整红色通道色阶

衣服.jpg）。

▲ 图4-38 查看调整色阶后的效果

STEP 04 返回Photoshop CC即可查看设置后的图片，图片的颜色明显变得更加饱满，如图4-38所示（配套资源:\效果文件\第4章\

2. 曲线

Photoshop CC的曲线菜单命令可以对图片的色彩、亮度和对比度等进行调整，使图片颜色更具质感。下面使用Photoshop CC的曲线命令对图片进行调整，使其色彩变得更加鲜明，具体操作如下。

扫一扫 实例演示

STEP 01 在Photoshop CC中打开素材文件（配套资源:\素材文件\第4章\鞋子.jpg），如图4-39所示，选择【图像】/【调整】/【曲线】菜单命令。

▲ 图4-39 打开素材图片

STEP 02 打开"曲线"对话框，在"通道"下拉列表中选择"RGB"选项，在"输入""输出"对话框中输入数值，或直接拖动曲线进行调整，如图4-40所示。

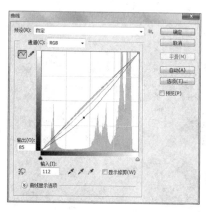

▲ 图4-40 调整RGB通道曲线

💬 **经验之谈**

在"曲线"对话框中，单击选中"预览"复选框可预览设置后的效果，撤销选中"预览"复选框可查看原素材效果，用户在进行设置时可通过该复选框对比设置效果。

STEP 03 在"通道"下拉列表中选择"绿"选项，在"输入""输出"对话框中输入数值，或直接拖动曲线进行调整，调整后单击 确定 按钮，如图4-41所示。

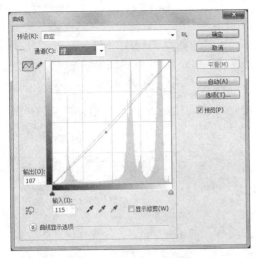

▲ 图4-41　调整绿色通道曲线

调整曲线后的图片效果，图片的颜色明显变得更加鲜明，如图4-42所示（配套资源:\效果文件\第4章\鞋子.jpg）。

▲ 图4-42　查看调整曲线后的效果

STEP 04 返回Photoshop CC界面即可查看

4.4.8　为图片添加水印

如果担心自己的商品图片被盗用，可以为图片添加水印。水印主要分为文字水印和图片水印两种模式，下面分别进行介绍。

- **文字水印**：在Photoshop CC的工具箱中选择文字工具，在商品图片中输入水印内容，然后选择文字图层，在"图形样式"对话框中设置文字的样式和透明度，设置完成后调整水印的位置即可，如图4-43所示。

▲ 图4-43　设置文字水印

- **图片水印**：在Photoshop CC中打开商品图片和水印图片，将水印图片拖动到商品图片中，并调整水印图片的大小、位置和透明度即可，如图4-44所示。

▲ 图4-44　设置图片水印

4.4.9 为图片添加边框

为商品图片添加边框的方法为：双击"图层"面板中的商品图层缩略图，打开"图层样式"对话框，单击选中"描边"复选框，在"填充类型"下拉列表中选择描边类型，如"颜色""渐变""图案"等，再进行相应设置即可。例如选择"图案"选项，再在"图案"下拉列表中选择所需图案，并通过"缩放"数值框调整图片的缩放比例，最后通过"结构"栏调整描边的大小、位置和不透明度等即可，如图4-45所示。

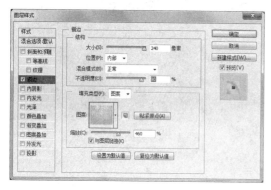

▲ 图4-45　添加边框

4.4.10 使图片更加清晰

当各种客观拍摄问题使商品图片不够清晰时，可以通过Photoshop CC对图片进行处理，使图片更加清晰。下面介绍使用Photoshop CC处理图片清晰度的方法，其具体操作如下。

扫一扫 实例演示

STEP 01 在Photoshop CC中打开素材文件（配套资源:\素材文件\第4章\饰品.jpg），如图4-46所示。

▲ 图4-46　打开素材文件

STEP 02 按"Ctrl+J"组合键复制背景图层，设置图层混合模式为"柔光"，不透明度为"50%"，如图4-47所示。

▲ 图4-47　复制图层并进行设置

STEP 03 按"Ctrl+Alt+Shift+E"组合键快速盖印图层，选择【滤镜】/【其他】/【高反差保留】菜单命令，打开"高反差保留"对话框，在"半径"数值框中输入"4.5"，单击 确定 按钮，如图4-48所示。

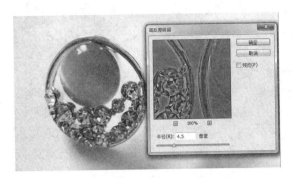

▲ 图4-48 设置高反差保留

STEP 04 在"图层"面板中选择该图层，设置其混合模式为"柔光"，再次按"Ctrl+Alt+Shift+E"组合键盖印图层，如图4-49所示。

▲ 图4-49 设置图层样式

STEP 05 若边缘效果依然不够清晰，则选择【滤镜】/【锐化】/【USM锐化】菜单命令，打开"USM锐化"对话框，在其中设置锐化数值，单击 按钮，完成后即可查看图片效果，如图4-50所示（配套资源:\效果文件\第4章\饰品.jpg）。

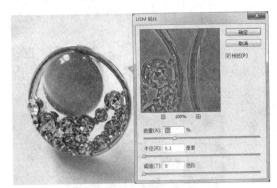

▲ 图4-50 设置USM锐化

经验之谈

部分图片不清晰的原因是图片过于放大，此时可适当将图片缩小，保证其清晰度。此外，通过 Photoshop 对图片的清晰度进行调整后，还应该观察图片调整后的效果，对图片中的不妥之处进行优化。

4.4.11 抠图

抠图是在制作网店商品主图、海报或详情页内容时经常会使用的操作。为了商品图片的美观，通常需要将商品主体从单调的背景中抠取出来，放置到其他好看、合适的背景中，从而提高商品的美观度和买家的购买欲。

1. 使用快速选择工具抠图

当需要抠取的商品主体颜色单一且和背景差别明显时，直接使用快速选择工具 即可完成抠图。其方法为：选择快速选择工具 ，单击需要抠取的图片部分或拖动鼠标选择需要抠取的图片区域即可，如图4-51所示。在使用快速选择工具抠图时，可通过其属性栏设置取样大小、容差等，如果抠取了多余的选区或少抠取了一部分图像区域，则可以在其属性栏中单击"添加到选区" 、"从选区中减去" 按钮来增加或减少选区。

▲ 图4-51 快速抠取图像

2. 使用套索工具抠图

磁性工具和套索工具是非常便捷的抠图工具，对于边界较明显、基本的几何形状等图片区域，则可以通过磁性工具和套索工具进行抠取。下面介绍在Photoshop CC中使用套索工具抠图的方法，其具体操作如下。

扫一扫 实例演示

STEP 01 在Photoshop CC中打开素材文件（配套资源:\素材文件\第4章\笔记本.jpg、笔记本背景.jpg）。选择磁性套索工具 ，在笔记本左侧边缘处单击，然后沿着笔记本的边拖动鼠标，此时磁性套索工具将自动吸附笔记本边缘位置，如图4-52所示。

▲ 图4-52 使用磁性套索工具抠取笔记本

STEP 02 在使用磁性套索工具的过程中，可以单击鼠标左键确定锚点。如果图像区域的边缘是直线，可以按住"Alt"键并单击，将磁性套索工具切换为多边形套索工具，用于创建直线选区。在创建直线选区时，移动鼠标到下一个锚点的位置并单击即可，如图4-53所示。

▲ 图4-53 使用多边形套索工具抠取笔记本

STEP 03 按照相同的方法选择合适的套索工具继续完成选区的创建，然后单击起始锚点，将选区闭合，如图4-54所示。

▲ 图4-54 完成选区的创建

STEP 04 创建完成后，选择笔记本选区并将其拖动到"笔记本背景.jpg"文件中，调整笔记本的大小、位置，还可以根据实际情况对图片进行细微变形。为了使图片与背景更融洽，建议为图片添加倒影、投影或阴影等效果，如图4-55所示（配套资源:\效果文件\第4章\笔记本.psd）。

▲ 图4-55 更换背景

3. 使用背景橡皮擦工具抠图

背景橡皮擦工具是一种非常智能的擦除工具，它具有自动识别图像边缘的功能，被擦除的部分将变为透明区域。当商品主要区域与背景颜色差异明显、边缘清晰时，即可用橡皮擦工具擦除背景。边缘与背景的对比度越高，擦除效果越好。下面介绍在Photoshop CC中使用背景橡皮擦工具抠取图像并替换背景的方

扫一扫 实例演示

法，其具体操作如下。

STEP 01 在Photoshop CC中打开素材文件（配套资源:\素材文件\第4章\网球.jpg、网球背景.jpg），如图4-56所示。

▲ 图4-56 打开素材

STEP 02 在Photoshop CC工具箱中选择背景橡皮擦工具 ，在其工具属性栏中设置"画笔大小"为"150像素"，将"容差"设置为"25%"，单击"取样：一次"按钮 ，拖动或单击鼠标去除图片的背景，如图4-57所示。

▲ 图4-57 去除背景

STEP 03 使用相同的方法将背景橡皮擦的容差调整为"13%"，再次擦除网球下方的阴影部分，如图4-58所示。

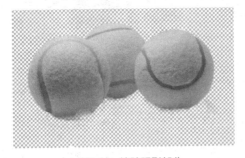

▲ 图4-58 擦除阴影部分

STEP 04 观察发现网球被擦除了需要保留的图像部分，选择历史画笔工具 ，将画笔大小

调整为"20像素"，在误擦除的部分涂抹，恢复原图像部分，如图4-59所示。

▲ 图4-59 恢复误擦除部分

STEP 05 如果图像边缘阴影颜色比较重，可以选择仿制图章工具 ，按住"Alt"键并单击鼠标，对临近的区域进行取值，然后在需要应用取值区域图像效果的地方单击，对图像细节进行修复，如图4-60所示。

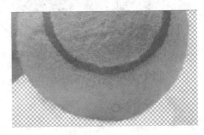

▲ 图4-60 修复图片细节

STEP 06 处理完成后，将网球选区拖动到"网球背景.jpg"文件中，调整网球图片的大小、位置，添加投影效果，如图4-61所示（配套资源:\效果文件\第4章\网球.psd）。

▲ 图4-61 更换背景

 经验之谈

在抠图的过程中，为了更好地保留原图像的边缘，建议结合多种工具对边缘进行调整。

4. 使用"色彩范围"命令和魔棒工具抠图

对于背景单一的图片，可以选择很多种抠取方式，比如通过"色彩范围"命令抠取，使用魔棒工具抠取，或者使用魔术橡皮擦工具抠取等。下面介绍在Photoshop CC中使用"色彩范围"命令和魔棒工具抠图的方法，其具体操作如下。

扫一扫 实例演示

STEP 01 在Photoshop CC中打开素材文件（配套资源:\素材文件\第4章\吹风机.jpg、吹风机背景.jpg），在工具箱中选择魔棒工具，在图片背景中单击鼠标左键，即可选择整个背景区域，如图4-62所示。

▲ 图4-62 选择背景区域

STEP 02 选择【选择】/【反向】菜单命令，将选区转换为图片主体。如果发现漏选或多选的部分，可在其工具属性栏中单击"添加到选区"按钮、"从选区中减去"按钮，对选区进行增加或减少操作，如图4-63所示。

▲ 图4-63 调整选区

STEP 03 在Photoshop CC中继续打开素材文件（配套资源:\素材文件\第4章\吹风机1.jpg），选择【选择】/【色彩范围】菜单命令，打开"色彩范围"对话框，在其中单击"吸管工具"按钮，然后再单击图片的背

景区域进行取样，并拖动"颜色容差"栏的滑块来调整颜色容差，如图4-64所示。

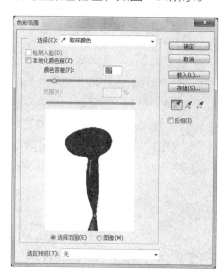
▲ 图4-64 选择颜色范围

STEP 04 设置完成后单击 确定 按钮，返回Photoshop CC中对选区进行增加和减少操作，并使用"反向"命令将选区转换为图片主体部分，如图4-65所示。

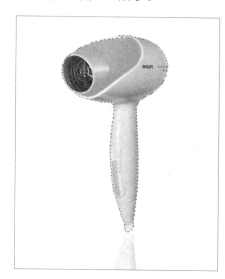
▲ 图4-65 调整选区

STEP 05　处理完成后，将两个吹风机的选区拖动到"吹风机背景.jpg"，调整图片的大小、位置，并添加投影效果，如图4-66所示（配套资源:\效果文件\第4章\电吹风.psd）。

　经验之谈

　　在抠取图像时，注意对图片进行分析，不同形状、不同背景、不同性质的图像所使用的抠取方式也不相同。在完成图片的抠取后，为了保持边缘的真实感，还可适当设置一下羽化效果。

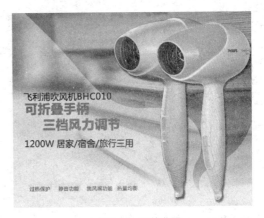

▲ 图4-66　更换背景

5. 使用钢笔工具抠图

　　钢笔工具是一种十分精确的抠图工具，非常适合抠取边缘清晰平滑的对象，其适用范围比较广，是常用的图像抠取方式之一。下面介绍在Photoshop CC中使用钢笔工具抠图的方法，具体操作如下。

扫一扫 实例演示

STEP 01　在Photoshop CC中打开素材文件（配套资源:\素材文件\第4章\唇膏.jpg、唇膏背景.jpg），在工具箱中选择钢笔工具 🖋，在其工具属性栏的下拉列表中选择"路径"选项，然后在图片中选取一个边缘点进行单击，确定所绘路径的起点位置，如图4-67所示。

在添加锚点时，尽量在放大图片的情况下进行添加，并尽量将锚点添加在边缘靠内的位置。

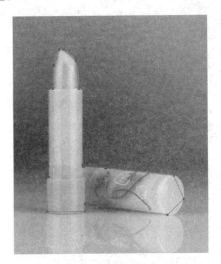

▲ 图4-68　闭合路径

STEP 03　闭合路径之后，选择转换点工具 ▶，单击锚点为其添加控制柄，拖动控制柄调整路径的平滑度，如图4-69所示。控制柄两端的锚点分别用于调整当前路径两侧线段的平滑度。

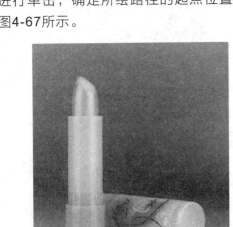

▲ 图4-67　确定路径起点

STEP 02　沿着唇膏图片的边缘依次单击，为图片添加锚点，添加到起始点时，再次单击起始锚点，即可闭合路径，如图4-68所示。

▲ 图4-69 调整路径平滑度

STEP 04 按照该方法依次调整所有路径线段的平滑度，绘制完成后按"Ctrl+Enter"组合键或在"路径"面板中单击按钮，将路径转换为选区，如图4-70所示。

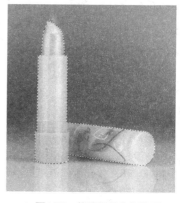

▲ 图4-70 将路径转化为选区

STEP 05 使用移动工具 ▶┿ 将唇膏选区拖动到"唇膏背景.jpg"文件中，调整其大小、位置，并为其添加投影效果，如图4-71所示（配套资源:\效果文件\第4章\唇膏.psd）。

经验之谈

在使用钢笔工具抠图时，也可以边绘制路径边调整路径，绘制锚点后，按住"Alt"键切换到转换点工具进行调整即可。为了更好地确定抠取部分的边界，在确定锚点时通常需要将图片放大，按"Ctrl++"组合键或"Ctrl+-"组合键即可快速放大或缩小图片。

▲ 图4-71 更换背景

6. 使用通道进行抠图

通道抠图是指利用图像的色相差别或者明度差别来建立选区的一种方法。通道抠图通常比较精细，但会花费更多的时间，如抠取发丝时，一般都会使用通道进行抠取。下面介绍在Photoshop CC中抠取发丝的方法，其具体操作如下。

扫一扫 实例演示

STEP 01 在Photoshop CC中打开素材文件（配套资源:\素材文件\第4章\美妆.jpg、美妆背景.jpg），选择"通道"面板，选择"蓝"通道，将其拖动到面板下方的"创建新通道"按钮 ▣，复制一个蓝通道，如图4-72所示。

▲ 图4-72 复制蓝通道

STEP 02 选择复制的蓝通道，选择【图像】/【调整】/【反相】菜单命令，反相显示图像，如图4-73所示。

▲ 图4-73 反相

STEP 03 选择【图像】/【调整】/【色阶】菜单命令，或按"Ctrl+L"组合键打开"色阶"对话框，在其中对相关参数进行调整，将背景调整为纯黑色，如图4-74所示。

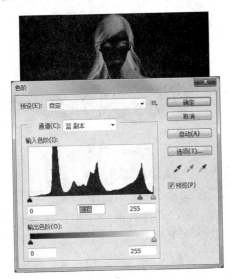

▲ 图4-74 调整色阶

STEP 04 在工具箱中选择画笔工具，设置画笔样式为"硬边圆"，将不透明度和流量

都设置为"100%"，然后将前景色设置为白色，拖动鼠标将要抠取的人物部分涂抹为白色，如图4-75所示。

▲ 图4-75 使用画笔工具涂抹

STEP 05 涂抹完成后，按住"Ctrl"键并单击该通道，载入选区。选择"RGB通道"图层，再返回"图层"面板，可发现已为人物部分建立了选区，如图4-76所示。

▲ 图4-76 建立选区

STEP 06 按"Ctrl+J"组合键复制选区到新图层中，使用移动工具 将新建的图层拖动到其他背景中，调整其大小、位置，并为其添加投影效果，如图4-77所示（配套资源:\效果文件\第4章\美妆.psd）。

▲ 图4-77　更换背景

4.4.12　批处理图片

网店商品非常多，单独处理特别浪费时间，如果需要对多张图片进行相同的操作，可以通过Photoshop CC的图片批处理功能来实现。下面介绍在Photoshop CC中创建动作并批处理图片的方法，其具体操作如下。

STEP 01　使用Photoshop CC打开一张素材图片（配套资源:\素材文件\第4章\女包文件夹），选择【窗口】/【动作】菜单命令，打开"动作"面板，单击"创建新动作"按钮，打开"新建动作"对话框，在"名称"文本框中输入该动作的名称，如"调整图片色调"，在"功能键"下拉列表中可以设置动作的快捷键，然后单击 记录 按钮，如图4-78所示。

▲ 图4-78　新建动作

经验之谈

　　在 Photoshop CC 中已经默认提供了很多批处理的动作，为了便于区分，在设置动作名称时，可设置为当前操作的名称。

STEP 02　记录动作之后，在"动作"面板中将显示正在录制的红色按钮，此时即可开

经验之谈

　　在选择通道时，可分别查看 3 个通道的对比，选择对比最明显的通道，这样更方便涂抹和抠取。在涂抹人物部分时，如果想抠取得更精确一些，可以将画笔缩小再进行涂抹，特别是在涂抹细节和头发丝部分时，可以边涂抹边与 RGB 通道的图层进行对比，使涂抹部分更加精确。

始进行相应操作，如选择【图像】/【自动色调】菜单命令，如图4-79所示。

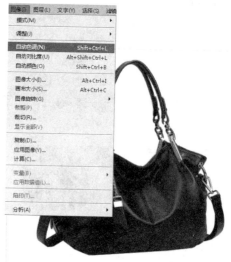

▲ 图4-79　记录动作

STEP 03　操作结束后，在"动作"面板中单击"停止播放/记录"按钮，停止动作的录制，在"动作"面板中可查看该动作。选择【文件】/【自动】/【批处理】菜单命令，打开"批处理"对话框，在"动作"下拉列表中选择动作，在"源"下拉列表中选择需要处理的图片类型，单击 选择(C)... 按钮设置图片的来源，在"目标"栏中设置

图片处理后保存的方式和位置，如图4-80所示。

▲ 图4-81　保存图片

经验之谈

在批处理图片时，建议将图片单独保存在另外的文件夹中，不要覆盖原文件夹中的图片，以免误操作丢失源图片文件。

▲ 图4-80　设置图片来源和保存位置

STEP 04　单击 确定 按钮，Photoshop CC将自动对源文件夹中的图片进行批处理。在处理过程中，将打开一个对话框，提示对图片进行保存设置，在其中可设置图片的品质等，如图4-81所示。设置完成后单击 确定 按钮即可保存图片到目标文件夹中。

STEP 05　依次完成所有图片的处理后，打开目标文件夹查看调色后的图片，如图4-82所示（配套资源:\效果文件\第4章\女包文件夹）。

▲ 图4-82　查看处理的图片

4.5 拍摄和制作主图视频

主图视频是指添加到商品主图展示区域中的短视频。当买家浏览商品详情页时，即可播放短视频，查看更生动、详细的商品信息。短视频一般由声音、图像、文字组成，在电商销售方面的表现十分凸出，在增加买家停留时长、提升商品成交转化率等方面都发挥着积极的作用，特别是服装、美妆、玩具、厨具、家居等需要充分展示使用场景和实际使用效果的行业，短视频比图片更易激发用户的消费欲望。此外，短视频在移动端上的应用也十分普遍，添加短视频的商品在排序权重上比直接使用图片的商品更有优势。

4.5.1 主图视频内容设计

在设计商品主图效果时，相比于单纯的图片，短视频的展示效果更直接真实，可以在很大程度上降低买家的消费顾虑，提高成交率。为了进一步提升成交转化率，卖家还可以对短视频的内容进行优化，从更多细节上激发买家的购买热情。下面介绍几种常见的主图视频设计技巧。

- **竖频**：随着买家移动端消费习惯的养成，垂直化的竖视频更能适应买家网购设备的特点，它能全面清晰地展示商品，给买家带来沉浸式的观看感受。竖屏不仅能更加突显视频主体，还能拉近与买家之间的距离。图4-83所示为一款女士大衣的竖屏展示效果。

- **场景化与片段化**：场景化是指将商品置于某种实际可能的使用场景，或将买家购买所处的场景融入视频中，以此刺激买家的购买欲。片段化是指将产品有效的功能点体现出来，也就是在有效的时间内尽可能展示商品最有竞争力的卖点，给买家提供最有价值的信息。图4-84所示为榨汁机使用场景与片段的展示。

▲ 图4-83　竖频展示

▲ 图4-84　场景与片段化展示

- **讲述真实的故事**：网友推荐、买家评论是影响买家购买决策的重要因素。如果能够直接在视频中展示买过该产品的买家的真实想法和正面评价，则更容易打动买家进行购买。一般来说，选择真实的人物、讲述真实的故事、反映真实的情感都有利于提高买家对产品的信任度。图4-85所示为某面膜视频，主要通过真实节目中的现场试验来推销面膜，直接展现了面膜的功效。

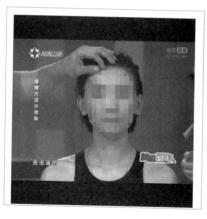
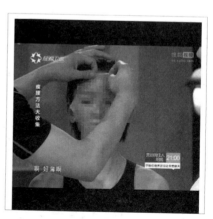

▲ 图4-85　面膜视频

4.5.2　主图视频拍摄的流程

主图视频的质量会直接对商品的成交转化率产生影响，因此对于卖家而言，从拍摄准备到完成视频剪辑，其中的每一个步骤都必须认真对待。

1. 了解商品的特点

为了更准确地抓住商品的卖点，表现出商品最吸引买家的部分，有效提升商品的转化率，在拍摄商品视频前，拍摄者需要对拍摄的商品有一个基本的认识，包括商品特点、使用方法、功效等，还需分析行业内同类商品的情况。只有对商品有所了解后，拍摄者才能选择出合适的模特，才能根据商品的质感来选择更合适的拍摄器材，布置合理的拍摄环境。拍摄时，拍摄者重点表现商品的特色，从而帮助消费者更好地了解商品，提高成交转化率。

2. 道具、模特与场景的准备

了解了商品后，拍摄者即可根据商品特质准备好相应的道具、模特、场景等。

- **道具**：视频拍摄道具的选择比较灵活，一般根据实际需要选择即可。室内拍摄通常需要选择合适的摄影灯，也可以准备好录音设备对视频进行解说录音。
- **模特**：不同的商品对模特的要求不同，一般选择与品牌文化、商品特点比较搭配的模特。对于电器、日常用品等不需要模特的商品，或美妆、珠宝等只需要模特局部拍摄的商品，可根据商品的推广要求进行具体选择。模特的作用是展示商品，商品才是需要拍摄的主体。
- **场景**：场景包括室内场景和室外场景。室内场景需要考虑灯光、背景和布局等；室外场景一般要选择一个与商品匹配的环境。无论是室内场景还是室外场景，建议每款商品都拍摄多组各个方位的视频，以便后期的挑选与剪辑。

3. 视频拍摄

前期准备就绪后，拍摄者便可进行视频拍摄。在拍摄过程中，为了保持画面的平稳，可以使用三脚架。同时，根据产品需要展示的特点依次进行拍摄，注意展示商品的全貌，对各个角度进行展示。若想重点展示商品的质量，则可以拍摄商品的主要制作过程，以此增强视频的说服力。

4. 后期合成

视频拍摄完成后，拍摄者需要剪去多余的部分，进行多场景的组合。另外，根据推广需要，可以使用视频编辑软件为视频添加字幕、音频、转场和特效等，补充视频内容并美化视频。常用的视频编辑软件有会声会影、Premiere等。

4.5.3 使用淘拍拍摄视频

淘拍是淘宝官方推出的一款视频拍摄和剪辑软件，操作十分简单快捷，支持手机拍摄和剪辑，并且预设了视频拍摄模板供卖家使用。通过淘拍可以轻松拍摄并制作出主图视频。下面介绍使用淘拍拍摄女包视频的方法，其具体操作如下。

STEP 01 布置拍摄场景，选择酒吧中的吧台区域，在左侧和右侧使用反光板，调整光线，使用三脚架横向架设手机。打开手机，然后打开"千牛"淘宝工具软件，在工具栏的下方选择"淘宝探索版"工具，打开"淘拍"界面，在其中选择"宝贝主图"选项，进入"主图视频拍摄"界面，选择"拍摄"选项，设置拍摄尺寸比例为1:1，如图4-86所示。

扫一扫 实例演示

经验之谈

淘拍提供了使用模板拍摄的功能，其操作方法为：进入"主图视频拍摄"界面后向下拖动，查看和下载合适的视频模板，完成下载后可发现该视频的拍摄脚本，更换各个脚本可将模板视频替换为自己的视频。

▲ 图4-86 进入拍摄界面

STEP 02 此时，模特手托女包展示到手机摄像头前方，如图4-87所示，单击手机进行定焦，然后单击右侧黄色圆点开始进行拍摄。

▲ 图4-87 模特展示

STEP 03 模特向后移动，将全身展现到镜头中，展现女包的配搭效果。拍摄期间可让模特自然走动或做出相关动作，直观真实地展现商品效果，如图4-88所示。

▲ 图4-88 继续拍摄

STEP 04 拍摄暂停，要求模特更换商品颜色进行展示。拍摄过程中，模特的展示动作和造型搭配可以根据颜色进行调整，注意模特的展示位置，最好不要远离镜头，如图4-89所示。

▲ 图4-89 展示不同颜色的商品

STEP 05 将女包依次放入吧台上方，拖动三脚架近距离拍摄女包细节，包括内部细节、女包上的五金和肩带细节等，如图4-90所示。

▲ 图4-90 拍摄商品细节

STEP 06 近距离拍摄所有颜色的女包，平稳地移动手机，依次对商品进行展现，如图4-91所示。展示完毕后，结束拍摄即可。

▲ 图4-91 展示全部商品

经验之谈

　　除了直接拍摄商品的主图视频之外，还可以选择质量较好的商品图片组合成主图视频。选择一个视频编辑软件，依次导入商品图片，为图片添加合适的转场效果、特效、文字、声音等，然后保存为视频文件即可。

疑难解答

　　网店商品的拍摄和美化是开店过程中非常重要的部分。商品图片的美化是图片优化的重要内容，直接关系到商品的点击率和成交转化率。美化商品图片的目的是吸引买家进行查看和了解。在美化商品图片的同时，还应该保证图片的清晰度和真实性。下面主要针对一些常见的图片拍摄和美化问题提出相应的解答和建议。

1. 商品图片有哪些拍摄技巧？

　　要拍出美观的商品图片，拍摄者首先应该具备基本的拍摄知识，除此之外，还可使用一些小技巧，具体如下。

- **保持相机稳定**：为了能够拍出清晰的照片，拍摄者在进行拍摄时不仅可以通过正确的拍摄姿势来稳定相机，还可以借助三脚架等物件来保持相机的稳定和平衡。
- **调整角度感受光影效果**：光影是摄影必须考虑的因素，在拍摄商品时，必须保证有足够的光线照射在被拍摄物品上。同时，为了使商品更有质感，也可以通过轻微的角度调整来呈现不同的阴影效果。
- **调整拍摄距离**：在拍摄商品时，拍摄者需要根据实际情况来调整拍摄距离，有时候距离商品近一些，可以拍摄出更好的效果。在拍摄商品细节时，也可以拉近拍摄距离。一般来说，远景拍摄主要用于表现气势，强调整体，而商品拍摄更注重近景拍摄和特写拍摄，可以突出表现主要部分，刻画细节。
- **合理利用景深**：景深效果可以让主体商品更具有立体感，特别是当背景比较复杂时，景深效果可以使商品更突出。
- **构图**：商品的拍摄构图应该遵循画面简洁、排列平衡、主题突出的原则，可适当保留合理的留白空间，注意避免出现画面太复杂、重心不稳定、主题不明显等情况。

2. 商品详情页中经常会有拼图的情况，怎样进行拼图？

　　在商品详情页中，为了多角度展示商品，同时提升详情页整体的丰富性和美观性，可以对商品进行拼图。商品拼图效果可直接在Photoshop CC中制作，也可使用一些图形图像处理软件中的拼图功能来制作。以光影魔术手为例，通过光影魔术手系统提供的拼图模板即可快速制作商品拼图，将多张图片合并为一张图片显示。在制作详情页拼图时，也可适当保留一些空间，用来添加商品文案，这样不仅可以丰富图片的内容，还可以起到对商品进行引导说明的作用。

3. 淘宝网店中不同图片的大小分别是多少？

　　淘宝网对上传的图片大小有一定的要求，因此在制作和上传图片之前，首先需对图片的大小进行了解。表4-1所示为淘宝网中常见的图片尺寸及具体要求。

表4-1　淘宝网中常见的图片尺寸及具体要求

图片名称	尺寸要求	文件大小	支持图片格式
店标	建议：80像素×80像素	建议：80KB	GIF、JPG、PNG
宝贝主图	建议：800像素×800像素	小于3MB	GIF、JPG、PNG
店招图片	默认：950像素×120像素 全屏：1920像素×150像素	建议：不超过100KB	GIF、JPG、PNG
全屏海报	建议：1920像素×400~600像素	建议：小于50KB	GIF、JPG、PNG
轮播图片	默认：950像素×460~650像素	建议：小于50KB	GIF、JPG、PNG
分类图片	宽度小于160像素，高度无明确规定	建议：小于50KB	GIF、JPG、PNG
导航背景	950像素×150像素	不限	GIF、JPG、PNG
页头背景	不限	小于200KB	GIF、JPG、PNG
页面背景	不限	小于1MB	GIF、JPG、PNG

经典案例——商品美化，成就销量神话

作为一名出售保温杯的网店卖家，小赵深知商品美化的重要性。

小赵刚创建淘宝店铺的时候，深信质量才是王道。对于店铺中的每一件商品，他都详细地描述了参数、性能、功能等数据，事无巨细。他相信买家在看过了商品的信息后，一定会认可自己的商品，并产生购买行为。

但是结果却出乎他的意料。数据显示，小赵的店铺成交转化率远低于同行水平，买家在商品页停留的平均时长也非常短，跳出率很高。这一点让小赵非常不解，保温杯不同于服装等"以貌取胜"的商品，小赵觉得对于这类商品，买家应该更注重商品的实用性和功能性，自己的主图和商品详情页都很好地迎合了买家的需求，为什么无法得到较好的效果呢？

不得已，小赵决定从同行的优秀店铺中"取经"。经过一番对比，小赵终于找到了原因。同行做得好的店铺，不管是主图还是详情页图片，图片的美化效果都非常好，不仅商品清晰明亮，连页面排版都很有条理，简洁大气，文案搭配恰到好处，非常吸引买家。在引起了买家的兴趣后，才慢慢讲述商品的参数和性能，让买家一点点了解到所需的信息，甚至通过场景拍摄，还向买家展示了商品的使用环境，增加了买家购买的理由。反观自己的商品详情页，图片清晰度不高，美化程度不够，而且参数太多，非常影响买家的阅读体验，从第一眼的感受上就被对手比了下去。

汲取经验后，小赵对主图和详情页图片进行了美化。店铺经营情况很快便有了改善，商品销量也增长了，销售额甚至远超同行的其他店铺。

总结："爱美之心人皆有之"，不管是什么商品，首先都应该做到图片清晰、色调饱满。虽然部分商品以高质量、实用性强等特点取胜，但这并不代表它不需要美化。只要是用于网店销售的商品，就要给买家带来舒适的视觉体验，这样才能吸引买家进一步了解商品，从而产生购买行为。

实战训练

（1）了解室外拍摄的相关知识，选择合理的拍摄时间、拍摄角度和拍摄场景，拍摄美观真实的服装图片，参考图4-92所示效果。

▲ 图4-92　拍摄服装图片

（2）使用Photoshop CC对素材图片（配套资源:\素材文件\第4章\玉.jpg）的曝光度、对比度、色调进行调整，使图片色调更饱满，颜色更鲜明，效果如图4-93所示（配套资源:\效果文件\第4章\玉.jpg）。

▲ 图4-93　调整图片曝光度、对比度和色调

第5章
店铺的设计与装修

设计与装修网店是网上开店必不可少的一步。好的店铺装修不仅能体现店铺风格，方便买家操作，还能获得买家的好印象和认同感。因此，店铺装修是店铺成功经营的一个非常重要的因素。本章主要介绍店铺视觉设计、电商文案策划、设置主图、制作店招和导航、制作详情页和制作其他店铺模板等内容。通过本章的学习，读者能熟练掌握店铺设计和装修的相关知识。

5.1 店铺视觉设计

在这个充斥着大量信息的网络时代，曝光率成为营销效果的一个重要衡量因素，视觉设计因具备快速吸引买家视线的特点，被广泛应用于各个营销领域。对于网店运营而言，视觉设计是凸显店铺品牌文化、品牌形象的重要手段，同时也是实现商品价值最大化的一种有效途径。好的视觉设计效果会直接影响买家的浏览、选择和购买行为，为店铺创造直接的销售价值。

5.1.1 认识视觉营销

网上店铺的视觉营销是指利用色彩、图像、文字等元素冲击买家的视觉感受，吸引买家对店铺和商品产生关注，从而达到提升店铺流量、成交转化率和销售额的目的。视觉营销是网店必不可少的一种营销手段，成功的视觉营销不仅可以刺激买家的购物欲，促成交易，还能够将买家发展成为店铺的忠实粉丝，增强买家与店铺之间的黏性。

淘宝店铺的视觉营销主要通过图片、文字、色彩来传达信息，表现产品。一般来说，图片要构图合理、精致美观，能够快速抓住买家的眼球；文字要简洁精辟、迎合产品，同时符合目标买家的情感需求；色彩要饱满清晰、搭配合理，能够与品牌、商品等相契合；产品要特点突出、实用美观，能够让买家产生查看、点击和购买的冲动。

5.1.2 商品主图视觉设计

买家在淘宝中搜索商品时，首先看到的就是主图效果，如果他们对主图效果比较满意，就会进一步查看价格、销量、品牌等信息。商品主图是吸引买家的第一步，主图中所展示的商品款式、风格、颜色等信息直接影响着买家对商品的喜好程度。因此，在设计商品主图时，素材选择、摆放构图等影响主图视觉效果的因素都应该格外注意。

1. 素材选择

主图素材的选择一般应该遵循清晰整洁、曝光合理、尺寸合适、商品完整的原则。

- **清晰整洁**：清晰整洁是主图设计的首要条件。模糊杂乱的图片非常影响整体的视觉体验，同时，还容易降低商品的整体格调，不利于表现商品的真实价值，难以让买家产生信任感。
- **曝光合理**：曝光合理的图片更能表现商品的真实颜色和外观。曝光不足的图片显得暗沉，影响商品的质感；曝光过度的图片则泛白，影响商品的细节。
- **尺寸合适**：在详情页中查看主图效果时，可以对800像素×800像素以上的主图进行放大。为了方便买家更加清晰地了解商品的外观和细节，需为主图设计合适的尺寸。
- **商品完整**：在主图中表现商品时，应该以商品为图片重点，同时保证商品的完整性。主图中也可以添加细节图，但一般不将细节图作为首张主图。

2. 摆放构图

对于很多小件商品或需要同时展示多种颜色的商品而言，合理的摆放构图可以让画面更加丰富美观。一般来说，摆放构图主要包括直线式、三角式、对角线式、辐射式4种类型，如图5-1

所示。

- **直线式**：通过直线排列的形式，整齐、美观地展现商品，将不同颜色、不同款式的商品并列展示给买家，供买家查看和选择。
- **三角式**：将多个商品排放成均衡稳定的三角形状，体现商品样式的丰富感。
- **对角线式**：以对角线的形式对商品进行构图排列，体现出商品主图的立体感、延伸感和动感，提升整体视觉效果。
- **辐射式**：以发散放射式对商品进行构图排列，提升主图的张力和视觉冲击力。

▲ 图5-1　常见的摆放构图类型

使用上述摆放构图方式之外，还可以对商品进行自由构图排列，只要美观整洁即可。

5.1.3　店铺首页视觉设计

淘宝店铺首页是淘宝店铺的形象展示窗口，如图5-2所示，其视觉设计效果往往会直接对品牌推广、成交转化等产生影响。一般来说，卖家可以从色彩、布局两个方面考虑店铺首页的设计。

▲ 图5-2　店铺首页设计

1. 色彩

店铺首页的色彩设计通常是几种颜色的组合，包括主色、辅助色和点缀色。

- **主色**：主色通常用于彰显店铺的整体风格，使用范围最大，很容易给买家留下深刻的第一印象。主色的选择一般与品牌的风格、文化、特征等相匹配。
- **辅助色**：辅助色通常用于辅助和补充主色，使用范围比较小，可以平衡主色带给买家的视觉冲击，丰富页面的颜色层次，对整个画面起到渲染烘托的作用。辅助色可以是一种颜色，也可以是几种颜色，其应该与主色保持对比和协调。可以选择对比强烈的颜色作为主色和辅助色；也可以选择同类色作为主色和辅助色，让画面更加和谐统一。
- **点缀色**：点缀色通常用于进行整体点缀，使用范围较小，与主色的对比比较明显，可以起到画龙点睛或重点醒目的作用，如"价格""抢购"等信息多使用点缀色。

2. 布局

淘宝店铺首页布局是指对店铺模块的组合和排列。合理的首页布局不仅能提升店铺首页的整体视觉效果，还能对买家起到良好的引导作用，影响买家的浏览和点击行为，因此要合理利用店铺的装修模块。

一般来说，淘宝店铺首页主要的装修模块包括以下几种。

- **店招**：店招即店铺招牌，位于首页最顶端，常用于展示店铺名称、最新活动、优惠促销等信息。店招的视觉效果一般与店铺整体风格保持统一，即在色彩、字体、修饰元素、风格等方面与首页其他模块保持和谐。此外，店招中应该体现店铺品牌Logo、店铺名称、品牌口号等重要信息。设计时，注意保持店招的简单美观，不要放置太多的信息。
- **页头导航**：导航不仅可以为买家提供浏览跳转服务，还可以展示店铺最新的活动信息，让买家快速了解店铺活动，其视觉设计通常与店招保持一致，也可体现反差和对比。图5-3所示为店招和页头导航的设计。

▲ 图5-3 店招和导航设计

- **全屏海报/轮播海报**：精致美观的海报不仅可以带给买家强烈的视觉刺激，吸引买家进一步浏览首页，还能展示最新活动、最新商品等重要信息。海报的设计需要从色彩、文字、构图等多方面进行考虑，如在色彩的运用上，可以选择黑白对比、原色对比、互补色对比、相邻色对比、色彩明度对比、色彩纯度对比等多种方式；在文字的运用上，通常选择与品牌风格相匹配的字体，同时还应该在颜色、大小上进行对比；在构图的运用上，可以采用主图的构图方法或裁剪构图法，比如中心构图、九宫格构图、对角线构图、三角形构图等。
- **优惠券**：优惠券是店铺常用的推销手段，也是首页中非常常见的模块。优惠券的设计十分简单，其颜色和字体的选择通常以首页为基准。
- **商品（热卖）推荐**：其主要用于展示店铺主推商品，同时引导买家进行查看和点击，是打造爆款、店铺营销的重要模块。商品推荐模块的设计可以参考海报、主图和详情页的设计要求。
- **页尾导航和搜索**：其主要用于展示店铺活动、店铺规则等信息。搜索功能可以为买家提供搜索服务，方便买家搜索店铺商品。

- **客服中心**：客服中心主要用于展示客服信息，方便买家随时联系卖家。此外，当首页内容较多、篇幅较长时，也可以在页头、页中、页尾添加客服信息。
- **收藏**：收藏主要方便买家对店铺进行收藏，增加买家的黏性，提高复购率。

在进行店铺首页布局设计时，店铺活动、促销信息等可以放在比较醒目的位置，比如放在店招中；导航、海报、轮播图片、首页视频、优惠券等一般都布局在靠前的位置；推荐、热卖、新品等推销商品的模块紧随其后。此外，客服、收藏、关注等模块也要设计合理的摆放位置，一般不直接放置在中心页面中。在布局的过程中，模块排列要错落有致，结构要清晰明了，可以将列表式和图文式合理搭配，避免买家视觉疲劳。

经验之谈

在设计店铺首页效果时，最好保持首页风格与类目、品牌的一致。比如服装类店铺的装修风格一般都比较华丽，多以模特、商品图片为主；运动、数码、五金等类目店铺的装修风格偏于稳重，颜色运用、店铺布局多呈现金属感、科技感等。除此之外，店铺首页的布局也要合理规划每一屏的内容，如现在主流的店铺首页设计中，首屏几乎都是全屏轮播海报或全屏图片，第二屏再依次放置商品图、商品搭配图，或者商品视频等，首页整体呈现全屏海报（轮播图片）＋产品类别（单品推广、产品参数）的结构。

5.1.4 商品详情页视觉设计

商品详情页是买家点击商品主图后打开的页面，是影响商品最终转化的重要页面，如图5-4所示。从营销的角度看，详情页的主要作用为说明商品具体信息、引发买家兴趣、树立店铺形象等，因此在设计商品详情页时，需要对整体美观性、商品展示、品牌推广等因素进行考虑。

▲ 图5-4　详情页的视觉效果

1. 详情页整体页面设计

商品详情页的设计风格和设计方式一般需与商品特质进行契合，没有固定的模式，但不论采用何种风格与方式，美观大气、方便买家等都是必须优先考虑的问题。此外，还可以遵循一些基本的设计技巧，提升商品详情页的整体美观性。

- **页面生动**：商品详情页的效果好坏并不取决于页面长度，长页面可以展示更多商品和品牌的相关信息，但过长的页面也会影响页面加载速度，容易使买家产生厌倦之感。为了维持买家的耐心，吸引他们持续浏览，应该对详情页的展示逻辑和展示结构进行设计，同时不断与买家进行"交流"，用生动的图片、亲切的文字、新颖的版式保持买家对商品的好感度。
- **氛围良好**：良好的页面氛围不仅可以进一步烘托商品的特点，充分体现商品的价值，还能将买家带入页面氛围中，激起他们的购买欲。比如节日促销时，商品详情页的氛围通常比较火热；森女系服装的详情页的氛围就比较清新文艺。详情页氛围的营造需要构建在商品特质和特点的基础上，只有与商品相匹配，才能提升买家对商品的好感度。
- **服务买家**：不同类型的商品有不同的目标用户群体，针对目标用户群体的喜好、眼光设计的页面才能更大程度地迎合买家，比如使用目标买家熟悉且认可的语言，使用目标买家喜欢的颜色和版式，使用目标买家喜爱的模特等。除了页面设计风格要迎合买家之外，页面逻辑设计也应该遵循买家的需求，将买家关注的信息放在靠前或明显的位置，比如颜色、尺码、品牌、细节、售后等。
- **主体突出**：商品详情页主要用于展示商品，所以商品是详情页的主体。为了让页面看上去更加丰富美观，很多卖家喜欢在详情页中添加装饰元素和效果等。但需要注意，在为详情页中的主体商品设计搭配元素时，不能喧宾夺主，即不能让搭配元素或背景掩盖了商品的效果。选择页面装饰时应该慎重，要在为商品锦上添花的同时保证页面的整洁。

2. 商品信息展示

商品详情页的主要用途之一是对商品的色彩、细节、卖点、功能、包装、搭配、数据等信息进行展示，特别是仅通过图片无法表达但买家又十分关注的信息，更需要清晰准确地进行描述，如材料、产地、售后、厂家、优势、特点、属性、搭配、注意事项等。详情页的商品信息一般通过"图片+文字"的形式进行表述，尺码、规格等数据信息也可以通过表格进行描述，方便买家全方面了解商品，增加购买的可能性。

3. 品牌推广

详情页的内容主要包括商品展示、品牌展示、促销推广、售后和物流等版块，其中品牌展示是对品牌名称、品牌荣誉、品牌资质、品牌知名度等信息进行的展示，可以有效提升买家对品牌的认同感和信任感。在设计详情页时，可以将品牌信息自然地引入商品描述中，还可以营造专属的品牌氛围，帮助买家形成对品牌的记忆，达到提高复购率，增强用户忠诚度的目的。

5.1.5 移动端店铺视觉设计

作为淘宝店铺最大的流量入口和成交入口，淘宝移动端的装修设计效果在很大程度上会直接影响整个店铺的销售额，因此在进行淘宝移动端店铺的视觉设计时，一定要抓住移动端的特点，设计出真正符合移动端买家需求的效果。

1. 移动端店铺营销设计原则

从买家的角度分析，移动端店铺最大的特点就是可以随时随地访问店铺，购物操作简单快捷，因此移动端的店铺视觉设计也应该遵循这一点。

- **信息简洁**：移动端店铺受页面大小限制，能展示的内容十分有限，为了达到快速传播有效信息的目的，在设计移动端店铺时，应该尽量保持内容上的精简。
- **多用图片**：移动端店铺的视觉设计应该以图片为主，手机屏幕不方便展示太多文字信息，因此必须先用图片吸引买家的注意，用图片展示商品和店铺信息，再通过少量文字辅助说明重点内容。
- **结构清晰**：移动端店铺的模块必须分类清晰，少而精，方便买家快速选择、查看。
- **色彩搭配**：移动端店铺的色彩搭配、装饰风格通常可以与PC端保持一致，基于品牌特征、商品特征进行搭配和装饰。但由于手机屏幕的浏览面积比较少，所以建议尽量采用鲜亮的颜色，有利于提升画面的清晰度、美观度，同时更方便买家阅读。

2. 移动端店铺首页设计

移动端店铺首页的模块主要包括店招、焦点图、优惠券、活动区、分类区、商品区、推荐区等。移动端店铺首页设计通常以大模块的形式从上而下进行排列，比如以店招、焦点图、优惠券、商品区的顺序进行排列，如图5-5所示。

- **店招**：移动端店铺的店招设计与PC端比较类似，色彩、文字、构图、装饰等皆以首页的整体风格为基准。但与PC端的店招相比，移动端店铺的店招在信息和版面上更简洁。
- **焦点图**：一般焦点图可以是单张海报，也可以是轮播海报。移动店铺的焦点图在配色、构图、字体的选择上与PC端类似，多采用鲜亮的颜色，同时文字信息十分简洁，以突出主题为主要目的。
- **优惠券**：优惠券设计简单，信息简洁，颜色与首页整体色调保持一致。其设计通常需多在文字、排版上下功夫，同时注意优惠信息的说明要清晰准确，方便买家领取和使用。
- **商品区**：移动端店铺的商品展示与PC端类似，文字说明十分简洁，重点体现商品的美观、卖点等，同时可以突出显示商品的价格、促销等信息。此外，在商品的分类展示和排列上，可以在默认模板样式中添加一些变化，体现趣味性和视觉性。

▲ 图5-5　移动端店铺首页布局

3. 移动端店铺详情页设计

移动端店铺的详情页与PC端店铺的详情页区别比较大，在尺寸大小、布局结构、详情展示等方面均存在区别。因此在设计移动端店铺的详情页时，不能直接套用PC端的详情页设计，需单独进行设计。

移动端店铺的详情页设计在色彩、构图、文字等方面的要求与PC端一致，为了更好地吸引买家的注意，也需要在页面风格、页面氛围、主体表现等方面多下功夫。此外，移动端店铺的详情页设计更需要突出图片的表现力和浏览的便利性，所以宜将图片尺寸保持在480×620像素，高度不超过960像素，保持一屏一图的标准。手机端买家的浏览速度比较快，在详情页的前几屏，要突出产品的优势和特点，快速吸引买家的注意力。

与PC端详情页相比，移动端详情页的信息更简洁，但产品信息说明必须完整、清晰、准确。在选择色彩搭配时，尽量选择鲜亮的颜色，文字字号不宜太小，保持画面清晰，展示细节和颜色，利于买家阅读和选择。

此外，移动端详情页要善用主图功能，丰富多张主图图片，添加视频主图，方便买家快速了解产品信息。

5.2 电商文案的策划与写作

电商文案是服务于电子商务的广告语言，通俗地说，就是品牌或产品的广告宣传语或介绍说明。淘宝中的文案主要包括品牌文案、商品文案、主图文案、商品详情页文案、推广文案等，经常和商品图片搭配出现。好的文案可以更好地宣传店铺或品牌，提高品牌形象，增加买家对品牌的好感和信任度。

5.2.1 文案的策划

满足买家的需求是营销的基本目的，当买家不了解商品时，就需要通过文案对商品进行介绍。在创作文案之前，首先需要对文案进行策划。一般来说，策划网店文案时主要从以下几方面着手。

- **分解商品属性**：分解商品属性即明确商品功能，突出商品优点。要策划出好的文案，必须充分地了解商品有文案价值的属性。例如，某户外帐篷的特点是安全牢固、便于安装，那么"安全牢固、便于安装"就是该户外帐篷较有文案价值的属性，在文案中突出这一点，即可吸引不会搭建帐篷或懒于搭建帐篷的买家。

- **明确顾客群**：准确定位目标人群是文案策划的基础。由于职业、收入、性格、年龄、生活习惯、兴趣爱好等不同，买家的消费习惯也不一样。因此，需对买家的消费行为进行具体分析，了解消费的原因和目的，才能更贴切地针对产品的属性写出具有较强针对性的文案。例如，经调查发现，一部分年轻的手机用户对手机摄像头的像素要求比较高，卖家推出这类手机时就可以在时尚、外形、摄像头像素等方面做文章。

- **分析利益点**：买家在选择某个商品时，会考虑该商品的多个属性，如实用性、便利性、操作感、安全性等。为了让买家在层层考量后选择商品，卖家就需要直白地将利益点分析给买家。分析利益点也是强调商品优点的一种手段，能清楚地告诉买家这个利益点可以带给他什么，比长篇大论地描述商品功能更有效果。

- **定位使用场景**：定位使用场景是指给买家指明商品的使用场合。很多时候，商品不仅仅具有通用功能，在某些特殊时期或场景中使用时，可能会有意料之外的效果。所以在做文案策划时，可以对这些特殊场景突出介绍，这样不仅可以增加商品的隐性价值，还可以使买家产生商品非常实惠贴心的想法。例如，某上班族衬衫的抗皱性比较好，那么在文案中则可以描述"精选舒适抗皱面料，不怕挤公交和地铁"。

- **明确"竞争对手"**：商品的竞争对手并不仅指经营同类商品的经营者，还可以是环境、习俗、职业、场合等。例如，对于电力稳定充足的地区而言，太阳能电器的稳定性不如电力电器，因此，太阳能电器的竞争对手不宜是电力电器，策划太阳能电器的文案时，就需要突出"不依赖电力、随时可用"的特性。

5.2.2　文案的写作

对于网上商品而言，文案总是与商品搭配出现的。文案起到展现商品价值，突出商品卖点的作用，其重要性不言而喻。但文案并非适合所有场合，比如重在商品外观展示的主图中通常就不会添加文案。

1. 主图文案

一般主图文案都字数精练，一目了然。好的主图文案需要做到3点：目标明确、紧抓需求、精练表达。

- **目标明确**：一般来说，主图的作用是吸引买家深入查看、点击或收藏。
- **紧抓需求**：明确买家希望从主图文案中得到的信息，买家希望知道什么，主图文案中就要包含什么，如价格、品质、活动等。
- **精练表达**：精确地表达买家希望了解的信息。买家在网上商店选择商品时，通常最先看到的是主图，如果主图文案过多，买家难以抓住重点提取自己所需的信息，就会直接放弃阅读转而查看下一个商品。因此，主图文案一定要精练，让买家可以快速直接地初步了解商品，如图5-6所示。

▲ 图5-6　主图文案

2. 详情页文案

详情页文案与转化率息息相关，卖家在出售商品时，不仅要吸引买家查看商品，还需要促成买家的购买行为，而详情页文案就是促成买家购买的有效手段。

与主图文案一样，在制作详情页文案时，首先应明确制作该文案的目的。详情页文案的目的主要包括以下几种。

- **引发买家兴趣**：引发兴趣是吸引买家关注的第一个环节，一般可从品牌介绍、焦点图、目标客户场景设计、产品总体图、购买理由、使用体验等方面进行考虑。图5-7所示为产品总体图及相关文案。

- **激发买家需求**：激发买家需求是引发买家兴趣的进一步延伸。当买家在是否购买之间摇摆不定时，通过激发买家的潜在需求，可以巩固他的购买行为。简而言之，激发买家需求就是给他一个购买的理由。
- **获得买家信任**：买家购买商品的过程事实上就是对该商品的信任过程，只有获得买家的信任，才能更顺利地卖出商品。商品的细节、用途、产品的参数展示、好评展示等都是获取买家信任的有效手段，如图5-8所示。
- **打消买家顾虑**：打消买家顾虑是获取买家信任的一种延伸，向买家传递出购买后没有后顾之忧的信息，可以进一步奠定买家的购买欲望。商家品质保证、商品证书、商品价值展示、售后服务等都可以打消买家的顾虑，如图5-9所示。
- **激发买家购买**：通过优惠活动、促销活动等进一步激发买家的购买欲望，表达出物超所值的信息，甚至可以诱导买家购买，帮助他们作出购买决定。

▲ 图5-7 商品总体图

▲ 图5-8 商品细节和参数

▲ 图5-9 商品价值和品质展示

5.3 设置主图

主图作为传递商品信息的核心，不仅身负展示商品的重任，同时还起到吸引买家继续浏览，为商品引流的重要作用。主图效果在很大程度上影响着店铺的销量和排名。

5.3.1 主图的尺寸要求

主图的标准尺寸为310像素×310像素的正方形图片。淘宝网中，800像素×800像素以上的图片可在商品详情页中使用放大镜功能，该功能可以放大主图细节，方便买家通过主图查看更详细、更全面的产品细节。在淘宝PC端编辑主图时，一般可以上传4~6个不同角度的图片，也可以在主图中添加视频，进一步展示商品信息。

5.3.2 制作主图图片

通常来说，买家浏览主图的速度较快，为了在淘宝搜索页的众多主图中成功吸引买家眼球，在制作主图时，清晰且有创意的卖点展示、突出的主体商品展示、简洁大方的页面效果都必不可少。下面介绍利用文本、形状等工具制作一张耳机主图的方法，其具体操作如下。

扫一扫 实例演示

STEP 01 新建一个文件，其大小为800像素×800像素，分辨率为72像素/英寸（1英寸=2.54厘米），名称为"耳机主图"。在左侧工具箱中单击"拾色器"按钮，将前景色设置为"R:68,G:175,B:183"，如图5-10所示。

▲ 图5-10 设置前景色

STEP 02 按"Alt+Delete"组合键为背景图层填充前景色，选择"矩形工具"，在背景图层上方绘制矩形，在形状属性工具栏中设置矩形的填充色为透明，描边为白色，描边宽度为"2点"，如图5-11所示。

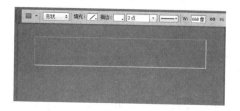

▲ 图5-11 绘制矩形

STEP 03 在"图层"面板中的矩形图层上单击鼠标右键，在弹出的快捷菜单中选择"栅格化图层"命令，将矩形图层栅格化。选择"矩形选框工具"，框选如图5-12所示的矩形边线，按"Delete"键将其删除。

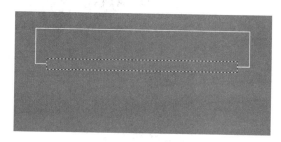

▲ 图5-12 删除边线

STEP 04 选择"横排文字工具"，输入文本"专业视听 真实音效"，在"字符"面板中设置字体为"汉仪综艺体简"，颜色为白色，字符比例间距为"90%"，然后选择文本图层，按"Ctrl+T"组合键，拖动控制点调整文本的大小和位置，调整完成后按"Enter"键确认，效果如图5-13所示。

▲ 图5-13 输入文本

STEP 05 继续绘制一个矩形，设置其填充色为透明，描边为白色，描边宽度为"1点"，在其上输入文本"佩戴舒适不伤耳"，设置文本字体为"Adobe 黑体 Std"，颜色为白色，调整文本大小和位置，效果如图5-14所示。

▲ 图5-14 输入文本

STEP 06 再绘制一个矩形，设置其填充色为浅灰，无描边，调整其大小和位置。在浅灰色矩形上输入文本"追求纯正原音"，设置文本字体为"Adobe 黑体 Std"，颜色为黑色，效果如图5-15所示。

▲ 图5-15 绘制形状并输入文本

STEP 07 在"矩形工具" 上单击鼠标右键，在弹出的快捷菜单中选择"直线工具"，绘制两条描边为"1点"的白色直线，输入文本"快速/7.1环绕/全国包邮"，设置文本字体为"Adobe 黑体 Std"，颜色为白色，效果如图5-16所示。

▲ 图5-16 绘制直线并输入文本

STEP 08 选择"椭圆工具" ，拖动鼠标的同时按住"Shift"键绘制一个正圆，设置正圆的填充色为浅灰色，无描边。在正圆形状上输入文本"RMB：55.9"，并设置文本格式，效果如图5-17所示。

▲ 图5-17 绘制正圆并输入文本

STEP 09 打开"白色耳机""蓝色耳机"文件（配套资源:\素材文件\第5章\白色耳机.png、蓝色耳机.png），将其分别拖入"耳机主图"文件中，调整大小和位置，然后保存图像文件（配套资源:\效果文件\第5章\耳机主图.psd），效果如图5-18所示。

▲ 图5-18 添加耳机素材

 经验之谈

为了使耳机素材的光线、明暗效果更真实，可以通过"图层样式"对话框为耳机设置"阴影""投影"等效果，或者为耳机制作镜面投影效果。

5.4 设置店招和导航

店招和导航一般位于店铺的最上方。店招是店铺形象和风格的代表，一般需提前在Photoshop中对店招图片进行制作，然后上传到淘宝店铺中。

5.4.1 店招制作规范

店招就是店铺的招牌，是网店装修中非常重要的一个模块。店招主要用于向买家展示店铺名称和形象，其中可以包括图案、文字等多种元素。店招的表现形式较多，可以是静态店招，也可以是动态店招。静态店招的制作和设置比较简单，可以使用图片直接制作，也可以通过代码等形式进行展示。动态店招的表现内容更丰富，主要以GIF动画为主。

在淘宝网中，店招的制作有一定的规范性。下面对其注意事项进行介绍。

- 淘宝网支持的店招图片格式为GIF、JPG、PNG。
- 店招图片的默认尺寸为950像素×120像素，大于该尺寸的部分将被裁剪掉。自定义尺寸可以制作成全屏通栏的宽度，即1920像素×150像素。
- 淘宝店招的图片大小不能超过100KB。

5.4.2 设计店招

店招一般需要提前使用Photoshop CC进行设计和制作，制作完成后保存为JPG或PNG格式。设计店招时，需要紧密结合店铺的定位和品牌的形象特征，并将其清楚地体现出来。店铺的定位是指清楚精准地展示店铺的产品，以便快速吸引目标消费群体。品牌特征是指通过对店铺名称、标志进行个性化展示，使买家对店铺产生基本印象，便于店铺的宣传。

1. 设计常规店招

下面介绍对常规的店招进行设计和制作的方法。首先需要制作背景效果，然后添加耳机产品素材与文案，并使用图形、线条修饰画面，其具体操作如下。

扫一扫 实例演示

STEP 01 新建一个文件，其大小为950像素×120像素，分辨率为72像素/英寸（1英寸=2.54厘米），名为"常规店招"。新建图层，选择钢笔工具 ，在图像中绘制如图5-19所示的形状。

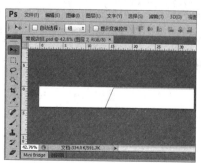

▲ 图5-19 绘制形状

STEP 02 新建图层，按"Ctrl+Shift+Enter"组合键将路径转化为选区。选择"渐变填充工具"，单击渐变填充条，打开"渐变编辑器"对话框，如图5-20所示。设置渐变填充色分别为"#4bc6ff、#4ca1e2"，单击 确定 按钮。

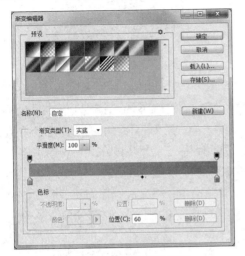

▲ 图5-20 渐变编辑器界面

STEP 03 返回工作界面，从左向右在选区上拖动鼠标，创建渐变填充颜色的效果，如图5-21所示。

▲ 图5-21 渐变填充效果

STEP 04 选择"横排文字工具"，设置字体格式为"方正兰亭粗黑_GBK、36点"，设置字体颜色为"#34b1ed"，输入"尚音阁"文本；设置字体格式为"Corbel、20点"，在"尚音阁"文本下方输入"SHANGYINGE"，如图5-22所示。

▲ 图5-22 输入文本

STEP 05 选择"直线工具"，在属性栏设置填充颜色为"#bfbfbf"，粗细为"1像素"，取消描边，按住"Shift"键向下拖动鼠标绘制直线，如图5-23所示。

▲ 图5-23 绘制直线

STEP 06 选择"横排文字工具"，设置字体格式为"微软雅黑、28点、黑色"，输入"品牌耳机专卖店"文本，如图5-24所示。

▲ 图5-24 输入文本1

STEP 07 选择"圆角矩形工具"，绘制颜色为"#f3002e"的圆角矩形，选择"横排文字工具"，设置字体格式为"微软雅黑、16点、倾斜、白色"，在圆角矩形上方输入"品牌耳机专卖店"文本，效果如图5-25所示。

▲ 图5-25 输入文本2

STEP 08 打开"耳机素材"文件（配套资源:\素材文件\第5章\耳机素材.psd），将其中的耳机素材分别拖动到"常规店招"文件中，调整各素材的位置和大小，拖动白色耳机所在图层，将其移动至渐变形状图层下方，效果如图5-26所示。

▲ 图5-26 添加素材

STEP 09 在"图层"面板中双击黄色耳机所在图层，打开"图层样式"对话框，单击选中"投影"复选框，在右侧的面板中设置投影参数，如图5-27所示。单击 确定 按钮，继续为后两种耳机添加投影。

▲ 图5-27 添加投影

STEP 10 选择"横排文字工具" T ，设置字体格式为"微软雅黑、36点、锐利、#f3002e"，在黄色耳机右上侧输入"￥99"文本，将"￥"字号更改为"20点"；选择"矩形工具" ，设置无填充，描边为"黑色、0.5"，绘制矩形；在属性栏更改字体格式为"16点、黑色"，在矩形上输入"抢购"文本，如图5-28所示。

▲ 图5-28 输入文本并绘制矩形

STEP 11 选择STEP10生成的3个图层，在"图层"面板底部单击"链接"按钮 ，如图5-29所示。

▲ 图5-29 链接图层

STEP 12 按"Ctrl+J"组合键复制链接的3个图层，将复制的3个图层移动到下一个耳机素材的左侧，再次复制链接的图层，将复制的3个图层移动到最右侧耳机的左侧，更改价格，如图5-30所示。设置完成后选择【文件】/【存储为】菜单命令，将文件保存为JPG格式，至此完成常规店招的制作（配套资源:\效果文件\第5章\常规店招.jpg）。

▲ 图5-30 常规店招效果

新手练兵

在 Photoshop 中新建一个大小为 950 像素×120 像素的画布，然后设计并制作一个女装类店招。

2. 设计通栏店招

通栏店招即宽度与显示器等宽的店招。由于显示器的分辨率不一致，对通栏图片的显示完全度也不一样，因此为了保证店招中的主要信息在任何显示器中都能完整显示，需要在店招的左右两侧空出宽度为485像素的区域，不放置文案和图片。下面将介绍在常规店招的基础上制作通栏店招的方法，其具体操作如下。

扫一扫 实例演示

STEP 01 新建一个文件，设置其大小为1920像素×150像素，分辨率为72像素/英寸（1英寸=2.54厘米），名称为"通栏店招"，如图5-31所示。选择【视图】/【标尺】菜单命令在工作区显示标尺。

▲ 图5-31　新建文档

STEP 02 选择"矩形选框工具" ，在属性栏设置"样式"为"固定大小"，"宽度"为"485像素"，在文件灰色区域的左上角单击创建选区，从左侧的标尺上拖动参考线到选区右侧对齐，使用相同的方法在文件右侧创建参考线，如图5-32所示。

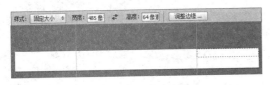

▲ 图5-32　添加参考线

STEP 03 在矩形选框工具属性栏中设置宽度"1920像素"、高度"30像素"的固定选区，在图像下方单击创建选区，新建图层，将新建的图层填充为"#074a77"，如图5-33所示。

▲ 图5-33　新建并填充图层

STEP 04 全选"常规店招"文件中的图层，将其拖动到"通栏店招"文件中，选择蓝色渐变图层，按"Ctrl+T"组合键，拖动右侧的边线，延长至页面边缘，效果如图5-34所示。

▲ 图5-34　编辑形状

STEP 05 选择"横排文字工具" ，设置字体格式为"黑体、18点、锐利、白色"，字符间距为"50"，在导航条上依次输入导航内容，在输入过程中可使用参考线控制导航内容的间距，如图5-35所示。

▲ 图5-35　输入导航内容

STEP 06 在"全部商品"导航文本下方新建图层，绘制矩形选区，填充为"#4ca2e3"，效果如图5-36所示。将文件保存为JPG格式，至此完成通栏店招的制作（配套资源:\效果文件\第5章\通栏店招.jpg）。

▲ 图5-36　通栏导航条效果

5.4.3　上传店招

上传店招是店铺装修中比较基础的过程，淘宝网提供了默认店招、自定义店招和Banner Maker3种店招样式。店招不一样，其上传方法也不一样。

扫一扫 实例演示

1.　上传默认店招

淘宝网默认店招的大小为950像素×120像素，超出该大小的店招，将无法完整显示。下面介绍设置默认招牌的方法，其具体操作如下。

STEP 01 登录淘宝账号，进入"卖家中心"页面，在左侧列表中单击"店铺管理"栏中的"店铺装修"超链接，进入店铺装修页面。在其中可查看到店铺默认的基础版页面效果，在店招右侧单击 编辑 按钮，如图5-37所示。

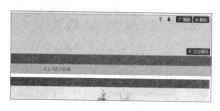

▲ 图5-37　编辑店招

STEP 02 打开"店铺招牌"对话框，单击"背景图"栏中的 选择文件 按钮，如图5-38所示。

▲ 图5-38　选择图片

STEP 03 在打开的页面中可选择店招图片，如果已经上传至图片空间，则可直接在淘盘中进行选择，也可单击"上传新图片"选项卡，在打开的页面中单击"添加图片"超链接，如图5-39所示。

▲ 图5-39　添加图片

STEP 04 打开"打开"对话框，在其中选择店招图片，这里选择"常规店招.jpg"选项，单击 打开(O) 按钮，如图5-40所示。

▲ 图5-40　选择店招图片

STEP 05 返回"店铺招牌"对话框，可以查看插入的店招图片，撤销选中"是否显示店铺名称"栏后的复选框，单击 保存 按钮，如图5-41所示。

▲ 图5-41　设置店铺招牌的内容

STEP 06 返回店铺设置页面，即可看到店招上传后的效果。在页面的右上方单击 预览 按钮，即可预览店招效果，如图5-42所示。

▲ 图5-42　查看店招效果

经验之谈

取消选中"是否显示店铺名称"栏后的复选框是为了不在店招中自动显示店铺名称。淘宝网默认会在各个模块中显示当前模块的名称，但是为了店铺页面的美观，通常会取消显示名称。

2. 设置背景色

由于默认照片的宽度为950像素，无法全屏覆盖店铺页面，所以在使用了默认招牌后，为了使店招和背景相融洽，不至于显得突兀，可将背景色设置为店招的主色调。其方法为：在Photoshop中将店招主色调的颜色数值分析出来，然后在淘宝装修页面左侧选择"页头"选项，在打开的页面中单击"页头背景色"栏后的色块，再在打开的"调色器"对话框中输入颜色数值，然后单击 确定 按钮，如图5-43所示。需要注意的是，该方法比较适合背景色较简单的店招，否则建议使用自定义店招。

 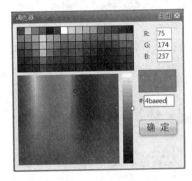

▲ 图5-43　设置页头背景色

3. 上传自定义通栏店招

自定义店招的大小一般为1920像素×120像素或1920像素×150像素。当店招高度设置为150像素时，店招图片将覆盖淘宝原有的导航区域，此时在自定义全屏店招时，同时也需要自定义导航条。此外，上传自定义店招时，还可在店招中添加跳转链接。下面介绍上传自定义通栏店招的方法，其具体操作如下。

扫一扫 实例演示

STEP 01 打开Photoshop，将通栏店招的图片拖动到Photoshop的工作界面中。选择矩形选框工具，在其属性栏中将"羽化"设置为"0"，在"样式"下拉列表中选择"固定大小"选项，在"宽度"数值框中输入"485像素"，在"高度"数值框中输入"150像素"，然后在图片左侧绘制选区，如图5-44所示。

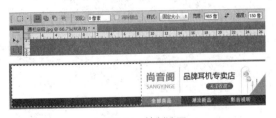
▲ 图5-44　绘制选区

STEP 02 将Photoshop的标尺显示出来，拖一条参考线至选区右侧，标注切片位置，如图5-45所示。

▲ 图5-45　添加参考线

STEP 03 按照相同的方法，在全屏店招图片右侧绘制一个固定大小的选区，然后拖一条参考线至选区左侧，如图5-46所示。

▲ 图5-46　绘制右侧选区

STEP 04 选择切片工具 ，在切片工具属性栏中单击 基于参考线的切片 按钮，基于参考线的位置对图片进行切片，如图5-47所示。

▲ 图5-47　切片

STEP 05 在Photoshop CC中选择【文件】/【存储为Web所用格式】菜单命令，打开"存储为Web所用格式"对话框，在"预设"栏中将图片格式设置为JPG，单击 存储 按钮，打开"将优化结果存储为"对话框，设置切片文件的保存位置，如图5-48所示。

▲ 图5-48　保存切片文件

STEP 06 登录淘宝卖家中心，将完成切片的图片上传到图片空间。在百度中搜索并打开"码工助手"，在网页导航中单击"在线布局"超链接，如图5-49所示。

▲ 图5-49　打开码工助手

STEP 07 切换到淘宝图片空间，将鼠标指针移到全屏店招中间部分的切片图片上，单击"复制链接"按钮 ，复制该图片的链接，如图5-50所示。

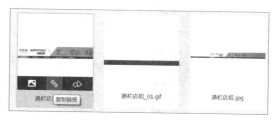

▲ 图5-50　复制链接

STEP 08 切换到码工助手"在线布局"页面，将鼠标指针移到 按钮上，在打开的界面的"高"数值框中输入"150"，在"背景图"文本框中按"Ctrl+V"组合键粘贴刚才的图片地址，如图5-51所示。

▲ 图5-51　粘贴图片地址

STEP 09 此时，全屏店招中间部分的切片图片将显示在码工助手中，在页面上方单击 热区按钮，添加一个热区，打开热区的"属性面板"面板，在其中可以设置跳转链接，即单击该热区，即可跳转到相应的网页。调整热区至合适的大小，然后在"链接地址"文本框中输入跳转地址，如图5-52所示。

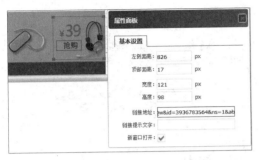

▲ 图5-52 设置热区和跳转

STEP 10 按照该方法，为其他需要添加链接的区域设置热区，并为导航部分设置热区，输入正确的导航链接，添加完成后如图5-53所示。

▲ 图5-53 完成其他热区的添加

STEP 11 单击"在线布局"页面右上方的 生成代码 按钮，在打开的对话框中单击 导出代码 按钮导出代码，然后单击 复制HTML代码 按钮，如图5-54所示。

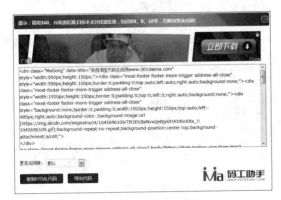

▲ 图5-54 导出并复制代码

STEP 12 切换到淘宝店铺装修页面，在店招右侧单击 编辑 按钮，打开"店铺招牌"对话框，单击选中"自定义招牌"单选项，单击"源码"按钮 ，在下面的文本框中按"Ctrl+V"组合键粘贴刚才复制的代码，在"高度"数值框中输入"150"，单击 保存 按钮，如图5-55所示。

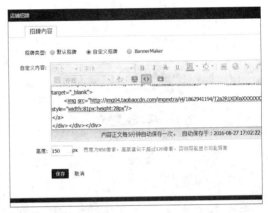

▲ 图5-55 粘贴代码

STEP 13 在页面左侧选择"页头"选项，在打开的页面中单击 更换图片 按钮，打开"打开"对话框，在其中选择通栏店招的图片，单击 打开(O) ▼ 按钮，如图5-56所示。

▲ 图5-56 选择图片

STEP 14 图片上传成功后，在页头分别设置"背景显示""背景对齐"，如图5-57所示。

切片并自定义通栏店招的原理实际上是将通栏店招中间宽度为950像素的部分单独保存起来，并设置为普通店招；然后将全屏店招的整张图片设置为页头背景，使其与普通店招部分完全重叠，形成全屏的效果。因此需要使用 Photoshop CC 进行切片，保证两张图片的像素完全重合，不会产生位移。此外，为了不影响显示效果，在设计全屏海报时，建议左右两侧宽度为485像素的范围内最好不要放置内容。

▲ 图5-57　设置页头

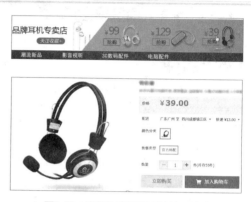

▲ 图5-58　查看热区设置后的效果并跳转

STEP 15　单击 预览 按钮，预览设置后的效果，即可发现店招已被设置为通栏显示。单击设置的热区，即可跳转到相应的页面，如图5-58所示。

使用码工助手之前，需要先进行注册，网站中还提供了很多代码转化方法。在设置热区时，如果想删除热区，可选择热区，然后单击其右上角的"删除"按钮 ，在打开的提示框中单击 确定 按钮即可。

在淘宝网中默认的导航栏样式比较单一，为了体现店铺的特色，大多数店铺选择将导航栏设置在全屏店招中，然后为其设置热区并添加链接。

新手练兵

在 Photoshop CC 中设计一个 1920 像素×150 像素的全屏通栏店招，使用切片工具对其进行切片，上传店招并设置导航区的链接，设置完成后再对导航区的链接地址进行检查。

5.4.4　设置导航条

根据前面所讲的自定义通栏店招的方法，可以自定义店铺的导航。当然，淘宝也为店铺装修提供了导航模板。下面介绍在淘宝中添加导航栏的方法，其具体操作如下。

STEP 01　登录淘宝卖家中心，进入店铺装修页面。在导航条上单击 编辑 按钮，打开"导航"对话框，如图5-59所示。

▲ 图5-59　编辑导航条

经验之谈

淘宝导航条中的分类是从分类导航中直接添加的。因此，如果已经设置了宝贝分类，则可在"添加导航内容"对话框中直接选择。如果还未设置分类导航，则可单击"添加导航内容"对话框中的"管理分类"超链接，在打开的页面中设置商品分类导航。关于设置分类导航的方法将在下一节中进行详细讲解。

STEP 02 在"导航"对话框中单击 **+添加** 按钮，打开"添加导航内容"对话框，单击选中需要在导航栏中显示的选项前的复选框，如图5-60所示，然后依次单击 **确定** 按钮保存设置。

经验之谈

淘宝装修页面中的模块基本都可以删除。若某模块被删除了，可直接在左侧列表框中拖动该模块到目标位置。但是导航条不能删除。

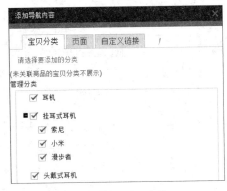

▲ 图5-60　管理分类

STEP 03 预览设置后的导航效果，即可看到已添加所设置的分类，如图5-61所示。

▲ 图5-61　查看导航效果

5.5 设置分类导航

为了满足卖家分类放置不同商品的要求，同时方便买家更好地搜索商品，淘宝提供了分类导航的功能，卖家可以根据自己商品的类型设置不同的分类。

5.5.1 分类导航制作规范

如果根据淘宝默认的设置添加分类导航，则分类导航将全部以文字的方式显示。当然，为了使自己的店铺更美观，更具个性化，卖家也可以自定义店铺的分类导航。下面对分类导航制作和设置的相关规范进行介绍。

- 为了店铺美观，可以专门为商品分类导航制作图片或图标。
- 制作自定义分类导航，其颜色、风格等应该与店铺的整体装修风格相适应。
- 商品分类图片的宽度最好不超过160像素，否则当显示器分辨率小于或等于1024像素×768像素时，容易造成店铺首页宝贝分类栏右侧的商品列表下移。
- 在商品分类中，还可以添加子分类。为了方便操作，建议先完成子分类的创建，再将商品转入到相关分类下。

121

5.5.2 制作分类导航按钮

分类导航按钮的制作比店招简单一些，一般可以使用Photoshop CC将其制作成好看的图片样式。下面介绍使用Photoshop CC制作店铺的分类导航按钮的方法，其具体操作如下。

STEP 01 在Photoshop CC中新建一个文件，设置其大小为150像素×200像素，分辨率为72像素/英寸（1英寸=2.54厘米），名称为"分类导航"，背景内容为透明，然后单击 确定 按钮，如图5-62所示。

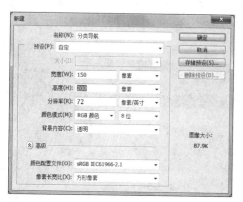

▲ 图5-62 新建文件

STEP 02 选择钢笔工具 ，在画布中绘制不规则矩形路径，首先单击鼠标左键确定锚点的位置，然后依次绘制其他锚点，并拖动鼠标调整锚点，调整成图5-63所示的效果。

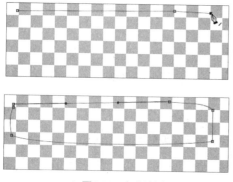

▲ 图5-63 完成绘制

STEP 03 将前景色设置为"#4ca1e2"，使其颜色与店招保持一致，然后在路径上单击鼠标右键，在弹出的快捷菜单中选择"填充

路径"命令，打开"填充路径"对话框，在"使用"下拉列表中选择"前景色"选项，单击 确定 按钮，如图5-64所示。

▲ 图5-64 填充路径

STEP 04 选择横排文字工具 ，输入文字"挂耳式耳机"，设置文本格式为"方正粗倩简体、11点、白色"，并调整文字的位置。选择不规则矩形形状，按"Ctrl+J"组合键复制图层，制作其他分类按钮，效果如图5-65所示。

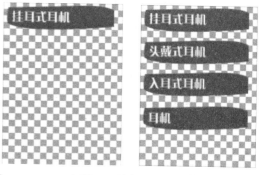

▲ 图5-65 输入和设置文字

STEP 05 选择切片工具 ，对图片进行切片，切片效果如图5-66所示。

▲ 图5-66　图片切片

淘宝分类导航的图标样式可以是多种多样的,在分类导航按钮上可以设置文字,也可以添加图片。

STEP 06　选择【文件】/【存储为Web所用格式】菜单命令,打开"存储为Web所用格式"对话框,在"预设"栏中将图片格式设

置为PNG,单击 按钮,打开"将优化结果存储为"对话框,设置切片文件的保存位置,如图5-67所示(配套资源:\效果文件\第5章\分类导航按钮)。

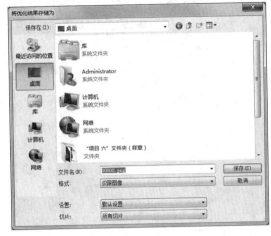

▲ 图5-67　保存图片

5.5.3　设置分类导航按钮

制作完分类导航之后,即可将分类导航图标分别上传到相关类别下。下面介绍在淘宝网中上传分类导航图标的方法,其具体操作如下。

扫一扫 实例演示

STEP 01　将切片后的图片上传到淘宝图片空间。在卖家中心单击"店铺管理"栏中的"宝贝分类管理"超链接,进入宝贝分类管理页面,在页面上方单击 ＋添加手工分类 按钮,新建一个商品分类,在其中输入分类名称,如图5-68所示。

淘宝中的宝贝分类只能创建二级类目,建议卖家不要将分类设置得太复杂和细化,主类目尽量简单明了、通俗易懂。

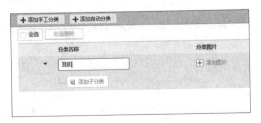

▲ 图5-68　新建商品分类

STEP 02　按照该方法依次新建其他商品的分类,如图5-69所示。

▲ 图5-69　新建其他分类

STEP 03 单击"挂耳式耳机"分类下的 按钮，在文本框中输入子分类名称，如图5-70所示。

经验之谈

子分类可以根据主类目进行细分，一般要求类目清晰、内容明确，其内容可以稍微详细一些，方便买家查看和筛选。

▲ 图5-70 设置子分类

STEP 04 单击"耳机"分类后的"添加图片"按钮⊞，在打开的对话框中单击选中"插入图片空间图片"单选项，在打开的对话框中选择对应的图片，如图5-71所示。

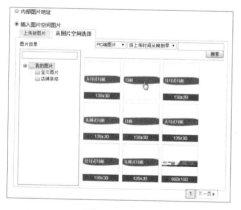

▲ 图5-71 选择图片

STEP 05 按照该方法依次添加其他分类导航的图片，设置完成后的效果如图5-72所示。

▲ 图5-72 设置其他分类

STEP 06 设置完成后单击页面右上角的 保存更改 按钮，返回店铺装修页面即可预览设置后的分类导航效果，如图5-73所示。

▲ 图5-73 预览分类导航效果

新手练兵

在淘宝中对凉鞋创建分类，可从款式、材质等方面进行细分。

5.6 添加店铺其他装修模块

淘宝提供了非常丰富的装修模块，如图片轮播、宝贝排行、宝贝分类、宝贝搜索、客服中心和公告栏等，卖家可以根据自己店铺的实际装修需要来选择模块。

5.6.1　图片轮播模块

图片轮播模块是首页中比较常见的一种模块，与店招一样，卖家也可以根据需要设置常规轮播效果和全屏轮播效果两种样式。

1.　制作常规轮播模块的图片

常规轮播模块的图片大小一般为750像素×250像素，使用Photoshop CC制作出合适的轮播图片后，即可将其上传。下面介绍在Photoshop CC中制作常规轮播模块中全屏海报的方法，其具体操作如下。

扫一扫 实例演示

STEP 01　在Photoshop CC中新建一个文件，设置其大小为750像素×250像素，分辨率为72像素/英寸，名称为"全屏海报"，打开素材文件（配套资源:\素材文件\第5章\轮播图片.jpg），将其拖动到"全屏海报"中，按"Ctrl+T"组合键变换图片，然后按住"Shift"键等比例调整图片大小。此时，画布没有被完全覆盖，选择未覆盖区域，将其背景色填充为原图的适应背景，效果如图5-74所示。

▲ 图5-75　输入并设置文本

STEP 03　选择矩形工具 ▢，在文本下方绘制一个矩形，将前景色设置为"#118ebe"，按"Alt+Delete"组合键为矩形填充前景色，效果如图5-76所示。

▲ 图5-74　调整图片

STEP 02　选择横排文字工具 T，在图片右侧输入"两届VGP金奖音质"，在文字工具属性栏中设置文本格式为"黑体、22点"，颜色为"#1f1f20"。设置完成后，依次使用文字工具输入其他文本，并设置文本格式，如图5-75所示。

▲ 图5-76　绘制并填充矩形

STEP 04　在矩形形状上输入横排文本"立即抢购"，设置文本格式为"黑体、20点"，文本颜色为"#fdfeff"，如图5-77所示，设置完成后将图片保存为JPG格式（配套资源:\效果文件\第5章\轮播图片.jpg）。

▲ 图5-77 全屏海报效果

2. 设置常规轮播模块

　　常规轮播模块的设置方法比较简单，在设置轮播图片之前，首先需要将图片上传至图片空间。下面介绍设置常规图片轮播模块的方法，其具体操作如下。

STEP 01 将制作的图片轮播模块的图片上传到图片空间。在图片轮播模块上单击按钮，打开"图片轮播"对话框，单击"图片地址"栏后的 按钮，在打开的列表框中选择轮播图片，也可在图片空间复制图片地址，粘贴到"图片地址"文本框，如图5-78所示。

扫一扫 实例演示

▲ 图5-78 选择图片

STEP 02 单击 添加 按钮，继续添加其他轮播图片，如图5-79所示。

▲ 图5-79 添加其他图片

STEP 03 单击"显示设置"选项卡，在"显示标题"处单击选中"不显示"单选项，在"切换效果"下拉列表中选择"渐变滚动"选项，然后单击 保存 按钮，如图5-80所示。

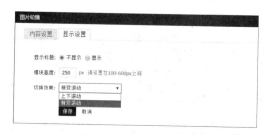

▲ 图5-80 设置轮播切换效果

STEP 04 设置完成后返回店铺装修页面即可预览图片轮播效果，如图5-81所示。

▲ 图5-81 预览图片轮播效果

3. 制作全屏轮播图片

全屏轮播图片效果是可以覆盖整个屏幕的一种效果，因此，全屏轮播图片的宽度要制作成1920像素，高度一般以400~800像素为最佳。制作全屏轮播图片时，首先要在Photoshop中新建一个画布，比如新建一个文件，设置其大小为1920像素×500像素，分辨率为72像素/英寸，然后将素材文件拖动到该文件中，对素材图片的大小、背景、文案等进行设计和制作，如图5-82所示。在制作全屏海报时需注意，由于显示器的分辨率大小不一样，而为了保证全屏图片在任何显示器中都能完整地显示出图片中的重要信息，通常需要对图片的两边进行"留白"，即全屏图片左右两侧宽度为360像素的区域中不放置人物或商品图片，也不放置文案。

▲ 图5-82 全屏轮播图片

4. 设置全屏轮播图片

与通栏店招的设置一样，全屏轮播图片的设置也需通过代码完成。下面介绍在淘宝装修页面中添加自定义模块，然后通过代码制作全屏轮播效果的方法，其具体操作如下。

扫一扫 实例演示

STEP 01 将图片轮播模块的图片制作完成并上传至图片空间。进入店铺装修页面，在左侧列表中拖动"自定义模块"至右侧页面中，如图5-83所示。

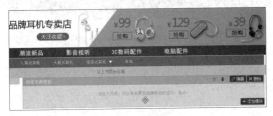

▲ 图5-83 添加自定义模块

STEP 02 打开"码工助手"网页并登录，在网页导航中单击"全屏轮播"超链接，如图5-84所示。

▲ 图5-84 打开码工助手

STEP 03 打开"全屏轮播"页面，在"店铺类型选择"栏中单击选中"淘宝专业版"单选项，在"轮播风格选择"下拉列表中选择"缩略图风格"选项，在"轮播图"栏的"图片地址"文本框中输入图片地址（可从图片空间复制地址），在"链接地址"文本框中输入需链接到的地址，单击 增加一组 按钮增加下一组，效果如图5-85所示。

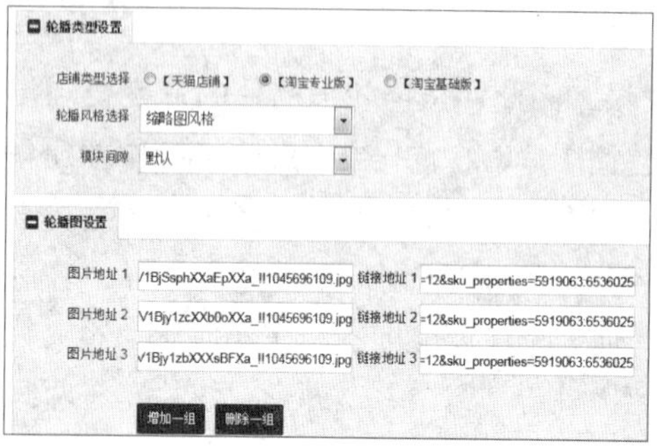

▲ 图5-85　设置图片地址

STEP 04 单击"动画内容设置"选项卡，在其中可以对轮播图的播放效果进行设置，如图5-86所示。

▲ 图5-86　设置动画效果

STEP 05 单击 生成代码 按钮，在下方的文本框中将自动生成代码，单击 复制内容 按钮复制生成的代码，如图5-87所示。

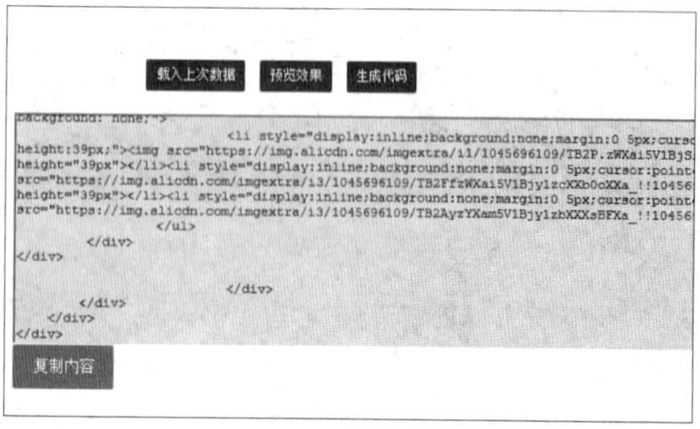

▲ 图5-87　复制代码

STEP 06 返回淘宝装修页面，单击自定义模块右上角的 编辑 按钮，打开"自定义内容区"对话框，单击选中"不显示"单选项，再单击"源码"按钮↔，将复制的代码粘贴到下方的文本框中，然后单击 确定 按钮，如图

5-88所示。

经验之谈

　　淘宝网也提供了全屏轮播的功能，但属于收费模块，卖家在购买之后即可使用。

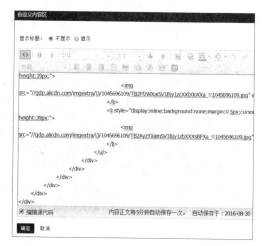

▲ 图5-88　粘贴代码

经验之谈

　　使用码工助手还可以制作全屏海报，其制作方法与全屏轮播类似，都需要通过自定义模块来实现但是全屏海报的制作更加简单。

STEP 07 返回店铺装修页面即可预览全屏轮播图片的效果，如图5-89所示。

新手练兵

　　设计并制作全屏海报，然后通过码工助手的"全屏海报"将其转换为代码，再使用淘宝自定义模块上传至淘宝店铺。

▲ 图5-89 预览全屏轮播效果

5.6.2 客服中心

客服中心是网上商店的必备模块，顾客与商家的联系基本都是通过在线客服实现的。下面介绍在淘宝装修页面中设置客服中心的方法，其具体操作如下。

扫一扫 实例演示

STEP 01 在淘宝装修页面中拖动客服中心模块至右侧页面，在客服中心模块上单击 编辑 按钮，打开"客服中心"对话框，在"工作时间"栏中设置工作时间，若想将工作日和休息日分开设置，也可撤销选中的复选框不显示休息日的工作时间，如图5-90所示。

5-91所示。

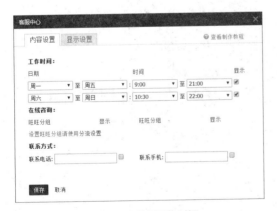

▲ 图5-90 设置工作时间

STEP 02 在"在线咨询"栏中单击"分流设置"超链接，打开"分流设置"页面，如果是第一次设置客服分流，将打开提示框提示可设置分流数量，单击选中其中的复选框，单击 确定 按钮。然后在"分流设置"页面中单击 新建员工 按钮，填写员工基本信息，如图

▲ 图5-91 新建员工信息

STEP 03 单击页面右上方的 确认新建 按钮完成岗位的新建，即可看到新建后的岗位。在该页面中，可对岗位的基本信息和权限进行修改，单击"修改权限"超链接，如图5-92所示。

▲ 图5-92 查看新建的岗位

经验之谈

　　利用淘宝店铺中的客服分流设置也可直接进行设置和编辑，其方法是：在卖家中心后台的"店铺装修"栏中单击"子账号管理"超链接，在打开的页面中即可进行员工新建、员工管理、客服分流等设置。需要注意的是，子账号管理不仅可以添加和管理客服人员，还可以管理仓储、财务、运营等。

STEP 04 打开权限修改页面，在"选择岗位"栏的第二个下拉列表中选择"客服"选项，单击 保存 按钮，如图5-93所示。

▲ 图5-93　设置岗位

STEP 05 在打开页面的"对应权限"栏中可修改岗位的权限，如单击"官方功能"栏的"修改权限"超链接，即可在打开的页面中进行修改，如图5-94所示。

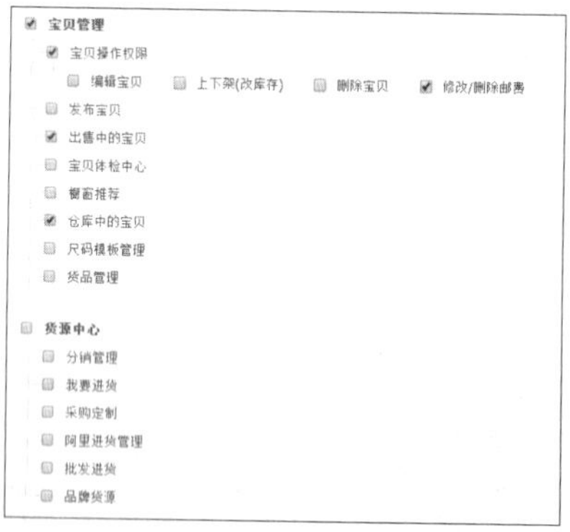

▲ 图5-95　设置客服中心名称

STEP 06 返回淘宝装修页面，在"客服中心"对话框中单击"显示设置"选项卡，在"模块标题"文本框中可以改变模块标题，也可撤销选中其后的复选框不显示客服中心的名称，设置完成后单击 保存 按钮，如图5-95所示。

STEP 07 返回装修页面即可查看设置后的客服模块效果，如图5-96所示。

▲ 图5-96　客服模块效果

▲ 图5-94　修改权限

5.6.3　商品搜索

　　这里的商品搜索主要是指店内搜索，淘宝网具有宝贝搜索功能，通过该功能可以帮助买家快速搜索所需的商品。其设置方法为：在淘宝装修页面左侧拖动"宝贝搜索"模块至右侧页面，单击右上方的 编辑 按钮，打开"搜索店内宝贝"对话框，在"预设关键字"文本框中可预设关键字，如"索尼耳机"，在"推荐关键字"文本框中也可设置推荐的关键字，如"挂耳式耳机"等，设置完成后单击 保存 按钮即可，如图5-97所示。

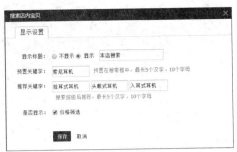
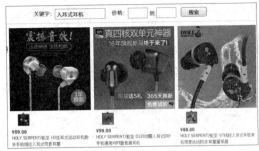

▲ 图5-97　添加商品搜索模块

5.7　设计商品详情页

商品详情页是由文字、图片、视频构成的，用于向买家介绍宝贝属性、使用方法等详细情况，是卖家向买家推荐商品的关键页面，它的主要作用是完成订单，关乎着店铺转化率。

5.7.1　商品详情页制作规范

美观漂亮的商品详情页可以为商品增色，吸引买家关注，增加商品的售出概率，而为了使制作出的详情页规范完整，还需遵循以下注意事项。

- 商品详情页的风格应该与店标风格、店招风格等相适应，不能相差太大，以免页面整体不协调。
- 商品详情页的内容一般都比较多，为了避免买家浏览详情页时出现加载过慢的问题，建议不要使用太大的图片。
- 商品详情页主要通过浏览器进行浏览，因此要保证图片链接正确，其设计也应该符合HTML语法要求，防止出现浏览错误的问题。
- 在店铺管理页面中直接制作商品描述十分不方便，因此建议先通过Photoshop制作好商品详情页再进行上传。
- 商品详情页的宽度和高度没有具体要求，但是宽度一般在750像素以内。

5.7.2　制作商品详情页

商品详情页的内容较多，因此建议分开制作各屏内容，或制作好全部内容之后进行切片。在Photoshop CC中制作商品详情页时，首先制作详情页的首屏海报，然后制作细节展示、参数展示等模块，其具体操作如下。

扫一扫 实例演示

STEP 01　在Photoshop CC中打开背景素材（配套资源:\素材文件\第5章\详情页海报背景.jpg），选择横排文字工具 **T**，输入文本"爆款"，设置文本格式为"方正韵动中黑简体、33点"，文本颜色为"#f4af29"，如图5-98所示。

▲ 图5-98　输入并设置文本

淘宝网店运营全能一本通（视频指导版 第2版）

STEP 02 继续使用横排文字工具在背景中输入文本"新品"，然后设置文本格式为"方正韵动中黑简体、20点"，文本颜色为"#3d3c3b"，如图5-99所示。

▲ 图5-99 继续输入和设置文本

STEP 03 选择"爆款"文字图层，在图层空白处双击，打开"图层样式"对话框，在左侧列表框中选择"投影"选项，在右侧对文本的投影效果进行设置，参数如图5-100所示，然后单击 确定 按钮。

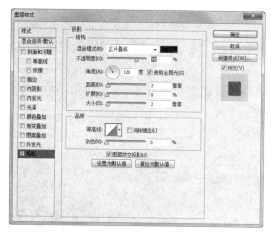

▲ 图5-100 设置投影

STEP 04 选择"新品"文字图层，在图层空白处双击，打开"图层样式"对话框，在左侧列表框中选择"描边"选项，在右侧对文本的投影效果进行设置，先将描边颜色设置为白色，其他参数如图5-101所示，然后单击 确定 按钮。

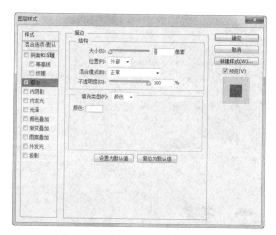

▲ 图5-101 设置描边

STEP 05 设置完成后，即可分别为文本添加投影和描边效果，如图5-102所示。

▲ 图5-102 查看文本效果

STEP 06 继续选择横排文字工具T，输入文本"专业品质 高清原音"，然后设置文本格式，如图5-103所示。

▲ 图5-103 继续输入并设置文本

STEP 07 选择"专业品质 高清原音"文字图层，按"Ctrl+T"组合键变形文字，在其上单击鼠标右键，在弹出的快捷菜单中选择"斜切"命令，将该文字图层调整为稍微倾斜的样式，效果如图5-104所示。

▲ 图5-104　文字倾斜

STEP 08　按"Enter"键确定变换，继续输入其他文本并设置文字的字体、大小和位置，效果如图5-105所示。

▲ 图5-105　输入并设置其他文本

STEP 09　新建一个图层，使用矩形选框工具▣在文本内容的下方绘制一个矩形选区，将前景色设置为"#7ab80e"，按"Alt+Delete"组合键为选区填充前景色，如图5-106所示。

▲ 图5-106　填充选区

STEP 10　在选区中输入文本并设置文本格式，在图层空白处双击，打开"图层样式"对话框，在左侧列表框中选择"投影"选项，在右侧对文本的投影效果进行设置，投影颜色为"#ddd70e"，其他参数如图5-107

所示，然后单击 确定 按钮。

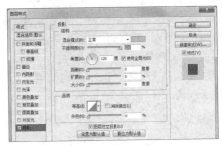

▲ 图5-107　设置投影

STEP 11　打开"蓝色耳机"素材图片（配套资源:\素材文件\第5章\蓝色耳机.png），将其拖动至"详情页海报背景"图片中，按"Ctrl+T"组合键变换图片，调整图片大小和位置，如图5-108所示。

▲ 图5-108　调整图片

 经验之谈

　　由于这里制作的是详情页的首屏海报，商品是海报的主体，因此图片的大小和位置必须要合适，图片要清晰。

STEP 12　在"蓝色耳机"图层空白处双击，打开"图层样式"对话框，为图片设置"投影"效果，将投影颜色设置为"#8d8d8d"，其他参数如图5-109所示。

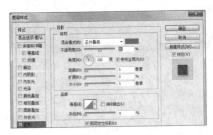

▲ 图5-109　设置投影

经验之谈

如果要改变投影的方向，可以通过"角度"数值框进行设置，不同数值对应不同的方向。

STEP 13 将"白色耳机"素材文件（配套资源\素材文件\第5章\白色耳机.png）拖入"详情页背景素材"图片中，按"Ctrl+T"组合键变换图片，调整图片大小和位置，然后在"蓝色耳机"的"投影"效果图层上单击鼠标右键，在弹出的快捷菜单中选择"拷贝图层样式"命令，如图5-110所示。

▲ 图5-110　拷贝图层样式

STEP 14 在"白色耳机"图层上单击鼠标右键，在弹出的快捷菜单中选择"粘贴图层样式"命令，将蓝色耳机的图层样式粘贴到"白色耳机"图层中，完成海报的制作，效果如图5-111所示。

▲ 图5-111　查看海报效果

 经验之谈

为图片添加投影是为了使图片看上去更加具有立体感和光影感，除了投影之外，也可选择为图片制作阴影和倒影效果。

STEP 15 将图片保存为"商品详情页.jpg"（配套资源:\效果文件\第5章\商品详情

页.jpg），然后重新创建一个750像素×800像素的文件，使用矩形选框工具  在画布上方绘制一个矩形，绘制完成后将其颜色填充为"#2e2f39"，如图5-112所示。

▲ 图5-112　绘制并填充选区

STEP 16 新建一个图层，使用矩形工具 绘制一个矩形，然后再选择渐变填充工具 ，在其工具属性栏中单击渐变下拉列表，打开"渐变编辑器"对话框，将色标的颜色均设置为白色，将第2个不透明度色标的不透明度设置为"0%"，如图5-113所示。

▲ 图5-113　设置渐变填充

STEP 17 单击 确定 按钮，在矩形选区中自上而下进行拖动，为矩形选区图层设置渐变填充，然后按"Ctrl+T"组合键调整该图层大小，如图5-114所示。

▲ 图5-114　调整大小

6.2.4　突出卖点

　　商品被买家搜索到后，如果标题中没有直观展示买家需要的信息，就无法吸引买家继续查看，这相当于获得了商品展示机会，却没有引来有效的点击率，对店铺十分不利。因此，商品标题不仅要包含热搜词，还应该尽量突出商品卖点。淘宝商品标题最长可以包含30个字，在结构合理的情况下，尽量多地组合热搜词，从而增加被买家搜索到的概率。在选择热搜词时，尽量选择符合商品特性的词语，即优先选择既是热搜词，又与商品属性相符的词语。对于不属于热搜词范畴的词语，如果对商品描述有利，能准确吸引对商品该属性感兴趣的目标消费人群，则可将其添加到标题中。

6.3　优化商品描述页

　　当买家通过各种渠道进入店铺查看商品时，主要从商品描述页了解商品的基本信息。因此，商品描述页的质量直接影响买家的购买行为和商品的销量。详情页的制作其实就是引导买家一步步深入关注商品的过程，好的详情页应该同时兼顾目标消费人群定位、商品展示、页面布局、加载速度、关联营销等多个方面。

6.3.1　目标消费人群定位

　　很多数据分析工具都能对商品的目标消费人群进行分析，通过对买家性别、年龄等进行分析，可以找准详情页内容的定位，结合产品特征整理出完整的思路，择出最符合目标消费群体的内容。例如，某零食店分析出的目标消费人群多为年轻女性，即可针对年轻女性的性格特征设计与她们喜好相符的页面风格。需要注意的是，目标消费人群定位应尽量建立在数据分析的基础上，不要凭借主观臆断做决定，以避免定位错误。

6.3.2　商品展示

　　商品展示是详情页的主体部分，也是买家非常关注的内容。一般来说，商品展示需具备一定的逻辑性和规律性。

　　制作详情页的第一步是诱发买家的兴趣，给予买家良好的视觉体验，通常将商品效果图、细节图等商品图或吸引人的文案作为详情页第一屏的内容，如图6-7所示。为了吸引买家眼球，部分卖家也会在商品详情页中添加一些多媒体元素，但需要注意的是，过度美化、过度复杂、颜色杂乱、不合理的关联营销等不仅会影响页面的整体美观，而且很容易让买家反感，打消买家继续查看的欲望，反而得不偿失。

　　制作详情页的第二步是向买家展示商品的卖点。卖点是打动买家进行购买的主要原因，商品卖点多种多样，并且商品不同，其卖点也不同。有些卖点效果轻微，不足以促使买家产生购买行为；有些卖点挖掘得深入有效，可以很快建立起买家对商品的好感度。一般来说，提取卖点的途径很多，可以从商品本身的特点进行提取，也从商品使用环境中提取，还可以从商品对比中提取，但是不管怎么提取，都应该以买家的实际需求为基础，否则就无法达到吸引买家的目的。图6-8所示为从商品特点提取的商品卖点。

▲ 图6-7 首屏焦点图

▲ 图6-8 卖点挖掘

 经验之谈

商品的卖点并不是单一的，因此要尽可能全面地挖掘对买家有用的卖点，并将其清楚地展示给买家。

质量是买家最关注的商品品质之一，质量好的商品可以提升买家的购买欲望、买家的访问深度及商品的转化率。质量的展示是多方面的，功能、性能、工艺、参数、材质、细节、性价比等都是表现商品质量的手段，图6-9所示为质量展示的一种方式。在展示商品质量时，应该注意展示方法，如在展示参数、性能、工艺等数据时，不要直接使用烦琐的文字和数据，最好通过简单直白的图片搭配文案进行展示，让买家一目了然。在展示功能、细节、性价比等信息时，通常使用图片搭配简单文案的方式，即图片为主，文案为辅，在注意详情页整体视觉效果的同时，突出商品本身。

在完整展示了商品的基本信息后，卖家还需进一步打消买家的顾虑，增加买家的购买欲望。证书、售后服务、评价、包装、物流、消费保障等都是非常有效的方式，如图6-10所示。

▲ 图6-9 质量描述

▲ 图6-10 质量保障

6.3.3 页面布局

页面布局是指详情页的整体布局效果，好的布局效果不仅可以带给买家良好的视觉感受，还可以引导买家深入查看详情页信息。

- **整体布局**：详情页的整体布局应该遵循统一整洁的原则，即颜色统一、风格统一、版面整洁规范。同时，详情页的内容安排应该具备一定的逻辑性，如在挖掘商品痛点时，应该先列出买家关注的痛点，再提出解决方案，引导买家进行阅读。
- **图片布局**：淘宝商品详情页的描述均以图片为主，因此需要突出图片的表达效果。在布置图片时，尽量做到同等级的图片大小统一、颜色和谐，如图6-11所示。如果卖家不熟悉图片布局的技巧，可以多查看一些优秀的商品详情页。
- **文案搭配**：虽然图片是淘宝商品详情页的主体，但文案也是其中必不可少的一部分。将文案中的设计元素与目标群的喜好、详情页风格等相结合，不仅可以使文案起到描述说明商品的作用，还可以使图片中的内容更加生动充实，为商品增色，实现商品的软性营销。商品描述页的文案内容一般较少，且为了图片美观，文案不能覆盖图片本身，此外，还需对文字大小进行对比，在字体、颜色搭配上进行优化处理，如图6-12所示。

▲ 图6-11　图片布局

▲ 图6-12　文案搭配

6.3.4 加载速度

网页加载速度是买家网购体验中很重要的一个因素，如果商品详情页图片过多、容量过大，或者详情页内容的屏数过多，则会延长用户加载网页的时间，加载时间太长，就非常容易增加用户的跳失率。一般来说，服装类目的详情页屏数都较多，因此在制作好详情页图片后，先将其切片为合适的大小，再上传到淘宝店铺中。

6.3.5 关联营销

商品详情页中的关联营销实际上是一种店内促销手段，其常见形式包括商品搭配套餐、商品搭配推荐、促销活动、商品推荐等，如图6-13所示。在详情页中添加适当的关联营销，不仅可以激发买家的潜在需求，提高单价，还可以起到引导买家查看相关商品的作用。如果买家在看完了某个商品详情页的所有内容后，依然没有产生购物行为，则表示该商品的某个或某些方面无法满足买家的需求，但商品或店铺本身又对买家具有吸引力，因此可以通过关联营销的形式为买家推荐其他相似商品。在设置关联营销时，一般推荐评价和性价比都较好的商品，推荐在精不在多。

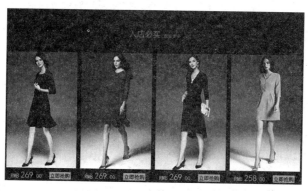

▲ 图6-13 关联推荐

6.4 其他类型优化

除了标题和详情页优化外，淘宝商品的优化还包括类目、价格、图片、商品上下架、橱窗推荐等多个方面。详细全面的商品优化对提升店铺流量和排名非常有利，因此受到很多卖家的关注。

6.4.1 类目优化

类目优化主要是指在商品的类目选择和设置上进行优化，并根据商品类目的关键词匹配商品标题的关键词，从而提高商品与标题的匹配度，提高店铺和商品的流量。

1. 选择合适的类目

淘宝网为商品提供了分类非常齐全的类目，卖家在发布商品时，通常需要根据商品的属性选择对应的类目。但是有时候，商品的属性并不是单一的，这就使得相同的商品也可以放置在不同类目下。以女鞋为例，女鞋是一个大的类目，在女鞋之下，还有低帮鞋、高帮鞋、拖鞋、凉鞋等二级类目，如图6-14所示，如果商品同时具备拖鞋和凉鞋两种属性，则该商品既可以放入拖鞋二级类目下，也可以放入凉鞋二级类目下。选择不同的类目，会对商品产生不同的影响，如经营凉鞋类目的店铺更多，竞争更大，则将商品放入拖鞋类目之下，从而可以更好地竞争排名。

▲ 图6-14 女鞋之下二级类目

随着商品类目的日渐完善，淘宝网对类目的要求也越来越严格，卖家在选择商品类目时，必须以商品属性与类目相符为首要前提。

2. 避免属性错放

商品的类目属性错放是指发布商品时选择的类目与淘宝网要求放置的类目不一致，或者填写的商品品牌、材质、规格等属性与商品标题或商品描述不相符。当出现类目不符或属性不符的情况时，淘宝网将判断商品违规，给予商品降权处理。

例如，在设置运动鞋的类目时，应该选择运动户外一级类目下的运动鞋类目，而不能选择户外类目下的登山鞋类目，更不能直接选择女鞋或男鞋类目下的其他下级类目。在设置商品属性时，鞋子的闭合方式如果为系带，则选择系带，而不能选择扣带等其他方式。

为了避免类目的错选，卖家可根据淘宝网商品发布页面类目选择框下方的提示来判断和选择商品的类目。

3. 设置详细的商品类目和商品属性

在设置商品类目和属性时，通常需遵循尽量完善的原则，即尽可能填写详细，做好细节，如图6-15所示。商品类目和属性的合理性和完整性都会对商品的排名产生影响，描述详细准确的商品可以更好地定位目标消费人群，也更方便买家了解商品细节，赢得买家的信任。在填写商品属性时，带"*"号的选项为必填选项，未带"*"号的选项为选填选项，只要商品具备"*"属性，一定要认真填写。

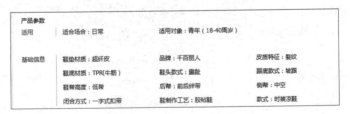

▲ 图6-15　商品类目和属性

属性设置违规是比较常见的违规现象，商家应该引起重视。以品牌违规为例，为商品设置错误或不符的品牌即属于品牌违规现象。此外，商品标题中出现了一种品牌关键词，但是商品属性中又填写了其他的品牌，也属于品牌违规。

4. 商品类目与标题对应

在确定了商品类目后，可在标题中包含相关类目词，如能在淘宝首页直接找到的相应类目词等，图6-16所示为搜索帆布鞋时出现在帆布鞋类目下的商品。同理，商品类目中的关键词必须与标题中的关键词相匹配，若商品类目选择的是运动鞋，但在商品标题中却出现了登山鞋等关键词，也会被淘宝网判断为类目不符，从而对商品进行降权处理。

▲ 图6-16　商品类目与商品标题的对应

6.4.2　价格优化

对于网店商品而言，商品定价需要考虑多个方面的因素，包括市场环境、销售策略、商品形象、经销路线和买家的消费心理等。技巧性的商品定价对转化率和销售额都会起到积极的影响。

1. 影响商品定价的因素

在不同的定价环境中，商品价格需考虑的影响因素也不一样。下面分别对各种因素进行介绍。

- **市场环境：**市场环境是对商品价格影响较持久的一种因素，消费环境、市场性质、商品发展等都会影响市场环境，市场环境的变化直接导致商品价格的变化。同时，商品价格在很大程度上影响着买家的购买意愿和购买数量，很多卖家为了扩大市场而选择低价策略，造成商品之间的定价竞争。但是不论是市场环境变化导致的价格变动，还是同行竞争引起的价格变动，商品本身的质量是商品定价的基本前提。
- **销售策略：**商品价格通常具有多样性，部分商品的价格常年维持在一个平稳的区间，而部分商品的价格却随着销售环境的变化而变化。以电子产品为例，同一款商品在推出初期价格较高，然而随着时间的变化，其价格会被逐步调整。
- **商品形象和品牌：**商品形象和品牌也是一个重要的定价因素，形象好、品牌知名、口碑好的商品在定价上有一定的优势，也容易被买家接受。
- **经销路线：**商品从原厂到买家手中，中间可能会经过一个或多个中间商，每一层中间商都会对商品进行定价，然而这种定价需建立在公平合理的基础上，涨幅不可太过夸张。
- **买家的消费心理：**对买家的消费心理进行分析也是一种定价方式，如"整数定价""尾数定价""折扣定价"等都属于根据买家消费心理进行的定价。

2. 商品定价的技巧和方法

在不同环境中可对商品进行不同的定价。一般来说，整数定价、尾数定价等方法比较常用且适用范围较广，而数量折扣、现金折扣等方式则可结合不同的销售环境进行使用。下面主要对常用的商品定价技巧进行介绍。

- **整数定价：**整数定价适用于价格较高的一些商品，可以侧面体现出商品的质量，提升商品形象，如价值较高的艺术品等，如图6-17所示。

- **尾数定价**：尾数定价是指采用零头结尾的方式对商品进行定价，常以"8""9"等数字作为尾数，给买家一种价格实惠的感觉，如图6-18所示。

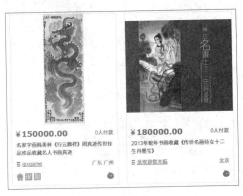

▲ 图6-17 整数定价　　　　　　　　　　　▲ 图6-18 尾数定价

- **成本加成定价法**：成本加成定价法是指在成本的基础上以相对稳定的加成率进行定价，采用该定价法进行定价的商品，其价格差距一般不会太大。
- **习惯定价法**：习惯定价法是指按照市场上已经形成的价格习惯来进行定价。
- **数量折扣定价**：数量折扣是指当买家购买的商品数量较多时给予一定的优惠，如包邮、打折、满减等。
- **现金折扣定价**：现金折扣即降价处理或打折出售，在参与活动、促销、清仓、换季时，即可采用现金折扣的方式对商品进行定价。

 经验之谈

为了给商品制订更合适的价格，卖家不仅需要考察市场，还需要对同行商品价格进行分析，然后结合定价方法和技巧设置最合适的商品价格。

6.4.3 图片优化

图片是网店的灵魂，商品点击率和转化率都直接受图片质量的影响，高品质的图片不仅可以提高买家的购物行为，加深买家对商品的印象，还可以表现商品的细节，展示商品的品质，提高商品的成交量。

1. 图片优化原则

对于网店商品而言，视觉效果好的图片不仅可以让商品从众多竞争者中脱颖而出，吸引更多流量、增加点击率，还可以刺激买家的购买欲，从而提高商品转化率。卖家必须掌握图片优化的技巧和方法，而要做好商品的图片优化，首先需遵循以下5个原则。

（1）实拍图片

网上购物过程相当于获取买家信任的过程，在购买网上商品时，买家的信任感建立在商品实拍的基础上。图片的作用首先是展示商品，方便买家了解商品信息，这就需要在合适的环境和场景中对商品进行拍摄，增加商品的真实感。如果是服装类商品，还需使用模特实拍图，通过模特的姿势和动作、穿着和搭配，让买家清楚看到商品在实际中的试穿效果。图6-19所示为商品实拍和模特实拍图。

▲ 图6-19　商品实拍和模特实拍图

（2）保证图片清晰度

图片的清晰度是网店商品图片最基本的前提。清晰的商品图片不仅能更加直观地展现商品，还可以大大提高商品的美观度和视觉冲击力，刺激买家的消费欲望。反之，不清晰的商品图片可能会阻碍买家了解商品信息，容易将图片质量问题上升成商品质量问题，影响买家的第一印象和购物体验，从而对商品失去信心。

（3）展示详细细节

商品实拍图可以很好地展示商品的整体效果，让买家清楚商品的外形、颜色、款式等信息。如果想进一步体现商品的质量、性价比和特点，提高买家对商品局部细节的认知，就需要对商品细节进行展示。在展示商品局部信息时，需要对商品有价值的细节进行挖掘。以服装商品为例，有特色的拉链、花边，缝合良好的线缝、衣边，商品Logo、吊牌等都可用于局部细节的展示，如图6-20所示。细节图展示合理，可以加深买家对商品的好感，促成买家的购买。

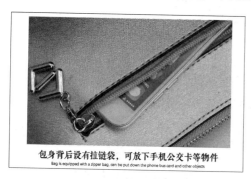
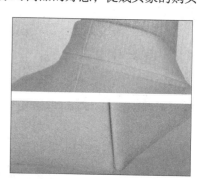

▲ 图6-20　商品细节展示

（4）突出图片重点

不论是什么效果、什么形式的商品图片，商品永远是图片的主体，是图片的重点表现对象，因此在优化商品图片时，一定要分清图片的主次关系。主体对象突出的商品图片可以快速将买家的注意力引导至商品本身，而主次关系不分的图片则容易混淆买家的视线，让买家难以在第一时间了解所需的商品信息，影响买家的购物体验。为了避免主次混乱的情况，在拍摄商品图片时，卖家应尽量使用干净简洁的背景，不要在镜头中放入太多的陪衬物。

（5）保持美观度

电子商务营销是视觉营销的时代，要想获得优秀的营销效果，必须保持图片的美观度，保证可以第一时间抓住买家的眼球。根据实际需要，可以在不影响图片效果的前提下添加一些合适的文案内容，图6-21所示分别为主图文案和详情页图片文案。需要注意的是，文案应尽量简洁精练，不能繁杂，否则不仅影响图片的美感度，还会造成买家的视觉疲劳，难以促成交易。

▲ 图6-21　文案搭配

2. 主图优化

淘宝网在展示商品时，通常是商品主图加商品标题的形式。卖家在通过优化商品标题的关键词获得展示机会后，能否将展示机会转变为点击率，很大程度取决于商品主图的质量。为了保证主图质量，获得更多点击率，主图优化需做到以下3点。

（1）美观完整

真实性和清晰度是对商品图片最基本的要求。商品主图作为商品流量的"敲门砖"，除了需要真实清晰之外，还必须美观完整，特别是搜索页的第一张主图，必须能够完整地展示出商品主体效果，才能带来有效的点击率。卖家可以根据实际需要添加多张主图，买家在查看时，可点击主图下方的缩略图查看其他主图效果，在这些非默认展示的主图中，不用局限于商品完整性的展示，可放置一些商品细节图供买家查看。图6-22所示为主图展示效果。

（2）展示卖点

对于部分实用性商品而言，特别是以功能为主要卖点的商品，要想最大化引入流量，只凭借美观的图片是不够的，还需要展示足够的卖点以激起买家的购买欲望。卖点的展示方法与前面介绍的方法基本类似，但是受主图大小和内容的限制，卖点必须简练、明确，这就需要卖家深入分析目标消费人群的特点，抓住他们的需求，挖掘出最适合的商品卖点。一般来说，商品性能、特点、价格、质量、促销信息等都是买家想要了解的信息，只要把买家的需求和商品的优势完美结合起来，就可以收到良好的效果。以空调为例，这类买家通常比较关注空调的节能、净化、静音等效果，此时即可针对买家需求将"超静音、超净化、超节能"展示在商品主图中。图6-23所示为针对目标消费人群的主图展示效果。

（3）环境引导

环境引导是指通过将商品放置到实际使用环境的方式来展示商品，引起买家的代入感，从而提升买家的购物欲望，提升点击率，如服装的街拍主图效果、运动用品的运动主图效果等，如图6-24所示。

▲ 图6-22 查看主图效果

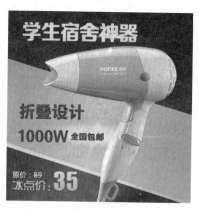

▲ 图6-23 展示卖点

▲ 图6-24 环境引导

 经验之谈

优惠在市场竞争中十分重要，特别是对于低价商品而言，为了吸引买家，可以直接将价格、包邮、满减、限时特价等促销信息展示在主图中。

6.4.4 商品上下架时间优化

商品上下架时间是影响商品排名的因素之一，越接近下架的宝贝，排名会越靠前。新开设的店铺受成本和店铺等级的影响，很多推广活动都无法顺利参加，此时设置商品上下架时间就成了获取商品流量的有效手段。

1. 分析商品上下架时间

淘宝网的商品下架周期为7天，即从商品上架开始计算时间，7天后即为商品下架的时间，如果商品的出售状况正常，淘宝系统会继续自动上架商品。商品上下架规律尽可能地给予所有商品公平展现的机会，但是由于淘宝网的卖家数量非常庞大，导致同一时段下架的商品数量众多，或下架时间设置得不合理，使部分卖家就算设置了商品下架时间，也无法获得良好的展示机会，此时就需要对商品上下架时间进行分析。

（1）分析最佳的商品上架时段

在进行网络购物时，不同的消费群体会有不同的消费习惯和消费时间。通过分析行业每天和每周的访问高峰期，基本可以确定消费人群主要的活动时间段，从而有目的地设置商品上下架时间，引入更多有效的流量，如目标消费群为上班族的商品，其销售高峰期一般是上班族的休息时间和下班时间，在这个时间段里，商品的有效流量最多。淘宝网中提供了很多经营数据分析工具，均可对用户年龄、性别、消费时间等进行分析，从这些分析工具中提取的数据即可作为商品上下架时间的依据。

（2）分析行业上下架情况与店铺上下架情况

分析行业上下架情况主要是为了避开实力强劲的竞争对手，有针对性地规划商品的上下架时间。热门行业中的中小卖家在市场中的竞争力比大卖家低，如果将商品上下架时间设置为与大卖家商品上下架时间一致，则很可能在商品下架时也无法获取靠前的排名，而分析大卖家的商品上架时间，可以帮助中小卖家避开正面竞争。如果是竞争力较强的买家，则可参与流量高峰期的竞争，实现流量的最大化和有效化。

分析了行业上下架情况、每天流量高峰期以及每周流量高峰期之后，即可将行业情况与店铺经营数据结合起来，分析商品上下架时间的状态和分布情况，对不合理的地方进行调整，尽可能让商品均匀分布在一周中的合适时间，使整个店铺的流量保持较稳定的趋势。

经验之谈

商品上下架时间的分析不仅可用于调整商品上下架时间，还可用于直通车推广，通过合理的分配实现利益的最大化。

2. 商品上下架技巧

卖家为了更好地引入流量，需要将商品的上下架时间设置在目标买家的主要消费时间段中，同时避开流量极少的时间段。除此之外，卖家还可通过一些小的技巧来优化商品上下架时间，更好地留住有效流量。

- **时间选择**：一般来说，商品上架应尽量安排在互联网用户的流量高峰期，即互联网用户上网的主要时间段，如早上9:00—11:00、中午12:00—15:00、晚上19:00—23:00均为网上流量较大的时段。当然，具体的时间安排应该以本行业目标消费人群的活动时间为准。
- **商品上架时间分布**：在设置商品上下架时间时，一般以主要的引流商品为主，然后合理分配其他商品的上架时间。需要注意的是，店铺商品不要在相同或较短的时间段内上架，最好合理分布在一周中分批上架，稳定店铺在一周中的搜索排名。
- **结合橱窗推荐**：商品的上下架时间最好能够与橱窗推荐搭配使用，因为橱窗推荐商品的排名会优于其他商品，将接近下架时间的商品设置为橱窗推荐，可以得到更多的展示机会和流量。
- **避免整点上架**：当同类目中的卖家数量较多时，在设置商品上架时间上将会有很大的重复性，而整点上架的商品通常重复性更高，可能会降低商品的展示机会，因此最好避开整点上架。

6.4.5 橱窗推荐

橱窗推荐是提升店铺商品搜索排名的一种方式，是非常有用的商品推广手段，其数量根据店铺的实际情况而定，如加入买家保障的卖家会额外增加橱窗推荐位，店铺销售情况较好时，淘宝也会适当奖励额外的橱窗推荐位。

橱窗推荐位通常结合商品上下架时间进行使用。一般来说，橱窗推荐的商品均为主要引流商品、销售量大的商品和即将下架的商品，如果需要在这3类商品中进行选择，则优先选择销量、评价和排行等综合条件较好的畅销商品，这类商品通常本身就具有一定的流量，再结合橱窗推荐，可以实现流量的最大化。

疑难解答

搜索引擎的排名与优化是淘宝网店运营中非常重要的部分，直接关系着店铺的销量，是网店经营者必须掌握的知识。下面将主要针对搜索排名与优化部分的问题提出建议，供读者交流学习。

1. 不同商品详情页的图片放置有特别的技巧吗？

答：商品详情页是影响转化率的重要因素，要做好商品详情页优化，前提是了解该商品的目标客户群，因为不同行业的消费群体对详情页图片设置的要求也不同。下面对一些主要行业的商品详情页图片放置的注意事项进行介绍。

- **服装行业**：服装行业的详情页首先要求较好的视觉效果，即全方位多角度的商品展示图，通常为模特展示图。其次可放置一些细节图、款式和颜色图，还可以放置一些对比图、挂拍图等。图6-25所示为服装商品详情页的部分样式。

- **美妆行业**：美妆行业的目标客户通常比较关注商品的使用效果，并且包装、真伪、生产批号、功效等都是需要展示的对象，因此美妆行业部分商品一般需要通过图片搭配文案的方式进行展示。此外，美妆商品详情页还可搭配商品全方位展示图、对比图、商标图、认证证书和质检报告、使用效果对比、商品尺寸等，也可搭配一些实体店图片，增加买家的信任度。图6-26所示为美妆商品详情页的部分样式。

▲ 图6-25 服装详情页

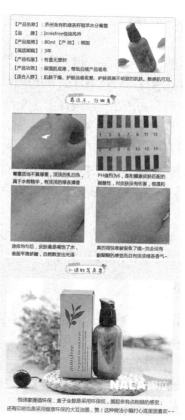

▲ 图6-26 美妆详情页

- **家具行业**：购买家具的买家通常比较关注商品的实拍效果，因此，商品实拍图、做工和材质细节图、多方位展示图、商品搭配图、款式图都是比较受买家欢迎的信息。此外，家具商品详情页还可放置一些认证证书和质检报告、商品尺寸、对比图、实体店图等，让数据体现得更加完整。图6-27所示为家具商品详情页的部分样式。

- **数码行业**：数码产品的详情页首先可以放置商品的全方位多角度展示图、实拍图和细节图等，再搭配文案对商品功能、参数等进行介绍，此外，还可以放置一些尺寸、配件图、材质图等。图6-28所示为数码商品详情页的部分样式。

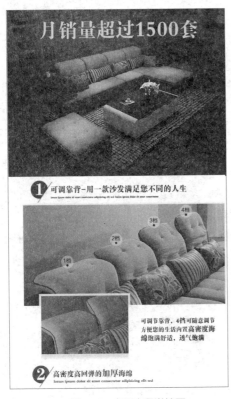

▲ 图6-27　家具商品详情页

▲ 图6-28　数码商品详情页

2. 橱窗位推荐有哪些小技巧?

答：橱窗位推荐的数量一般都是相对固定的，因此卖家要有选择性地进行橱窗推荐。下面介绍一些橱窗位推荐的小技巧。

- **长期推荐**：为了保持长期且持续的自然流量，可在店铺的引流商品或畅销商品中选择3~5款进行长期橱窗推荐，尽可能保证这些商品的展现量。

- **推荐下架商品**：对于接近下架的商品，可以通过橱窗位优先展示。

- **及时撤销商品**：对于已经过了下架时间的商品，应及时撤销，并推荐其他合适的商品。

- **根据价格推荐**：在进行橱窗推荐时，可以选择一些性价比较高的且具有价格优势的商品来吸引更多买家，增加流量。

- **做好优化**：对于橱窗推荐的商品，一定要同时做好标题优化和图片优化，这样才可以获得更多的展示机会和流量。为了更好地管理橱窗推荐位，卖家可以选择一些自动推荐或管理工具。

经典案例——关联营销提高店铺动销率

在管理店铺中销售量非常低的商品时，为了不影响整个店铺的动销率，很多卖家会选择将其下架。其实在下架商品之前，可以尝试增加其销售量。

万成在淘宝经营着一家卖农家腊味的小店铺，他的店铺里，腊味香肠特别受买家喜欢，每个月的销量都有1 000单以上。但是，除了香肠之外的其他商品，销量却非常低，每个月只有几单，有时候甚至一两个月也无人问津。

万成很不理解这种现象，找人试吃了熏肉类销量低的商品，得到的评价都很好。既然味道好，价格在同类商品的对比中也比较正常，为什么卖不出去呢？万成请教了一个同样做电商的朋友，对方在看过他的店铺数据后发现，销量低的商品的展示机会、点击率都非常低，并且由于销量低，自然就缺少商品评价，严重影响了商品的转化率。朋友看万成店铺里主推商品的销量还可以，建议他做一下商品的关联营销，用势头较好的商品带动表现欠佳的商品，实现本店不同商品页间的流量互换。

万成抱着试一试的想法，通过淘宝"心选"做了一些搭配推荐，将香肠和熏肉以折扣优惠的方式限量捆绑出售，并且专门做了一些小包装的熏肉熟食，赠送给只购买了香肠的买家品尝。果然，有些买家冲着诱人的优惠价购买了搭配套装，食用后觉得熏肉味道非常好，纷纷给出了好评。试吃过熏肉的香肠买家也有不少返回店铺购买了熏肉。熏肉的销量慢慢有了提高，但是距离畅销还远远不够。万成再一次听从了朋友的建议，筛选了一些店内UV、成交量、停留时间各项数据都比较不错的商品，在详情页中做了相关的宝贝推荐。

万成就靠着这种"以高带低"的方式带起了店铺滞销商品的销量，整个店铺有销量的商品多了，店铺动销率变高了，店铺的排名开始慢慢上升。

总结：关联营销是一种非常有效且能够实现店铺流量互转的推广方式。卖家可以针对不同的消费群体，推送本店铺的不同商品或活动信息，达到"给合适的人推荐合适的信息"这种定向推广效果。当然，关联营销并不是盲目关联的，所关联商品必须有发展潜力，要能够被买家承认和认可，不可强行搭配质量不好或不受买家欢迎的商品。

实战训练

（1）通过选词助手搜索和下载"牛肉干"关键词，然后对行业关键词进行分析，确定一个合适的商品标题。

（2）在淘宝网中寻找与运动有关的商品的详情页布局，然后根据详情页优化的相关知识对详情页进行分析。

（3）分析"数码相机"类目的行业信息，了解该类目下热销商品的上下架时间以及目标消费群的消费行为，从而制订出适合中小卖家店铺商品的上架时间。

第 7 章
利用站外资源推广店铺

店铺流量即店铺的访问量，其直接关系着店铺的销量。因此，要想取得不错的销量，必须对店铺进行推广。作为网店经营者，必须懂得推广店铺的方法。本章主要介绍店铺流量的来源、运用网络资源和站外平台宣传店铺的方法。通过本章的学习，读者可以掌握利用站外资源推广店铺的常用方法和技巧。

7.1 店铺流量的来源

网店获取流量的途径非常多，主要可分为站外流量和站内流量。站外流量是指在淘宝网以外的其他互联网上获取的流量，如从淘宝论坛、微博、微信等站外获取的流量。站内流量是指由淘宝网本身带来的流量，是买家主要的流量渠道，如通过站内搜索、直通车、智钻、聚划算等获得的流量。

7.1.1 淘宝站外流量

淘宝站外流量是指卖家通过淘宝之外的平台对店铺进行推广，从而带来流量，如折800、返利网、美丽说等这些站外平台经常会通过策划活动的方式对商品进行营销，网店卖家可申请参与这些网站的活动，对自己的商品进行推广。图7-1所示为折800网站的商品页面，单击具体的商品页面即可跳转到对应的商品网址中查看商品详情。

▲ 图7-1　折800网站的商品页面

通过贴吧、论坛、微博、微信等自营销手段也可推广商品并获取流量。除此之外，交换友情链接、通过在其他网站投放广告等方式也可为店铺带来流量。获取流量的方式非常多，卖家需根据自己的实际情况进行选择。虽然站外流量现在还不是大多淘宝店铺的主要流量来源，但是很多淘宝商家已经意识到多平台营销的重要性。多平台营销不仅有助于产品销售，还对店铺品牌形象有很大的提升作用。

7.1.2 站内搜索

站内搜索是指通过当前网站的搜索引擎搜索本网站中的内容。对于淘宝卖家而言，站内搜索是非常重要的一个流量来源，这是因为买家在通过淘宝购买商品时，大多数时候都是通过关键词搜索寻找商品的。图7-2所示为通过选词助手查找出来的耳机类目的关键词搜索数据，耳机、运动耳机、游戏耳机都是买家的热门搜索词。

淘宝网店运营全能一本通（视频指导版 第2版）

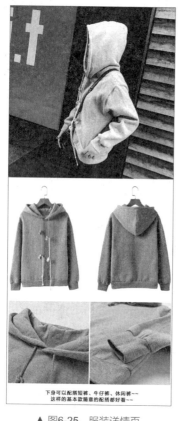

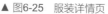

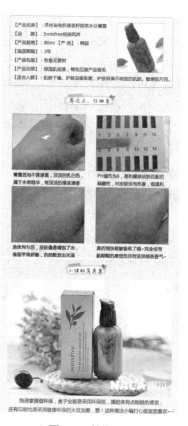

行业相关搜索词				日期 ∨	2016-09-28~2016-09-28	指标 ∨	↓下载
搜索词	全网搜索热度	全网搜索热度变化	全网点击率	全网商品数	直通车平均点击单价		操作
耳机	33,804	↓5.72%	96.69%	1,437,935	0.94		☆收藏
运动耳机	1,911	↓10.03%	162.17%	289,978	1.6		☆收藏
游戏耳机	1,001	↓12.65%	109.39%	94,799	2.93		☆收藏
通用耳机	112	↑9.80%	281.25%	379,793	1.13		☆收藏
二手耳机	96	↑5.49%	239.58%	4,091	0.53		☆收藏

▲ 图7-2　站内搜索数据

经验之谈

　　流量还可以分为免费流量和付费流量。一般来说，获取流量最主要的方式是推广，不论是站内推广还是站外推广，推广都可分为免费推广和付费推广两种模式。淘宝网为卖家提供了很多有效的推广方式。

7.1.3　付费推广

　　付费推广是一种比较有效的推广方式，可以帮助卖家获取更多的有效流量。淘宝网内部的付费推广模式主要有直通车、智钻、淘宝客、达人等。其中，直通车是一种特定类目下店铺爆款常用的推广方式；智钻是一种广泛获取店铺流量的推广方式；淘宝客和达人则是卖家支付佣金，由专门人员提供推广服务的推广方式。直通车和智钻并不是任何店铺都可以申请的，店铺必须达到淘宝网指定的最低标准才可开通，如直通车的开通标准为信用等级大于等于两颗心，店铺动态评分各项大于等于4.4分。淘宝客和淘宝达人是一种主动的人为推广方式，一般卖家在申请推广时，淘宝客或淘宝达人也会根据店铺的综合能力来决定是否接受推广。图7-3所示为淘宝直通车和智钻推广页面。

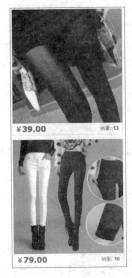
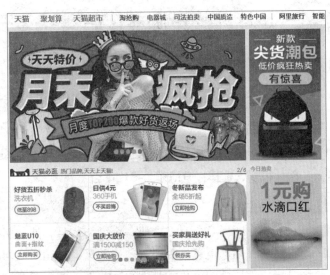

▲ 图7-3　淘宝直通车和智钻推广页面

7.1.4　参与活动

除了通过站内搜索和推广来获取流量外，还可以使用淘宝网提供的一些营销活动进行推广，这也是常见的流量来源之一，如聚划算、淘金币、天天特价等，如图7-4所示。如果店铺满足活动参与条件，则可通过淘宝的活动入口申请参与，申请通过后，即可在活动区域获得展示机会，被买家浏览。

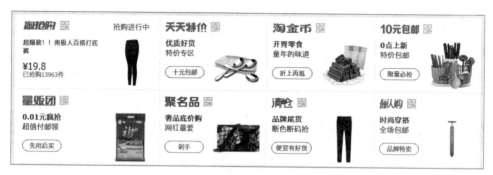

▲ 图7-4　参与活动

7.1.5　会员营销

会员营销是指通过会员关系管理，从买家中再次获得流量的方式。当店铺通过其他方式带来了流量和人气之后，需要进一步留住这些流量，让其产生持续的购买行为，还可以通过会员的广告效应，扩大会员营销的影响范围，产生新的会员流量，这种现象是所有淘宝卖家所期望的。

会员营销的流量一般都是店铺内最稳定的流量，通常转化率都比较高，可以快速带来销量，对店铺非常有利，因此，网店经营者应该重视会员关系管理，尽量巩固和提升会员营销流量。

7.2　运用网络资源宣传店铺

运用网络资源宣传店铺是店铺推广的主要手段，而免费的网络推广手段主要是通过自媒体来实现的，如微博、微信、QQ邮件等形式。

7.2.1　微博推广

微博是一个公开的社交平台，通过微博可以达到实时发布和显示消息的目的，微博的用户数量非常大，因此很多人选择将微博作为推广平台。

1. 注册和关注店铺

使用微博进行推广时，首先需要注册一个微博账号，然后引导买家关注店铺微博，通过微博不时为买家推送各种活动信息，吸引其前来购买。在注册微博时，微博名称最好设置为店铺名称，也可在其中添加店铺的类目和品牌等。此外，微博的个性域名最好与店铺相关联，如店铺的全拼等。这样设置一方面能使微博粉丝一目了然地看到微博品牌，记住店铺名称；另一方面关键词对搜索引擎友好，搜索品牌的关键词排名将更靠前。

在注册微博的过程中，微博会引导用户进行个人标签设置。在设置网店推广微博的个性标签时，卖家可选择与自己的商品、行业相关的标签。设置好标签后，微博通常会主动推荐标签相同的用户，通过该推荐可拓宽社交圈，与性质相同的微博进行友好互动。

微博设置是微博注册中非常重要的一个环节，特别是对于需要推广品牌的官方微博而言。一般来说，微博设置中包括个人资料、个性设置等内容，在个人资料中可以对店铺进行简单描述，展示网店的属性和文化，为店铺建立起良好的形象，还可添加店铺的链接，方便粉丝直接进入。图7-5所示为一个推广微博的主页内容。

▲ 图7-5 店铺页面

 经验之谈

新浪、腾讯、搜狐等都是现在主流的微博平台，他们都提供了微博认证功能，可以针对个人、企业、媒体、网站等进行认证，通过认证的微博名称后会有一个"V"标志。认证微博不仅可以提升微博的权威性和知名度，同时也更容易赢得粉丝的信任。

2. 转发抽奖

转发抽奖是指通过店铺的官方微博与粉丝进行互动，从转发当前微博的粉丝中抽取一名或几名用户赠送奖品。转发抽奖是一种十分常见的推广方式，通过转发抽奖不仅可以将店铺或活动推广至粉丝的粉丝，扩大影响范围，还可累积更多的粉丝，吸引更多的关注量。转发抽奖一般都是以"关注+转发"的形式实现的，如图7-6所示。

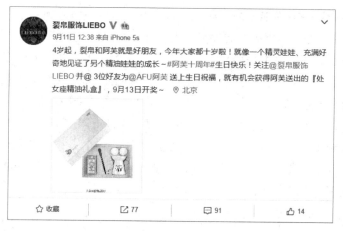

▲ 图7-6　转发抽奖

3. 晒图有奖

晒图有奖是指通过店铺官方微博策划和组织的一种活动形式，其内容为通过邀请买家上传商品图片并@官方微博的方式让买家参与到活动中来，官方再对参加活动的买家图片进行评比或投票，选出人气最高的商品图片，颁发相应的奖品。晒图有奖可以使买家体会到购买商品后的参与感，既可以宣传商品，又能培养买家忠诚度，是非常有效的一种微博推广方式。图7-7所示为官方微博策划的晒图有奖活动。

4. 发布话题

发布话题是指在微博上发布特指某个描述对象的主题，如"2016年××上新"等。通过微博平台发布话题后，话题将以超链接的形式进行显示，单击该话题即可打开相关话题页面，当然，微博用户在搜索相关关键词时也可搜索到该话题信息。一般来说，活动、品牌名等都可以设置为专门的话题，官方微博要有意识地引导粉丝针对话题进行讨论，这样不仅可以起到醒目显示话题的作用，当话题的发送量达到一定数量时，微博官方还可对话题进行推送，展示给更多的微博用户查看。因此，店铺官方微博在发布微博时尽量带上相关话题。图7-8所示为带话题发布的微博内容。

▲ 图7-7　晒图有奖

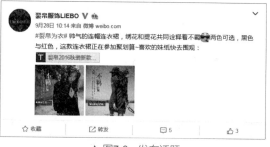

▲ 图7-8　发布话题

7.2.2　微信推广

微信是一个用户基础非常大的即时通信软件，主要应用于移动端设备上。随着智能手机、平板电脑等移动端电子设备的普及与发展，微信受众的数量越来越大，甚至拓展到中老年人的群体中。微信这种广泛大众化和较强即时性的特点，使其推广具有非常大的发展空间和可观的效果。微信与微博不同，微信推广主要依靠微信朋友圈和微信公众平台等方式。

1. 微信朋友圈推广

微信朋友圈是微信推广中比较常见的一种方式。图片、活动、店铺宣传等都可以发送到朋友圈中进行推广，但是朋友圈中的内容一般只能由微信好友查看，局限较大。为了扩大商品在朋友圈的影响范围，店铺可以通过策划活动、会员营销等方式，引导和邀请买家添加店铺的微信号，再通过淘宝网制作手机宣传海报，发送至朋友圈增加点击量。

无线设备的普及使无线端客户成为淘宝网店中非常重要的一类客户来源，为此，淘宝网提供了无线端装修功能，可以对无线端店铺进行装修，同时也可以制作手机海报并生成链接，再将该链接共享到微信中。下面介绍在淘宝网中制作手机宣传海报并分享到微信朋友圈中的方法，其具体操作如下。

扫一扫 实例演示

STEP 01 进入淘宝卖家中心，在"店铺管理"栏中单击"手机淘宝店铺"超链接，在打开的页面中单击"立即装修"按钮，如图7-9所示。

▲ 图7-9 装修无线店铺

STEP 02 在打开的页面左侧选择"手机海报"选项，打开"手机海报"页面，在该页面中提供了很多淘宝预设的手机海报模板，选择自己所需的模板，如图7-10所示。

 经验之谈

手机海报的类型多种多样，有节庆、新品搭配、单品介绍、品牌推广等，卖家可根据实际需要进行选择。

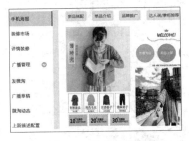

▲ 图7-10 选择海报模板

STEP 03 打开手机海报的制作页面，在其中可以对海报中的各个版块进行更换，如选择图7-11所示的图片模块，在页面右侧点击 更换图片 按钮。

▲ 图7-11 选择图片模块

 经验之谈

在手机海报模板中选择某个图片模块后，在右侧的页面中可以查看该模块的宽度和高度，更换的图片尺寸必须以该尺寸为准。

STEP 04 打开"选择图片"对话框，在其中选择所需的图片，对原海报模块的图片进行更换，如图7-12所示。

▲ 图7-12　更换图片

STEP 05　选择海报中的文字模块，在右侧的页面中可以修改该文本模块中原本的内容，并可设置文本的大小、字体、颜色、位置等，如图7-13所示。

▲ 图7-14　设置链接

STEP 07　依次设置其他需要添加超链接的模块。设置完成后，选择需要添加播放动画效果的模块，在右侧页面中可为其设置动画效果和动画时间，如图7-15所示。

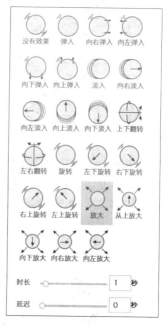

▲ 图7-15　设置动画效果

STEP 06　按照该方法对其他模块进行更换和设置。选择需要添加链接的模块，在右侧页面的"URL"文本框中可设置相应的链接地址，如图7-14所示，该地址为手机店铺的链接地址。

STEP 08　按照该方法依次在左侧选择手机海报的其他页，并对其内容进行修改。制作完成后，在页面上方单击"发布"按钮 ✓ ，在打开的页面中可预览海报效果，单击 发布 按钮对手机海报进行发布，如图7-16所示。

STEP 09 此时，在打开的页面中将生成手机海报的链接，如图7-17所示。单击"更改图片"超链接，可为饰品设置图片封面。单击 复制链接 按钮，将链接复制并分享到微信朋友圈，即可以视频的形式展示自己的店铺。

▲ 图7-16　发布海报

▲ 图7-17　发布链接

2. 微信公众账号推广

微信公众平台是一种通过公众账号推广媒体信息的平台。商家通过申请微信公众号，在该平台进行自媒体活动，如通过二次开发展示商家微官网、微会员、微推送、微支付、微活动、微报名、微分享、微名片等。微信公众平台已经发展成一种主流的线上线下互动营销方式。

按照微信公众账号性质的不同，可将其分为个人账号和企业账号、订阅号和服务号等。但不管是哪一种类型的公众号，其目的都是为个人或者企业创造价值，而创造价值的前提则是做好推广内容。

（1）账号注册

在微信平台注册公众账号时，首先需要明确该公众号是个人账号还是企业账号。一般应将账号规划成一个品牌来进行运营，即在微信、微博等媒体中都使用相同的账号名称，从而更好地发挥品牌优势。图7-18所示为某服装品牌的微信公众号。

（2）内容编写

微信推广的内容一般为图文结合的形式，文字要求排版整齐，图片要求精致美观，内容要具有可读性，可以吸引用户阅读。例如，以趣味软文的形式做推广，可引起用户的兴趣，拉近与用户的距离，同时策划的店铺活动也可通过微信公众号进行宣传。内容编写完成后，可以同时发布到其他的自媒体上。图7-19所示为某护肤品的公众号推广内容。

（3）用户互动

在微信公众号中，可以设置"购买产品""我的服务""活动推荐"等菜单，并在菜单中分别设置相关的子菜单，为用户提供相关查询服务等，如图7-20所示。此外，发布内容后会收到部分粉丝的回复，此时需要多与粉丝进行互动，对粉丝的问题进行选择性的回复，以维护粉丝关系。对于部分类似的问题，可以设置自动回复或关键词回复，如图7-21所示。在回复中将相关文章信息添加进去，粉丝阅读时可以直接回复关键字，既能查看对应的文章，又能查看历史文章。

▲ 图7-18　账号注册

▲ 图7-19　内容编写

▲ 图7-20　设置查询菜单

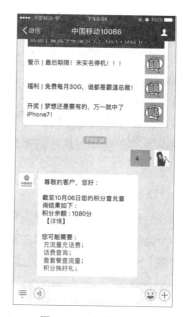

▲ 图7-21　设置自动回复

 经验之谈

现在网上有很多提供微信公众号管理服务的平台，借助这些平台的功能和资源，可以更加方便地进行微信公众号管理。

7.2.3　淘宝论坛推广

淘宝论坛是一个淘宝店铺推广论坛，在论坛中不仅可以查看与经营店铺相关的新闻和技巧，还可以与其他淘友发帖交流、发表见解、寻找潜在客户、宣传店铺等。

1. 发帖

　　淘宝论坛是淘宝网的官方论坛，可与淘宝网共用账户，无需另外注册。登录到淘宝论坛后，可对自己的个人信息进行设置，在其中也可加入一些营销信息，进行自我营销和宣传。在淘宝论坛中，一般通过发帖的方式宣传店铺。下面介绍在淘宝网中发布帖子的方法，其具体操作如下。

扫一扫 实例演示

STEP 01 进入淘宝论坛，选择相应的板块，将鼠标指针移动到"行业板块"选项卡上，在打开的下拉列表中单击"淘宝女装"超链接，如图7-22所示。

▲ 图7-22　选择板块

STEP 02 　进入淘宝女装页面，在其中可以查看与淘宝女装相关的帖子，在页面右侧单击 发表帖子 按钮，打开帖子编辑页面，在其中分别输入标题和正文内容，再在"版面"下拉列表中设置帖子的分类，如"营销渠道"，如图7-23所示。

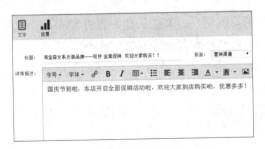

▲ 图7-23　输入内容

STEP 03 单击"插入/编辑图片"按钮 🖼，打开"插入图片"对话框，单击 本地上传 按钮，打开"打开"对话框，选择需插入帖子中的图片，然后单击 打开(O) 按钮，如图7-24所示。

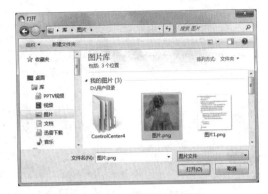

▲ 图7-24　选择插入的图片

STEP 04 　返回"插入图片"对话框查看图片上传进度，上传成功后单击 确定 按钮完成上传。单击"插入/编辑链接"按钮 🔗，打开"插入链接"对话框，在其中输入店铺链接和显示文字，如图7-25所示，设置好后单击 确定 按钮完成链接的插入。

▲ 图7-25　插入链接

STEP 05 返回编辑页面，在其中单击 发表 按钮即可完成帖子的发布，如图7-26所示。

▲ 图7-26　发布帖子

2. 回复帖子

在淘宝论坛上查看帖子时，可以通过回复帖子的方式与其他淘友进行讨论。回复帖子的方法为：打开需要交流的帖子，单击帖子下方的 回复本帖 按钮，在打开的对话框中输入回复内容，输入完成后单击 立即回复 按钮即可，如图7-27所示。在回复帖子时，通过回复框上方的工具栏可设置文本格式，也可插入图片和链接。

▲ 图7-27　回复帖子

　经验之谈

现在很多网站在注册时均需提供邮箱地址，通过这些邮箱地址也可进行营销推广。以 QQ 邮箱为例，在收件箱中有专门的广告邮件分类，该分类中存放着所有已订阅的广告邮件，用户进入该分类即可查看相应的推广信息。电子邮件推广以图文结合的方式为主，也可在推广内容中添加活动信息或商品链接，该推广宜精不宜多，否则容易有广告骚扰之嫌，反而引起用户的反感。

7.3 运用站外平台宣传店铺

淘宝网站内的很多推广项目都对店铺的资质有所要求，且部分项目还需花费一定的推广资金。因此，网店经营者也可通过站外平台，如折800、返利网、卷皮网等来宣传自己的店铺，累积和提升自己的资质和人气。

7.3.1　折800

折800成立于2011年，是一家专注商品超低折扣特卖的网站，其注册用户超过8000万，日均成交百万单，与淘宝网中的店铺合作良好，很多淘宝网店的经营者都通过参加折800的活动来推广宣传自己的商品。与淘宝网的活动一样，折800网的活动也是需要申请的，参与活动的商品即可获得在网站中展示和出售的机会，图7-28所示为折800网站的活动页面。淘宝网的店铺经营者可以实时关注折800网站的活动方案，根据活动参与条件，选择自己具有良好竞争力的商品参与活动。

7.3.2　返利网

返利网成立于2006年11月，是一个市场规模和用户活跃度都比较领先的"返利导购"平台，其拥有数量庞大的注册会员基础。与返利网合作的电商网站超过400家，覆盖了国内主流的B2C电子商务平台，包括天猫、淘宝、京东、苏宁易购、1号店、亚马逊、聚美优品等。返利网的合作模式主要有超级返合作、B2C独立网站CPS合作和9块9合作等。图7-29所示为返利网首页及活动分类。

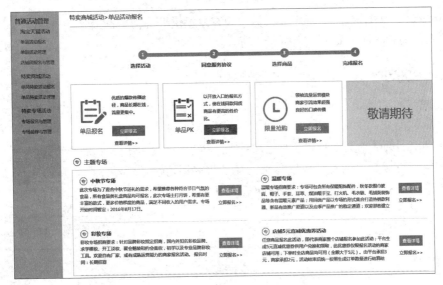

▲ 图7-28　折800网站促销活动页面

▲ 图7-29　返利网首页

下面分别对返利网的主要合作模式进行介绍。

- **超级返合作**：超级返是返利网针对品牌商户提供的一项保证ROI的效果营销服务，其主要合作对象为知名品牌商、运营知名品牌的TP公司以及品牌经销商等，如天猫、京东、一号店等知名B2C、POP平台店铺和独立B2C网站。

- **B2C独立网站CPS合作**：返利网为B2C独立网站提供了单独的合作模式，合作网站与返利网签订合作协议并交纳相关费用后，返利网将协助合作网站完成技术接口，并提供专属页面引导会员到合作网站下订单、完成交易。同时，返利网会根据销售效果收取佣金，并将部分佣金返还给会员。

- **9块9合作**：9块9合作是一种主要致力于为客户提供平价精品百货服务的合作模式，其主要合作对象为知名淘宝商家及优质天猫商家等。

7.3.3 卷皮网

卷皮网是一家为买家日常生活所需品服务的平价电子商务平台，它倡导价格与品质的平衡，主打平价、品质、生活，以创新"平价零售"模式为买家提供服饰、居家、母婴等平价优质的商品。卷皮网的活动类型主要包括卷皮特卖（POP）、卷皮折扣、品牌折扣以及九块邮等。淘宝店铺经营者可以直接通过卷皮网首页的免费报名通道参与活动报名，从而为自己的店铺引进更多的流量和销量。图7-30所示为卷皮网活动报名平台。

▲ 图7-30 卷皮网活动报名平台

7.3.4 参与团购

团购即团体购物，从商家的角度来讲，团购是一种薄利多销的营销策略，以低于零售价格的方式出售商品，不仅可以使商家赢得销售量，还能让买家得到价格折扣，实现买卖双方的共赢。现在提供团购服务的网络平台有很多，常见的包括糯米网、美团网、大众网等，这些知名团购网站中涵盖了数量非常多的类目和商品。此外，商家也可参与一些大型电子商务平台的拼购。

经验之谈

不论是申请活动还是申请团购，商家都需在目标网站中寻找合作途径，而且要按照目标网站的合作要求和准则填写相关信息并提交相关材料，等待目标网站审核通过后方可参与活动。不同网站的合作方式和合作要求一般也不同。

7.3.5　其他站外平台

有很多可以提供淘宝店铺或商品推广服务的网站平台。除了上述介绍的网站之外，美丽说、U站等平台也可以提供类似服务，帮助淘宝店铺或商品引进流量，提升转化率，增加销量等。下面进行简单的介绍。

1. 美丽说

美丽说是一个以女性为主要服务对象的时尚类电商网站，其精选了上千家优质供应商，为用户提供女装、女鞋、女包、配饰、美妆等种类的优质时尚商品。美丽说提供了商家推广和商家入驻功能，优质的品牌卖家、专营店、专卖店、旗舰店等都可申请入驻美丽说平台。图7-31所示为美丽说网站的入驻类型和入驻流程。美丽说对入驻商家的要求较高，与天猫类似，入驻不同的类目需要交纳不同金额的保证金，同时还需按销售额的百分比支付佣金给美丽说网站，不同类目其佣金收取的百分比也不一样。因此，美丽说比较适合具有一定人气和资质的品牌或店铺。

▲ 图7-31　美丽说入驻类型和入驻流程

 经验之谈

任何推广平台或合作网站都会对店铺或商品有一定的要求，优质商品或是已具有相当人气的商品更容易申请成功。网店在经营初期应该选择合适的方式进行推广，前期要注意积累商品人气，提高店铺的资质和形象。

2. U站

U站与美丽说类似，主要是将资讯和分享导购汇集成一个社会化的网络导购平台，其目的在于为用户提供一个可以跳转到淘宝商铺的链接，店铺经营者可以借助这种平台级的服务自行创建导购小站，分享导购内容，从而获得盈利收入，如图7-32所示。需要加入U站的卖家可以在U站首页中单击"商家报名"超链接，与在线客服进行交流，了解U站申请和建站的相关信息。

▲ 图7-32 U站中心

7.4 内容电商的全渠道推广

随着人们购物观念、购物习惯、购物要求的变化升级，买家越来越注重商品的品质和个性化，传统电商的低价模式已经很难继续为电商市场带来更多红利，因此电商市场必须采用新的模式挖掘买家的消费潜力。内容电商作为电商市场中的新模式之一，为传统电商指明了新出路，在电商市场中发挥着巨大的能量。

7.4.1 内容型电商的现状和类型

在互联网技术不断发展与普及的背景下，内容电商已经成为电商企业们争夺市场的重要工具。除了电商平台的站内营销之外，各种站外营销也逐渐成为网上店铺引流的有效渠道。以微信为例，很多知名公众号依靠内容营销创造了上千万的月销售额，一些符合移动互联网用户碎片化消费特征的商品在公众号内容营销的推动下，也能创下不俗的销售业绩。

内容型电商是指将商品与内容结合起来，将买家对内容的认同转化为实际的购买行为，从而实现商品的推广和销售。内容电商营销的重点是内容，即用具有吸引力的内容来催化买家的消费行为，激发买家的消费需求，从而建立买家对商品的信任感和对品牌的黏性。例如，淘宝头条中的很多推送就是典型的内容电商。图7-33所示为淘宝头条中一篇关于挑选眼镜的文章，文章主要是向买家科普不同脸型挑选眼镜的方式和技巧，同时也在内容之后对相关眼镜进行了推荐，当买家认同这篇文章所讲述的内容时，这种认同就更容易转化为实际的购买行为，直接促成商品的成交。

内容电商的形式是十分多样化的，并没有固定的模式。就淘宝站内而言，红人淘、淘宝头条、淘宝直播、有好货、爱逛街、必买清单等都属于内容电商的一种形式，图片、文字、声音、视频均可作为内容电商的营销媒介。总的来说，内容电商主要包括UGC和PGC两大类型。

▲ 图7-33　淘宝头条中的内容营销

1．UGC

UGC（User Generated Content）即用户原创内容，也叫UCC（User Created Content），是指用户将自己原创的内容通过互联网平台进行展示或者提供给其他用户。

UGC口碑体验是指用户在各大互联网平台上自行创作内容，可以通过这些内容来协助企业或产品实现口碑营销，还可以通过买家的评论和真实体验来提高传播效果，以打造更可靠、更具有认同感的品牌形象。其实质是通过原创性的内容，向对产品不了解的买家提供证明，打消买家的疑虑，建立卖家与买家之间的信任。一般来说，可以通过社区、博客、微博、微信、电商平台论坛等渠道来发布UGC内容，提供真实可靠的文字说明和图片信息，回答其他潜在买家的疑问，增加互动，提高买家的购物体验，形成良好的客户口碑传播，增强品牌的竞争力，从而带来更多的购买转化。

电商平台中有很多UGC的入口，如微淘、京东发现、淘宝头条、小红书等，图7-34所示为小红书的首页。

2．PGC

PGC（Professionally Generated Content）即专业生产内容，也叫PPC（Professionally-produced Content）。与UGC的区别在于，PGC的内容质量更高，专业性更强，通过从各个领域的细分市场来纵向挖掘，为买家提供真正有价值的内容。

PGC主要有两种类型，一是知识、技能、方法的分享，二是主题式推荐。知识、技能、方法的分享是在专业技能的基础上进行内容的创作，例如，一个美食店铺的PGC就是进行各种美食内容的分享，如美食制作、美食推荐等；主题式推荐则是通过小而美的内容来吸引具有相同需求的买家，引起买家的共鸣和归属感，从而获得忠实客户。

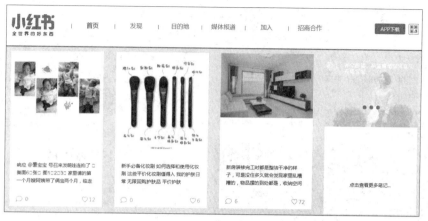

▲ 图7-34 小红书首页

7.4.2 淘宝内容营销的常见入口

内容电商的大力兴起使各大电商平台纷纷开放了内容营销的入口。淘宝作为最具代表性的电商平台之一，也为卖家提供了很多内容营销的展示机会，如淘宝头条、有好货、爱逛街、必买清单等内容营销入口。

1. 淘宝头条

淘宝头条是淘宝平台为外部媒体开放的内容营销入口，其对象要求为机构媒体、内容电商、内容类公司、自媒体或其他身份。

- **机构媒体**：指具有国家媒体资质许可证的各类媒体机构。
- **内容电商**：指以内容为纽带触达人群，获得消费者，给予消费者建议并引导消费者的电商。
- **内容类公司**：指主打某一领域，通过文字或视频的形式，以PGC或UGC的形式产出内容，并进行内容传播和推广。
- **自媒体**：指个人以现代化、电子化的手段，向不特定的大多数或者特定的个人传递规范性及非规范性信息的媒体。
- **其他身份**：在相关领域有一定影响力的内容创作者。

淘宝头条的合作方式有两种，一种是后台管理，另一种是系统对接。

- **后台管理**：淘宝头条为内容伙伴开通内容发布账号及后台，内容伙伴只需按照说明在后台提交内容即可。
- **系统对接**：部分内容伙伴拥有丰富且优质的内容，但当数量较多，后台提交成本太大时，淘宝头条将会对双方系统进行对接，提供成熟的技术及服务来实现内容的自动接入。

淘宝头条提供了头条、视频、问答、PK、订阅5种内容展示模式，如图7-35所示。每个展示模式下可以创作不同类目的内容资讯，资讯中可以添加产品链接。淘宝头条比较受欢迎的内容包括：生活时尚潮流的资讯内容，如穿搭类时尚潮流趋势解读、3C数码前沿科技产品首发信息同步与解读等；知识、经验分享等实用型资讯，如育儿类经验分享、3C数码各型号产品、美妆护肤用品盘点、装修攻略分享、运动装备挑选等；八卦、奇闻、热点话题、猎奇新鲜资讯等；商品评测、旅游攻略、新书上架导读与推荐、电影影评以及其他和生活、娱乐、消费相关的新鲜资讯等。

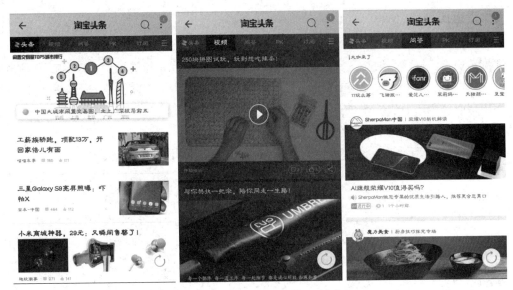

▲ 图7-35　淘宝头条内容展示模式

2．有好货

有好货是一个精品导购平台。在手机淘宝首页进入有好货，即可看到进口好货、淘宝心选等栏目，如图7-36所示。有好货注重对单品进行内容营销，要求写作的内容标题清晰，能够表达所推荐产品的名称、品牌、品类、产地及功能等元素；正文则主要侧重于对产品功能、特点、品牌、产地、质量、优缺点、使用经验等的介绍，要求描述详细，与商品实际相符。正文内容可搭配产品图片，要求图片清晰，最好为白底图、浅色背景图或场景图，能够体现出商品的功能，方便买家查看。

卖家若要通过有好货进行内容营销，可先成为淘宝达人，再进行投稿；也可发布招募信息，发布任务给其他达人，由其他达人完成写作并投放，然后按照用户点击与匹配进行佣金结算。

▲ 图7-36　有好货

3．爱逛街

爱逛街是淘宝官方为用户推出的一个专注分享和交流的内容电商平台，以内容为导向向年轻女性群体服务，围绕"时髦""流行"不断为女性提供时尚潮流的消费指南。在手机淘宝首页单击"爱逛街"即可进入爱逛街首页，其中包括精选、更时髦、变漂亮、懂生活及看视频5个栏目，用户可以单击对应的栏目查看他人分享的商品，并对内容进行收藏、评论和分享，如图7-37所示。

爱逛街目前并未开通招商入口，频道内的商品主要是通过淘宝达人推荐、红人推荐、行业推荐做千人千面的展示。如果想在爱逛街发布内容并进行营销，需要在淘宝达人后台申请爱逛街渠道权限，通过审核后方能入驻成为爱逛街红人。成为红人后，在爱逛街首页单击用户头像，打开"我的爱逛街"页面，单击"我的发布"选项即可在打开的页面中发布内容。发布的内容可以是宝贝和照片，当发布宝贝时，可以在已买到、购物车、收藏夹或足迹中选择相应的商品来发布；当发布照片时，可从手机相册中选择相应的商品图片。需要注意的是，爱逛街推荐的内容应尽量简单明了，以突出产品特点为宜，不适合长篇大论。

▲ 图7-37　爱逛街

4．必买清单

必买清单同样是淘宝向用户推出的一个分享与交流的内容电商平台，与爱逛街不同的是，大V或淘宝达人可以提报店铺内的多款相关商品形成购物清单。必买清单在有好货的下方，单击即可进入，包括穿搭、耍帅、送礼、爱吃、置家、潮玩、旅行、运动、海淘、化妆、育儿等栏目。每个栏目中的内容都以清单横幅、清单标题和部分清单单品的组合进行展示，单击这些内容可进入清单详情，详情中有具体的清单描述和清单商品，可以帮助买家了解商品并选择需要购买的物品，如图7-38所示。

清单中的每个商品都有一段推荐的文字，建议文字控制在20个字以内，以突出产品卖点为主，不要与标题重复。商品图片则要求为正方形，不能添加水印、Logo和其他多余的文字。其次，在写作清单描述内容时，不要写无意义的、空泛的内容，要以用户需求为切入点，将产品卖点与用户需求结合起来，增加内容的可读性与通过率。

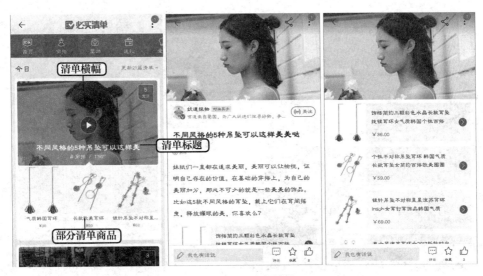

▲ 图7-38 必买清单

7.4.3 内容电商的主要形式和优化

内容电商依靠内容引导买家购买，内容的质量和价值直接影响着粉丝的数量和最终盈利。对于电商而言，好的内容可以有效地提升买家与店铺的互动性，进而培养买家的消费习惯和品牌忠诚度。因此，了解内容电商的主要形式及提高内容营销的质量是十分必要的。

1. 内容电商的主要形式

从内容的表达方式上分析，文字、图片、图文、视频等是现在电商主流的内容营销形式。除此之外，游戏、动漫等形式也在内容营销中发挥着重要作用。

- 文字：文字是内容电商最基本、最直接的表现形式，它可以有效表达内容创作者的思想，向买家传递具体的价值。然而，长篇大论型的文字内容很容易引起读者的阅读疲劳和抵触心理，在实际营销中的运用并不算多。
- 图片：图片具有十分强大的表现力，也是买家十分容易理解和接受的一种内容形式。在使用图片进行内容营销时，应该保证形式新颖、直观易懂，也可给买家留下一定的想象空间，让买家自发引申，更有趣味。
- 图文：图文即图片和文字相结合的内容形式，图文形式结合了图片和文字的优点，既能表达清晰的主旨，又能缓解买家的阅读疲劳感，带给买家更好的阅读体验。图文形式是现在电商内容营销十分常用的一种形式，图7-39所示为内容电商比较典型的图文营销形式。
- 视频：视频是指将需要表达给买家的内容拍摄成视频短片，借此形式为买家展示商品价值，并说服买家消费。也可以直播的形式直接表达内容，在直播过程中与消费者展开互动，进而影响买家的消费行为。与其他形式相比，视频形式的内容更具吸引力，能快速抓住大量买家的眼球。

文字、图片、图文、视频是电商内容营销的主流形式，与之相比，游戏、动漫等形式的营销难度更大、营销成本更高，同时，更适合面向对游戏、动漫等感兴趣的精准买家进行营销。

▲ 图7-39 电商的图文营销

2. 内容电商的内容优化

从买家的角度来看，只有真正有价值的、高质量的内容才具有吸引力。因此，内容电商营销人员必须懂得分析买家的需求和心理，再合理利用互联网、社交媒体等渠道创造和传播买家真正感兴趣的内容。

- **贴近买家需求**：电商内容营销必须掌握一个最基本的原则，就是内容必须贴近买家的需求，特别是目标用户群体是年轻人的商品和品牌，更应该分析年轻人主流群体的喜好，这样创作的内容才能获得广泛认可。
- **唤起买家情感**：电商内容营销要想给买家留下深刻的印象，前提是内容能够触动买家，引起买家的共鸣，这就要求内容营销可以从不同角度唤起买家的情感，满足买家的心理需求和情感需求，让买家对商品或品牌产生归属感、认同感和依赖感。
- **表达商品内涵**：优秀的电商内容营销在吸引买家的同时，还应该体现充满内涵的品牌价值和理念，提升品牌的格调，让买家对品牌产生信任和兴趣。
- **持续输出内容**：电商内容营销并不能一蹴而就，大多数粉丝忠诚度高、影响力强的内容营销都需要持续不断地输出内容，才能吸引买家持续关注，培养买家的品牌黏性和消费习惯。

此外，为了提高内容的可阅读性，可适当在内容中运用一些文案写作技巧，比如设置悬念、叙述故事、促销优惠等。同时，创作内容时还可以依靠精准把握买家痛点来提高买家的阅读兴趣，从而提升内容的传播度，也更容易影响和说服买家。

疑难解答

网店推广是店铺经营过程中非常重要的一个方面，不论店铺是在发展初期还是中期，都需要合理地使用推广策略来扩大店铺影响力。下面针对店铺推广中的一些主要问题提出解决方法，供读者参考。

1. 微信公众号的推广技巧有哪些?

答:为了更好地进行微信公众号的推广,需要对用户喜好、内容编写、推广渠道等有一定程度的了解。下面对微信公众号的常用推广技巧进行简单介绍。

(1)分析用户喜好

微信公众账号的推广内容若是没有迎合用户的喜好,则很难引起足够的关注量,难以达到预期的推广效果。因此,在做推广内容之前,首先必须根据推广所面向的用户群体进行喜好分析,并对具有某种特点的内容进行掌握,如积极的、实用的、方便记忆的、有价值的、有趣味性的、有创意的文章主题等。

(2)内容安排

微信公众号推广是基于移动端电子设备进行的推广方式,用户花费在移动电子设备中的时间多为碎片时间,每次浏览信息的时间不长,但是次数较多,且内容的多少要受移动电子设备屏幕大小所限。因此,微信公众号推广内容的编写不同于PC端。

- **内容的定位:** 在微信公众号中发布的内容和数量都不能太多,推送内容以3~4个栏目为最佳,且需根据推送主题来整理内容。例如,操作类内容需提供具有实操指导性的图文,资讯类内容则需提供最新且最具实用性和趣味性的动态,活动类内容需提供具有参与性的活动流程等。

- **确定标题:** 现在很多用户都订阅了较多的公众账号,要想从众多公众账号中脱颖而出,标题就一定要新颖,具有创意,从而提高用户阅读的兴趣。

- **内容摘要:** 微信公众号的推广一般都采用图文结合的方式。因为移动端用户具有时间碎片化的特征,所以推广内容切忌文字内容太多,可以通过一句摘要引导用户的阅读欲望。

- **排版要求:** 微信公众号推广内容的排版一般以小段落为主,切忌出现大段文字,因为大段文字容易引起读者的倦怠感和疲劳感。

- **引导关注:** 微信内容可以被已阅用户分享到其他地方,因此一般需要在推广内容中带入公众号信息,如在文章的最后可以附带公众号或二维码信息,然后通过提示信息引导用户关注。

(3)推送时间

移动端用户看公众号的时间多为上下班途中、中晚餐时间、睡前时间等。因此,公众号信息的推送时间可选择这些时间段,当然,也可避开发布的高峰期,具体发布时间应该根据运营人员的分析总结而定。

2. 内容电商与平台型电商有什么区别?

答:内容电商通过原创的优质内容来凝聚流量,展现个性化、情景化的信息,将浏览者变为信息的订阅者、买家,充分挖掘潜在消费群体,刺激他们的购物欲望。内容电商与一般的平台型电商的区别主要有以下3点。

- 内容电商通过内容来联系产品和用户之间的关系,通过内容信息来提供价值观、增值服务,引起买家的共鸣并吸引他们。它是在充分基于买家需求的基础上产生的,其核心是用户;传统电商平台的核心是产品和供应链,并根据这些来扩展市场,获取消费者。

- 内容电商依靠原创内容来聚集流量,流量的成本相对较低;传统平台电商则主要靠各种渠道引流,对流量的控制较弱,成本较高。

▪ 内容电商的信息浏览者一开始并未有购物心态，但会通过内容潜移默化的影响，使其转变为买家；传统平台电商的目标消费群体一开始就十分明确，只需做好产品的信息展示即可。

经典案例——借助自媒体的"东风"推广店铺

晓晓在淘宝网上经营着一个卖美甲产品的小店铺，生意一直平平淡淡。看着其他店铺天天参加活动，生意源源不断，晓晓非常羡慕，但是她的网店店铺小，销量低，成本根本不足以支撑她参加太多付费推广活动，因此只能在各大店铺的"环伺"中挣扎求生。

付费推广"做不起"，那么只能从免费推广活动中寻找机会。晓晓是个90后女孩，微博、微信都玩得转，甚至微博上还有不少粉丝。于是她想："既然其他人都可以通过微博和微信来进行营销，自己为何不试试呢？"有了这个打算后，晓晓开始有意识地发一些自己做的美甲图片到微信和微博上，每隔几天就设计一些不同的美甲风格，再搭配上对应的文字，"今天给自己做了暗黑向的指甲，像不像白雪公主的继母""我的指甲里藏着一片星空"。由于晓晓的美甲效果做得很不错，很多粉丝看到后都纷纷转发，很多人甚至直接在评论里寻求美甲方法。晓晓意识到，现在就是推广自己产品的最好时机。她将美甲方法整理出来，其中详细介绍了操作步骤，使用了哪些指甲油，以及使用了哪些工具和技巧等，并在最后附带上产品信息和店铺信息。就这样，她的淘宝店铺迎来了非常多的优质流量。

自媒体营销不仅为晓晓的店铺带来了流量，同时也让晓晓意识到，很多买家在买了美甲产品后，都不太懂得如何使用，做出来的指甲效果也很普通。为了更好地解决这个问题，晓晓创建了一个微信公众号，引导买家进行关注，她每天在公众号中分享美甲技巧，回复买家的问题，还会发布一些活动，与买家进行互动。

这些举措让晓晓的美甲店铺的销售额直线上升。有时晓晓做出了比较受大众欢迎的美甲效果，相关产品也能很快卖光。晓晓说："以前与买家沟通少，根本不知道为什么产品卖不出去，等到真正跟买家开始互动了，才知道买来不会用也是阻碍很多买家进行消费的一个重要因素，既然如此，那我就帮她们解决掉这个问题，我的产品不就卖出去了吗？"

总结：店铺推广是非常灵活的，如果新手卖家和小卖家直接与资金雄厚的大卖家进行竞争，非但收不到良好的效果，还很容易被残酷的竞争环境所"吞噬"。既然正面竞争没有出头之日，不如在其他地方做出特色，提供一些其他店铺没有但自己有的东西，更好地与买家进行互动，了解和满足他们真正的需求，以诚信为本，就能闯出自己的一片天地。

实战训练

（1）在淘宝论坛中编辑并发布自己的商品推广帖。

（2）以品牌名或店铺名来命名新浪微博，在微博中发布话题，并与粉丝互动，策划一条转发抽奖活动。

（3）以品牌名或店铺名申请微信公众号，编辑推广信息并将其发布到公众号中，再在推广内容最后添加公众号的二维码关注信息。

（4）制作淘宝手机海报，将手机海报链接地址分享到微信朋友圈和新浪微博。

第**8**章
利用站内资源推广与促销

　　站内推广是淘宝店铺中比较主流的一种推广方式。与站外推广相比，站内推广更加便捷和直接，对店铺流量的影响非常明显。免费试用、直通车、天天特价、聚划算等都属于站内推广。本章将对站内基本推广活动、直播引流推广和移动端店铺推广等知识进行介绍，帮助读者掌握站内推广的方法和技巧。

8.1 利用淘宝活动进行营销推广

营销推广是刺激买家购买的主要方式之一。在网店运营中，处理库存、提升销售额、推销新品、提升品牌认知度、提高店铺竞争力等均可以通过营销推广来实现。为了帮助卖家更好地推广店铺和商品，提高店铺销量，淘宝针对店铺实际运营中的优惠促销、店铺引流、互动营销等不同的营销情况，提供了多种作用和功能不同的推广工具，卖家可根据实际需求进行选择。

8.1.1 策划店内促销活动

网店促销活动一般都是以给消费者提供优惠的形式刺激消费者购买的。常见的促销方式包括包邮、特价、赠送礼品、赠送优惠券、抢购、会员积分等。

1. 包邮

包邮是一种刺激买家一次性购买大量商品的促销形式。以淘宝网中某些零食店为例，当买家在店铺里购买总价格超过一定金额的商品时，即可享受包邮服务。包邮的价格设置不可过高，这样买家为了免除邮费，通常会选择足量商品，图8-1所示为包邮促销形式。需要注意的是，该方法只针对利润较少的商品，如果商品利润足够，则可以采用直接免邮的方式进行促销，这样可以留住更多的买家。

▲ 图8-1 包邮

2. 特价

特价是指在节假日、店庆、购物活动等时间段，定时或定量为部分产品推出的特价优惠。策划特价促销活动时，一般需要在商品价格上体现出价格的前后对比、活动时间以及商品数量等，让买家可以清楚地看到优惠，进而促进商品的销量。图8-2所示为特价产品的活动宣传图。

3. 赠品

赠品是指买家在店铺消费时可获得掌柜赠送的小礼品，赠送小礼品是淘宝网店卖家常用的一种方式，其目的是维护与买家之间的关系，赢得买家好感。除此之外，卖家也可采用达到一定消费额度就赠送某商品的方式。赠品的方式多种多样，不仅可以带给买家福利，还可以推销新品。图8-3所示为购买赠送礼品促销形式。

▲ 图8-2　特价商品

▲ 图8-3　赠品

4．优惠券

赠送优惠券是一种可以激励买家再次进行购物的促销形式。优惠券的种类很多，如抵价券、折扣券、现金券等。优惠券中一般需标注消费额度，即消费到指定额度可使用该优惠券，同时，在优惠券下方还可以将优惠券的使用条件、使用时间、使用规则等进行介绍。优惠券必须清楚地显示在店铺中，或明确指示优惠券的领取地址，让到店消费的买家一眼就看到优惠券信息，才能发挥更好的促销效果。图8-4所示为某商品的优惠券。

▲ 图8-4　优惠券

5．会员积分

淘宝的会员关系管理系统为卖家提供了会员管理的功能，通过该功能可为新老买家设置会员等级和会员优惠等。当然，卖家也可将买家的消费额转化为消费积分，当积分累积到一定数量时，即可换购或抵价商品，以此刺激买家再次消费。在设计会员积分制时，需要注明积分规则，如时间范围、兑换规则、兑换方式等。

6．抢购

抢购是一种可以刺激消费者购物行为的有效方式。现在很多网店都会不定期推出商品秒杀活动，即提供固定数量的商品，在指定时间开启通道供用户抢购，如"1元秒杀""10元秒杀""前3分钟半价"等。由于抢购的优惠巨大，因此不仅会吸引老买家，还会吸引未使用过该商品的新买家，引起买家的广泛关注，这样既推广了品牌，又带来了更多潜在的消费者。

8.1.2　参加免费试用

淘宝试用中心是一个由商家提供试用品供买家试用的场所，其中聚集了大量试用机会和试用商品，试者试用商品后可以提交全面而真实的使用报告，为消费者提供购买建议。卖家可以通过试用中心对店铺和宝贝进行宣传和推广，提高品牌影响力。

1. 试用中心报名条件

试用中心的活动可以推广品牌，提升品牌影响力，获得更多潜在买家和宝贝收藏，是比较受卖家青睐的一种推广方式，但淘宝网也对试用中心不同的报名条件设置了不同的要求。

（1）店铺要求

- **集市店铺**：一钻以上/店铺评分4.6以上/加入消保。
- **商城店铺**： 店铺综合评分4.6分以上。
- 店铺无严重违规及售假处罚扣分。

（2）商品要求

- 试用品必须是原厂生产的合格全新且在保质期内的产品。
- 试用品总价值（报名价×数量）需不低于1 500元，价格不得虚高。
- 试用品免费发送给消费者，消费者编写试用报告，商品无需返还卖家。
- 大家电入驻菜鸟仓库、天猫物流宝及天猫国际的商品会采用名单发放的形式，不会生成订单，商家按试用后台名单发货。
- 凡是报名参加试用活动的商品，无线端系统会自动设置收藏店铺申请条件，商家无需设置；PC 端系统不做申请条件设置。
- 报名包含多个SKU的商品，系统会随机选择SKU下单，建议双方协商发货，如果协商不了，商家需按照报名的SKU发货。为避免损失，建议下架其余不期望参加活动的SKU，谨慎报名。

2. 试用中心试用流程

当店铺满足淘宝试用中心的条件后，即可申请参与使用。图8-5所示为试用中心试用流程。

▲ 图8-5　试用流程

3. 参加免费试用活动

根据实际情况和需要，卖家报名申请要参加的活动，申请通过后即可获得在试用中心展示的机会。下面以参加免费试用活动为例，介绍参与淘宝试用中心的方法，其具体操作如下。

广界面，在"常用入口"栏中选择"试用中心"选项，如图8-6所示。

▲ 图8-6　选择试用中心

STEP 01　进入淘宝卖家中心，在"营销中心"栏中单击"我要推广"超链接，打开推

STEP 02 进入试用中心，单击 报名免费试用 按钮，在打开的页面中选择活动排期，如图8-7所示。

▲ 图8-8 填写试用商品的基本信息

STEP 04 在"填写商家信息"栏中填写商家的联系方式，包括旺旺和电话，设置完成后单击 提交报名申请 按钮提交申请即可，如图8-9所示。

▲ 图8-7 选择排期

STEP 03 单击 我要报名 按钮进入信息填写页面，在该页面中填写试用商品基本信息，包括试用商品的链接、名称、数量、图片等，如图8-8所示。

▲ 图8-9 填写商家联系信息

8.1.3 加入淘宝直通车

淘宝直通车是为淘宝卖家量身定制的一种推广方式。直通车按点击付费，可以精准推广商品，是淘宝网卖家进行宣传与推广的主要手段。直通车不仅可以提高商品的曝光率，还能有效增加店铺的流量，吸引更多买家。

1. 了解淘宝直通车

淘宝直通车是通过设置推广关键词来展示商品并为卖家获得流量的推广方式，淘宝网通过直通车流量的点击数进行收费。当买家单击展示位的商品进入店铺后，将产生一次店铺流量，当买家通过该次点击继续查看店铺其他商品时，即可产生多次店铺跳转流量，从而形成以点带面的关联效应。此外，直通车可以多维度、全方位地提供各类报表以及信息咨询，从而使卖家快速、便捷地进行批量操作，卖家根据实际需要，按时间段和地域控制推广费用，提高目标消费者的定位准确程度，同时可降低推广成本，提高店铺的整体曝光度和流量，最终达成提高销售额的目的。直通车推广的过程如下。

- 卖家为需要推广的宝贝设置相应竞价词、出价和推广标题，淘宝直通车根据卖家的设置将其推荐到目标客户的搜索页面。
- 买家在淘宝网中输入类似商品名，或按照商品分类进行搜索时，就会在直通车的位置看到相关的直通车商品展示效果。
- 当买家在直通车推广位置单击展示的商品图片，进入商品出售页时，系统会根据推广时设定的关键词或类目进行扣费，即展示免费，点击计费。

2. 直通车的产品分类

根据匹配技术和展现内容的不同，淘宝直通车的推广形式可以分为全域搜索、定向推广和店铺推广。

（1）全域搜索

全域搜索是通过设置与推广商品相关的关键词和出价进行推广的推广方式。在买家搜索相应关键词时，推广商品通过展现获得流量，实现精准营销，卖家按所获流量即点击数付费。当卖家加入淘宝或天猫直通车时，即默认开通搜索营销。

- **展示形式**：在显著位置展示创意图、创意标题、价格、销量，并在展现位置打上掌柜热卖标识。
- **展示位置**：全域搜索的直通车展示位主要包括关键词搜索结果页右侧掌柜热卖的12个位置；关键词搜索为结果页底部掌柜热卖的5个位置；首页搜索文字链为点击后搜索结果页中部前4个掌柜热卖位置、淘宝网热卖页面、爱淘宝页面位置（主要由站外进入爱淘宝页面）。图8-10所示为搜索页面右侧和底部的直通车展示位。

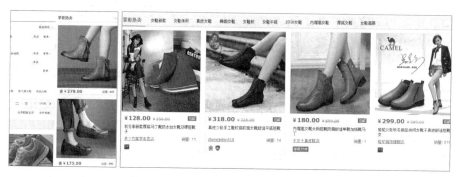

▲ 图8-10　搜索页面右侧和底部的直通车展示位

- **展示规则**：目前淘宝直通车的排名规则是根据关键词的质量得分和关键词的出价综合衡量出商品排名。质量得分是系统估算的一种相对值，主要用于衡量卖家关键词、宝贝推广信息和淘宝网用户搜索意向之间的相关性，其计算依据涉及多种类型，包括基础分、创意效果、相关性和买家体验。
- **扣费方式**：买家搜索一个关键词时，设置了该关键词的商品就会在淘宝直通车的相应展示位出现。当买家点击该推广的宝贝时，卖家即需付费，淘宝直通车根据卖家对该关键词设置的价格进行相应扣费。质量得分越高，所需付出的费用就越低。

（2）定向推广

定向推广是一种可以精确锁定目标客户群的推广方式，它可以从细分类目中抓取特征与买家兴趣匹配的推广宝贝，根据买家浏览购买习惯和对应网页内容，由系统自动匹配出相关度较高的宝贝，并结合出价及宝贝推广带来的买家反馈信息进行展现，帮助卖家锁定潜在客户，实现精准营销。出价高且买家反馈信息好，则定向推广展现概率更大。同时，系统会根据宝贝所在类目下的属性特征及标题去匹配宝贝，宝贝属性填写越详细，被匹配概率越大。

- **定向推广准入要求**：淘宝店铺开通定向推广的信用级别需要一钻以上（包含一钻）。
- **扣费规则**：按点击计费，根据卖家为宝贝设置的定向推广出价，单次扣费不会大于卖家的价。
- **展现形式**：定向推广是以一跳或二跳的形式进行展现的，即在卖家宝贝图片展示的页面点击宝贝图片，跳转到宝贝详情页或集合页。跳转到宝贝详情页，则按一跳收费；跳转到集合页上，则点击宝贝展示在集合页的第一位，此时点击后才会扣费。

- **展现位置**：定向推广的展示通常布置在买家经常点击的高流量、高关注度的展位上，如PC端的阿里旺旺每日焦点掌柜热卖、我的淘宝首页（猜我喜欢第三行）、我的淘宝（已买到宝贝底部）、我的宝贝（收藏列表页底部）、我的淘宝（购物车底部）、淘宝首页热卖单品（适用于精品宝贝）等，或网易、新浪、搜狐、环球网、搜狐视频、爱奇艺、乐视网等大型媒体网站的优质位置。

（3）店铺推广

店铺推广是淘宝推出的一种通用推广方式，适用于向带有模糊购买意向的买家推荐多个匹配宝贝，能满足卖家同时推广多个同类型宝贝、传递店铺独特品牌形象的需求。店铺推广可以有效补充单品推广，吸引买家进入店铺中所有同类型商品的集合页面，为买家提供更广泛的浏览空间。店铺推广可以推广除单个宝贝的详情页面外的店铺任意页面，包括分类页面、宝贝集合页面和导航页面，结合设置的关键词为店铺带来更多的精准流量。

- **推广投放方式**：店铺推广目前有关键词和定向两种推广投放方式。关键词推广是基于搜索营销推出的一种通用推广，用户通过"店铺推广搜索"可对店铺首页或分类集合页进行推广，通过设置与推广页面相关的关键词和出价，在买家搜索关键词时获得展现与流量，按照所获得流量付费；定向推广是基于店铺形式的推广，可依靠淘宝网庞大的数据库，抓取与买家兴趣匹配的推广内容，定向推广可以推广除店铺单品详情页外的任意页面，如店铺首页、导航分类页、活动页面或宝贝集合页面等。
- **店铺推广准入要求**：用户首先应为正在使用中的淘宝、天猫直通车用户，同时须为四钻以上的用户，且用户店铺主营类目应符合相应开通条件。
- **扣费规则**：店铺关键词推广和定向推广都按点击计费，根据卖家推广内容设置出价，单次扣费不会大于出价。
- **展现形式**：关键词推广展现形式为当买家将鼠标指针移动到商品图片上时，将显示天猫店铺的店铺Logo或集市店的店铺等级。定向推广展现形式为图片形式或者"图片+标题"的形式。
- **店铺推广展现位置**：店铺推广搜索资源位置主要包括搜索结果页右侧下方3个展现位、搜索结果页店家精选"更多热卖"进入的店铺集合页、淘宝类目频道搜索结果页右下方3个展示位。店铺推广定向站内资源位置主要包括站内商搜位置、旺旺焦点图位置、淘宝交易详情页位置、收藏夹位置、淘宝收获成功页面位置、淘宝首页第2屏右侧banner位置和焦点图右侧banner位置等。

 经验之谈

淘宝直通车的推广不仅支持PC端的推广服务，还支持移动端的推广，并且为移动端的商品推广提供了丰富的推广位置。

3. 制订直通车推广方案

根据店铺的实际情况和推广需求，淘宝卖家可以选择适合自己的直通车推广方式，在直通车页面中新建和设置推广计划。下面介绍在淘宝网中制订直通车推广方案的方法，其具体操作如下。

STEP 01　登录淘宝卖家中心，在"营销中心"栏中单击"我要推广"超链接，打开淘宝推广页面，在其中选择"淘宝/天猫直通车"选项，如图8-11所示，进入直通车推广页面。

▲ 图8-11　打开直通车

STEP 02　如果是第一次进行直通车推广的卖家，将首先打开"淘宝直通车软件服务协议"页面，同意服务条款后才可进行推广。进入直通车推广页面后，单击 +新建推广计划 按钮，如图8-12所示。

▲ 图8-12　新建直通车推广计划

STEP 03　打开"新建标准推广计划"页面，

在"推广计划名称"文本框中输入计划的名称，单击 提交 按钮完成推广计划的新建，如图8-13所示。

▲ 图8-13　完成新建

STEP 04　在打开的页面中将提示"已成功创建推广计划"信息，然后在"您还可以"栏中单击"宝贝推广"超链接，如图8-14所示。

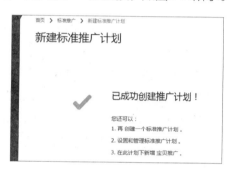

▲ 图8-14　进行宝贝推广

STEP 05　打开"选择宝贝"页面，系统将自动显示店铺中发布的宝贝，并按照"优选宝贝""优选流量""优选转化"对商品进行显示，如图8-15所示，将鼠标指针移动到所选商品的"操作"栏上，单击"推广"超链接。

▲ 图8-15　选择宝贝

STEP 06 打开"添加创意"页面，单击选中
⊙宝贝模板单选项，在右侧的"选择创意图片"栏
中选择需要显示的图片，在"标题"文本框
中输入需要显示的标题，完成后单击 下一步 按
钮，如图8-16所示。

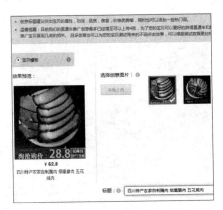

▲ 图8-16 选择创意图并添加标题

STEP 07 打开"设置关键词和出价"页面，
在"搜索关键词"文本框中输入商品关键
词，如图8-17所示。在搜索关键词时，其下
拉列表中会显示相关的关键词，也可直接选
择相关关键词进行搜索。

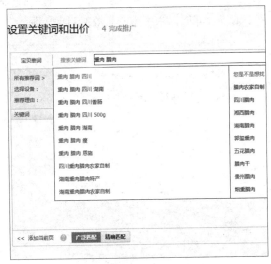

▲ 图8-17 输入商品关键词

4. 编辑投放计划

由于商品在不同时段的流量和转化率有所不同，因此，卖家可以针对各
时段设置不同的折扣出价，以提高流量利用效果。同时，卖家也可对不同平
台的投放额、日限额、投放地域等进行设置。下面介绍在淘宝网中设置直通

STEP 08 搜索完成后，在下方列表框中将
显示类似关键词的数据信息，包括相关性、
展现指数、市场平均出价、竞争指数、点击
率、点击转化率等，单击需要设置为关键词
的选项，将其添加到左侧的列表框中，如图
8-18所示。

▲ 图8-18 添加关键词

STEP 09 在"设置关键词和出价"页面中，
还可以对展示设备、推荐理由等进行设置。
设置完成后，在"设置默认出价"文本框中
输入出价金额，然后单击 完成 按钮即可，如
图8-19所示。

▲ 图8-19 设置默认出价的金额

扫一扫 实例演示

车的投放效果的方法，其具体操作如下。

STEP 01 进入直通车推广页面，单击需要编辑的推广计划，在打开的页面中单击 设置投放时间 按钮，如图8-20所示。

▲ 图8-20 设置投放时间段

STEP 02 打开"设置投放时间"对话框，在其中可设置投放时间，如单击选中⊙行业模板:单选项，在"行业模板"下拉列表框中选择商品对应的类目，在下方的列表框中即可查看和更改行业在不同时段的折扣，如图8-21所示。

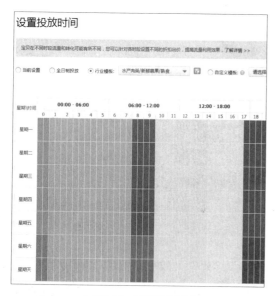

▲ 图8-21 查看投放折扣

STEP 03 单击 列表视图 按钮，切换到列表模式，在其中可查看不同时段的投放比例。将鼠标指针移动到需要修改折扣的时间段后，将出现✎，单击该按钮可修改当前时间段的折扣，修改完成后单击 保存设置 按钮，如图8-22所示。

星期/时间	时间段		出价百分比
星期一	00:00 - 01:00	展开	45
	01:00 - 08:00	展开	输入的折扣在30至250之间
	08:00 - 10:00	展开	70%
	10:00 - 14:30	展开	100%
	14:30 - 17:30	展开	115%
	17:30 - 20:30	展开	75%
	20:30 - 23:00	展开	90%
	23:00 - 24:00	展开	65%
星期二	00:00 - 01:00	展开	45%
	01:00 - 08:00	展开	35%
	08:00 - 10:00	展开	70%
	10:00 - 14:30	展开	100%
	14:30 - 17:30	展开	115%
	17:30 - 20:30	展开	75%
	20:30 - 23:00	展开	90%
	23:00 - 24:00	展开	65%
	00:00 - 01:00	展开	45%
	01:00 - 08:00	展开	35%
	08:00 - 10:00	展开	70%

▲ 图8-22 修改当前时间段

STEP 04 返回推广计划编辑页面，单击 设置日限额 按钮，打开"设置日限额"对话框，在"预算"文本框中输入每日的消耗预算，单击 保存设置 按钮，如图8-23所示。设置日限额可以限制当前计划每日的直通车消费上限。

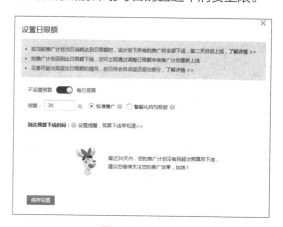

▲ 图8-23 设置日限额

STEP 05 返回推广计划编辑页面，单击 设置投放平台 按钮，打开"设置投放平台"对话框，在其中可对计算机设备和移动设备的站内和站外投放进行设置，设置完成后单击 保存设置 按钮，如图8-24所示。

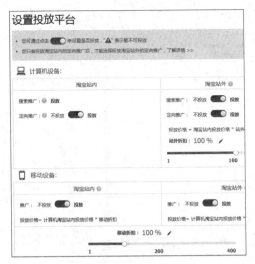

▲ 图8-24　设置投放平台

框，在其中可选中或撤销选中投放地域，设置完成后单击 保存设置 按钮，如图8-25所示。

▲ 图8-25　设置投放地域

STEP 06　返回推广计划编辑页面，单击 设置投放地域 按钮，打开"设置投放地域"对话

5. 关键词推广

设置了推广计划后，在当前推广计划的页面中单击商品标题名称，在打开的页面中可以查看关键词推广的相关数据，包括推广关键词、质量分、出价、排名、展现量、点击量、点击率等。选择某个关键词，在上方的工具栏中单击相应的按钮还可以进行出价修改、添加关键词、修改匹配方式等操作，如图8-26所示。

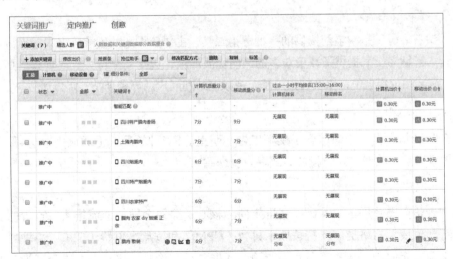

▲ 图8-26　关键词推广

6. 定向推广

在当前推广计划的页面中单击商品标题名称，在打开的页面中单击"定向推广"选项卡，可对"投放人群""展示位置"的相关数据进行查看，还可根据需要对"访客定向""购物意图定向""溢价""展示位置"等进行编辑。图8-27所示为对"购物意图定向"进行编辑。

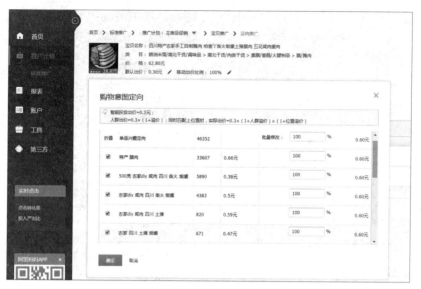

▲ 图8-27　购物意向定向

为了使直通车推广效果更好，卖家最好做好直通车推广商品的图片优化和详情页优化，时刻关注推广商品的数据，并根据实际情况及时进行调整。例如，当展示量可观但点击率不高时，要注意对直通车图片进行优化，分析目标人群定位是否准确，关键词是否合理；当点击量可观但转化率不高时，要注意对商品详情页进行优化，合理控制日限额，优化关键词，进一步精确定位消费人群。

8.1.4　参加智钻

智钻（钻石展位）是淘宝网提供的一种营销工具，主要依靠图片创意吸引买家点击，从而获取巨大流量。智钻为卖家提供了数量众多的网内优质展位，包括淘宝首页、内页频道页、门户、画报等多个淘宝站内广告位，以及搜索引擎、视频网站和门户网等多个站外媒体展位。

1. 智钻的类型

智钻分为展示广告、移动广告、视频广告、明星店铺4种类型。下面分别对这4种类型的展示位置、创意形式、收费方式、投放方式等进行介绍。

（1）展示广告

展示广告是以图片展示为基础，精准定向为核心，面向全网精准流量实时竞价的展示推广平台。钻石展位展示网络推广支持按展示付费（CPM）和按点击付费（CPC）两种付费方式，为卖家提供精准定向、创意策略、效果监测、数据分析、诊断优化等一站式全网推广投放解决方案，帮助卖家实现高效、精准的全网数字营销。

- 展示位置：包含淘宝网、天猫、新浪微博、网易、优酷土豆等几十家淘内淘外优质媒体的上百个大流量优质展位。
- 创意形式：支持图片、Flash等动态创意，支持使用钻石展位提供的创意模板制作。
- 收费方式：在按展示付费的基础上，增加按点击付费的结算模式。

第8章
利用站内资源推广与促销

- **投放方式：**选择资源位，设定定向人群，竞价投放，价高者得。

（2）移动广告

移动广告是指通过移动设备（手机、平板电脑等）访问App或网页时显示的广告，其主要形式包括图片、文字、音频等。随着移动电子产品的发展，移动广告在受众人数上有了非常大的提升，可以根据用户的属性和访问环境，将广告直接推送至用户的手机上，传播更加精准。

- **展示位置：**网络视频节目（电视剧、综艺等）播放前后插播视频贴片。
- **展示形式：**以视频格式展示，展示时长15s以内。
- **定向支持：**除钻展常规定向外，还可支持视频主题定向，筛选热门动漫、影视、演员相关视频节目，精准投放。
- **创意形式：**可自主上传视频，也可在创意实验室中制作视频贴片。

（3）视频广告

视频广告可以在视频播放开始或结束时展现，具有曝光度强、展现力一流等优势，配合钻展位提供的视频主题定向，能够获取更精准的视频流量。

- **展示位置：**主要展现在国内主流视频网站，如PPS、爱奇艺、优酷等大型视频媒体。广告主要在视频开始前15s和视频播放暂停时呈现。
- **展现形式：**以视频格式进行广告内容的展示，展现形式更新颖。
- **定向支持：**针对视频网站提供视频主题定向，根据目前热播剧集的名称、主题进行定向。
- **创意形式：**视频支持flv、MPEG等主流视频格式。

（4）明星店铺

明星店铺是钻展位的增值营销服务，按千次展现计费，仅向部分钻展位用户开放。开通明星店铺服务之后，卖家可以对推广信息设置关键词和出价，当有用户在淘宝网宝贝搜索框中输入特定关键词时，卖家的推广信息将有机会在搜索结果页最上方的位置获得展现，进行品牌曝光的同时赢得转化。

- **展示位置：**在淘宝电脑端、手淘以及UC浏览器神马搜索结果页面最上方位置。
- **展示形式：**当搜索关键字触达投放广告的词时，即可在搜索结果页最上方位置得到展示，确保获得流量的精确性。
- **创意形式：**提供多样式创意模板，PC模板和无线模板独立，模板由图片和多条文案构成，满足各类消费者的需求。
- **收费方式：**按CPM收费，即按千次展现的方式进行收费。

2. 智钻准入要求

智钻与直通车一样，对淘宝和天猫卖家的准入资格进行了规定，只有满足要求的卖家才可申请智钻推广服务。

（1）淘宝卖家准入要求

智钻资质管理对淘宝店铺的要求如下。

- 店铺主营类目在支持投放的主营类目范围内。
- 企业商家店铺信用等级>0，个人商家店铺信用等级一钻及以上。

201

- 店铺每项DSR在4.4以上（特殊类目无DSR要求或者可相应放宽的，由阿里妈妈根据特殊类目的具体情况另行确定）。
- 店铺如因违反《淘宝规则》中相关规定而被处罚扣分的，还需符合以下条件。

违规类型	当前累计扣分分值	距离最近一次处罚扣分的时间
出售假冒商品	6分及以上	满365天
严重违规行为（出售假冒商品除外）	大于等于6分，小于12分	满30天
	12分	满90天
	大于12分，小于48分	满365天
虚假交易（严重违规虚假交易除外）	大于等于48分	满365天

- 未因违规被终止过钻石展位服务。
- 在使用阿里妈妈其他营销产品或淘宝服务时，未因违规被暂停或终止服务（阿里妈妈其他营销产品包括淘宝直通车、天猫直通车和淘宝客等业务）。

（2）天猫卖家准入要求

智钻资质管理对天猫店铺的要求如下。

- 店铺主营类目在支持投放的主营类目范围内。
- 店铺每项DSR在4.4以上（特殊类目无DSR要求或者可相应放宽的，由阿里妈妈根据特殊类目的具体情况另行确定）。
- 店铺如因违反《天猫规则》《阿里旅行规则》中相关规定而被处罚扣分的，还需符合以下条件。

违规类型	当前累计扣分分值	距离最近一次处罚扣分的时间
出售假冒商品	6分及以上	满365天
严重违规行为（出售假冒商品除外）	大于等于6分，小于12分	满30天
	12分	满90天
	大于12分，小于48分	满365天
虚假交易（严重违规虚假交易除外）	大于等于48分	满365天

- 未因违规被终止过钻石展位服务。
- 在使用阿里妈妈其他营销产品或天猫服务时，未因违规被暂停或终止服务（阿里妈妈其他营销产品包括淘宝直通车、天猫直通车和淘宝客等业务）。

3. 新建智钻推广计划

智钻计划与直通车计划一样，需要卖家根据实际情况进行新建和设置。智钻计划的新建过程主要包括选择营销目标、设置计划、设置单元和添加创意4个步骤。在"营销中心"栏中单击"我要推广"超链接，打开淘宝推广页面，在其中选择"钻石展位"选项，进入智钻推广页面，在顶部导航栏中单击"计划"选项卡，单击 新建推广计划 按钮，然后按照智钻的操作向导依次进行操作即可。

（1）选择营销目标

智钻营销目标以全店自定义方式为主，可以自主设置定向人群、资源位和出价，方便卖家根据店铺情况实时进行推广数据的掌握和优化，实现更精准的营销目的，满足店铺多元化的营销要求，如图8-28所示。

 经验之谈

　　智钻的最低充值额度为1 000元，一般需要卖家提前在账户中进行充值，才可以制订推广计划。

▲ 图8-28　选择营销目标

（2）设置计划

　　智钻推广计划包括展示网络和视频网络两种形式，通常以展示网络为主，卖家在新建计划时，需要对计划名称、付费方式、每日预算、投放日期、投放方式、投放地域、投放时间段等进行设置，如图8-29所示。投放时间和地域的设置一般是在"高级设置"中选择，然后根据店铺顾客的地域分布和成交高峰进行选择。投放方式分为尽快投放和均匀投放两种。尽快投放指合适流量预算集中投放，即就算设置了投放几个小时的投放时间段，也可能在1个小时内就消耗完投放预算；均匀投放指全天预算平衡投放，即将预算均匀分布到所设置的投放时段中。

▲ 图8-29　设置计划

（3）设置单元

　　推广单元信息主要是针对定向和出价进行的操作，即通过合理定向，将推广广告展现给更精准的目标消费人群，从而获得更精准的定向流量。目前钻石展位有群体定向、访客定向和兴趣点定向3种定向方式，定向的精准度为访客定向→兴趣点定向→群体定向。下面分别对这3种定向方式进行介绍。

- **群体定向**：综合消费者历史浏览、搜索、收藏、购买行为，确定买家当前最可能点击的商品类型和价格偏向，提炼出21种主流商品类型，每种商品类型有高、中、低3种价格倾向。群体定向的优点是较广泛，但精准度较低，适用于需要大流量的情况。
- **访客定向**：综合买家历史浏览、收藏、购买等行为，确定买家与店铺的关联关系。广告主

选定店铺ID，系统可以向与选定的店铺有关联的访客投放广告。访客定向的优点是可以一次定向较精准的目标人群，适用于维护老客户，同时共享竞争对手的客户和潜在客户。

- **兴趣点定向**：兴趣点定向和群体定向的原理基本类似，但兴趣点定向更精准，可精确到叶子类目和部分二级类目，其可选择的兴趣点个数高达1 500个。兴趣点定向的优点是可以一次定向较精准的目标人群，定向直达细分类目。

在填写推广单元名称和选择定向时，新手卖家最好先关闭通投和群体，优先考虑设置更精准的访客定向。在设置访客定向时，可选择种子店铺或自主添加店铺。其中，种子店铺指系统推荐与该店铺风格相似的店铺给访客进行定向；自主添加店铺指输入若干个店铺的旺旺ID，系统直接定向这些店铺的访客。自主店铺一般比种子店铺更精准，设置自主添加店铺时最好多选择几个店铺，并圈定合适的人数，其人数在10万~20万为佳。在设置兴趣点定向时，可以输入某店铺旺旺来获取相应兴趣点，一般输入自己的店铺旺旺即可，也可以直接搜索关键词，添加相应兴趣点。

设置好定向后，即可添加资源位，在添加时首先选择站内的资源位，即名称中带有"网上购物"的资源位，要求少而精。选择资源位最主要的两个参考数据是日均可竞流量和点击率（CTR），如图8-30所示。分析和选择出较好的展位后，可以加入收藏并进行投放测试，测试效果良好则可长期投放。

出价一般参考各个定向上每个资源位的建议出价即可，在投放过程中可以按照获取流量多少来调整。

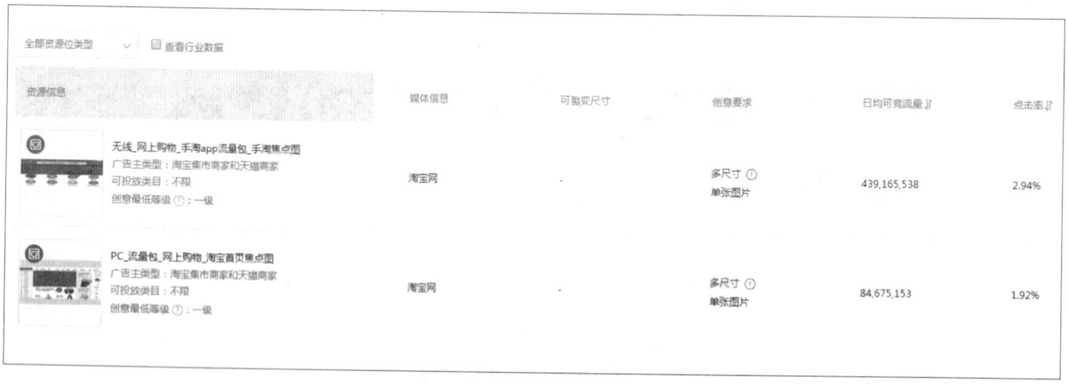

▲ 图8-30　选择资源位

经验之谈

兴趣点定向流量相对较大，最好不要将系统推荐的所有兴趣点都添加，一般来说，添加与所推广宝贝最相关的2~3个兴趣点即可。

（4）添加创意

在添加创意之前，首先需要根据所选择的资源位的相应尺寸制作创意图片。因此，在制作创意前，应该仔细查看资源位对应的创意要求，不符合的创意即使审核通过，也无法投放到所选资源位。在钻展后台"创意"页面中选择左侧导航栏中的"创意快捷制作"选项，系统会自动为店铺推广的商品应用快捷模板；选择"创意模板库"选项，可查看和自己行业产品相关的模板，如图8-31所示。制作完成的创意在创意管理中进行上传，等待审核。审核通过后，即可从创意库中选择该创意进行添加，保存推广单元。

▲ 图8-31 制作创意

8.1.5 参加淘宝"天天特价"

天天特价是淘宝网为集市店铺中小卖家打造的扶持平台，用于扶持有特色货品、独立货源和一定经营潜力的中小卖家，为他们提供流量和营销等方面的支持。天天特价频道目前有类目活动、10元包邮和主题活动3大块。其中，10元包邮为特色栏目，类目活动为日常招商，在该频道中每周还会有不同的主题性活动。天天特价类目活动只展示在类目详情页面中，并随机展示到首页。

1. 准入要求

为了筛选优质卖家和商品，淘宝网对参加"天天特价"的店铺和商品均做了一定的要求，其主要内容介绍如下。

（1）店铺准入要求

淘宝网规定，报名参加"天天特价"的店铺必须符合以下要求。

- 符合《淘宝网营销规则》。
- 店铺信用等级：三星及以上。
- 开店时间≥90天。
- 已加入淘宝网消费者保障服务且消保保证金余额≥1 000元，需加入"7天无理由退换货"服务。
- 实物宝贝交易≥90%，虚拟类目（如：生活服务、教育、房产、卡券类等）除外。
- 近半年店铺非虚拟交易的DSR评分三项指标分别不得低于4.7（开店不足半年的自开店之日起算）。
- 因严重违规（B类）被处罚的卖家，禁止参加活动。
- 因出售假冒商品（C类）被处罚的卖家，禁止参加活动。

（2）商品要求

淘宝网规定，报名参加"天天特价"的商品必须符合以下要求。

- 要求商品库存≤50件，不限制上限（提示：10元包邮活动库存要求保持不变，50件≤10元包邮≤2000）。
- 最近30天交易成功的订单数量≥10件。

- 活动价格低于最近30天最低拍下价格，商品不得有区间价格（多个SKU时必须是同一价格）。
- 必须全国包邮（港澳台除外）。
- 活动结束后的30天内，不得以低于天天特价活动价报名其他活动或在店铺里促销。若有违反，将按照《天天特价卖家管理细则》进行相应处罚。
- 特殊资质：①运动户外类目商品需要符合《淘宝网运动户外类行业标准》；②食品类商品需要有QS资质或中字标或授字标。
- 商品报名信息应清晰、规整，商品标题和图片应符合特定的格式要求，即报名商品图片为480像素×480像素。图片须清晰规范、主题明确且美观、不拉伸变形、不拼接、无水印、无Logo、无文字信息，仅支持JPG格式，图片背景为白底、纯色或者浅色。
- 报名商品标题必须在13个汉字或者26个字符内且描述准确清晰，严禁堆砌关键字。
- 所有提交报名的商品及活动页面素材须确保不存在任何侵犯他人知识产权及其他合法权益的信息。

2. 报名参加天天特价

在报名参加天天特价之前，卖家需先对天天特价报名活动的相关要求进行了解。其报名方法为：在卖家中心的"我要推广"页面中选择"天天特价"选项，打开"天天特价"页面，单击 我要报名 按钮，在打开的页面中选择报名日期和活动，如图8-32所示，然后单击 立即报名 按钮，在打开的页面中填写相关信息即可。

▲ 图8-32　报名参加天天特价

报名完成后等待淘宝审核，活动开始前 2~4 天，系统会发送消息通知商家审核结果。审核通过后，卖家需根据活动要求在正式活动开始前两天的下午 15 点前，对活动商品进行相关设置，包括完善商品的库存信息、恢复商品原价、取消其他平台的促销价格、对需要参加活动的商品图片进行必要的美化、设置商品全国包邮、保持商品在线状态等。

 经验之谈

　　参加"天天特价"的商品需在标题前添加"天天特价"，在活动前两天的下午 15 点后淘宝将锁定商品，商品被锁定后不得修改标题、主图、价格、库存及包邮信息。在活动期间，如果商品是未售罄就下架的，系统会自动屏蔽展示直到恢复上架。在活动期间（包括预热），若商品使用其他优惠工具打折，价格不得低于特价活动价格。

8.1.6 参加聚划算

聚划算是淘宝平台中爆发力最强的营销平台，汇聚了数量庞大的用户流量，具有非常可观的营销效果。商家通过参加该活动，可以打造超过店铺日销数倍的营销数据，获得更多的收益。聚划算对招商商品的要求较严格，除了基础招商标准外，还对不同类目的商品做出了不同的要求。招商商品通常需要缴纳一笔保证金和基础费用，聚划算将按照不同类目的费率进行收费。

聚划算主要包括商品团、品牌团、聚名品、聚新品和竞拍团5种类型，下面分别进行介绍。

1. 商品团

商品团是一种限时特惠的体验式营销模式，具有坑位数多、参聚概率相对较大、主团展示和流量稳定的特点，其最佳的爆款营销渠道和最低的用户获取成本方式，可以帮助卖家快速规模化地获取新用户。商品团的报名流程主要包括选择活动、选择商品、选择坑位、填写商品报名、商品审核、费用冻结和上团前准备7个阶段。

- **选择活动**：在参加商品团之前，商家首先应该查看招商公告，了解招商要求，然后登录聚划算后台（ju.taobao.com），单击右上角的"商户中心"超链接，跳转到商户中心首页，单击 我要报名 按钮。在打开的页面中查看可报名的活动，以及活动介绍、收费方案、保证金规则、报名要求和坑位规则等信息，选择适合自己的活动。

- **选择商品**：选择符合审查规则的商品，无法提交的商品则为不符合审查规则的商品，单击"查看原因"可了解具体原因。

- **选择坑位**：如果商家所选商品符合所选坑位的条件，则系统将展示6周内的所有坑位。如果商家的商品不符合条件，则淘宝默认不展示不符合条件的坑位，单击"显示不可报坑位"超链接即可看到具体不可报的坑位内容。

- **填写商品报名**：在该页面，商家需对商品的标题、卖点、团购价格、描述、费用等信息进行填写，商品报名详情填写完毕后，将进入小二审核的步骤。

- **商品审核**：商品审核包括一审和二审两个阶段，一审主要是系统对商品报名价格、报名商品货值、历史成交及评论、商品DSR评分、店铺近3~6个月成交排名、店铺聚划算成交额和历史单坑产出水平等进行审核；二审主要是人工对库存、价格具有市场竞争力、商家分值择优录取、是否存在拼款和换款等信息进行审核。

- **费用冻结**：费用冻结主要包括保证金和保底佣金两部分。保证金指聚划算为了维护买家权益，冻结商家一定的款项，确保商家根据承诺提供商品和服务，若商家出现付款后不发货，商品有质量问题等情况时，聚划算平台会将保证金赔付给买家。保底佣金是指卖家参加聚划算，当成交额未达到目标成交额（保底交易量）时，需要向聚划算承担的技术服务费；当订单总金额达到或超出目标成交额（保底交易量）时，则全额返还（解冻）保底收费预付款；当订单总金额未达到该类目的保底佣金时，则减去实时划扣的佣金之后所形成的差额部分，从保底佣金中扣除，剩余保底佣金解冻并返还卖家。

- **上团前准备**：上团前准备包括信息变更和发布两部分。信息变更是指商品从待审核至开团期间可修改信息，信息变更提交30分钟后会完成审核。信息变更不影响发布，在发布状态下仍可以进行变更，待信息变更审核通过后即可生效。发布包括系统发布和自助发布两种模式。系统发布是指在展示开始时，系统自动对符合发布条件的商品进行发布。自助发布是指商家在商品审核通过后，自己选择发布时间并进行发布。

2．品牌团

品牌团是一种基于品牌限时折扣的营销模式，品牌规模化出货，可以快速抢占市场份额，提升品牌认知。品牌团的报名流程主要包括品牌报名、商品报名、上团准备3个阶段。

- **品牌报名**：品牌报名包括商家报名、商家审核、素材提交3个流程。商家报名的时间为每月4日~12日，商家选取对应类目的品牌团报名入口进行报名，并在其中填写品牌名称、期望上团日期、报名类目等信息；商家审核的时间为每月13日~15日，由系统根据商家分值进行排序，择优录取，审核内容主要包括日均店铺成交额、店铺三项DSR评分、历史参聚表现、旺旺响应速度等；素材提交主要包括品牌营销Logo、品牌营销banner、品牌入口、流量入口图、无线banner、新版品牌入口、品牌主题、品牌故事介绍（PC端）、品牌故事介绍（无线端）等内容。

- **商品报名**：品牌团商品报名与商品团报名步骤相同，商品审核与商品团二审类似，若商品审核不通过，则在商品审核时间截止前商家可重新补报商品。品牌团建议参团商品数为6~80款，以实际最终参加活动的商品数为准。

- **上团准备**：品牌团上团准备工作与商品团相同。

3．聚名品

聚名品是一种精准定位"中高端消费人群"的营销模式，以"轻奢、潮流、快时尚"为核心定位，聚集高端品牌，其佣金收费方式较灵活，具有单品团、品牌团多种玩法。聚名品的招商对象为符合聚名品规则要求的天猫旗舰店、旗舰店授权专营店、天猫国际旗舰店、全球购（需认证）、淘宝集市店铺等。

4．聚新品

聚新品是新品营销效率最高的平台，可以快速引爆新品类及新商品，快速积累新用户群体，形成良好的口碑传播。聚新品适用于具有高潜力和高增长的新品类、国际品牌、国内知名品牌、知名淘品牌、营销能力强且具备规模化的供应链及服务能力的大中型商家，以及拥有创新设计、创意概念、创新技术、属性升级的商品。聚新品采用"保底+佣金+封顶"的收费模式，要求商品没有销售记录或在10件以内，且备货量为30万~40万。小二会根据品牌影响力、店铺日常运营能力、投放计划、销售预估、价格优势等指标选择商品。

5．竞拍团

竞拍团是一种适合中小卖家快速参加聚划算的营销模式，通过市场化的竞价方式，增加中小商家参加的机会。参加竞拍团的卖家需要通过聚划算首页进入竞拍报名阶段，找到竞拍坑位入口，然后选择店铺优秀款提交商品，进入提交商品流程，填写价格和数量。审核通过后，商品即为待排期状态，可进入竞拍大厅参与竞拍，对商品进行出价。竞拍成功后可以在保证金页面或者宝贝管理页面支付保证金。

8.1.7 淘宝客推广

淘宝客是一种按成交计费的推广模式，可以帮助卖家推广商品并获取佣金的人或集体。

淘宝客支持按单个商品和店铺的形式进行推广，卖家可以针对某个商品或整个店铺设定推广佣金。淘宝客佣金的范围很广，佣金越高越容易得到淘宝客的关注。当交易完成后，根据佣金设置情况从交易额中扣除佣金。

1. 淘宝客准入规则

与智钻、直通车的计费方式不同，淘宝客只有产生成交量才会付费，是一种风险较低的推广方式，需要加入淘宝客的卖家，必须满足以下标准。

- 卖家信用等级在一心以上或参加了消费者保障计划。
- 卖家店铺动态评分各项分值不低于4.5。
- 店铺状态正常且出售中的商品数≥10件。

2. 淘宝客推广类型

为了满足不同类型的店铺的需求，淘宝客提供了多种推广方式，如通用计划、定向计划、如意投、淘宝客活动广场等，卖家可根据实际需求设置推广计划。

（1）通用计划

通用计划是保底计划，不能退出，所有淘宝客都可以参加，佣金设置最高50%，属于被动等待的合作形式，比较适合小卖家参加。通过"我要推广"页面中的"淘宝客"选项进入淘宝客首页之后，单击 ➕ 按钮即可启用通用计划，启用后单击"操作"栏的"查看"超链接，在打开的页面中即可设置计划的佣金比例。当设置好整体计划后，也可在该页面中单击 ＋新增主推商品 按钮，继续设置单品推广计划，单品推广计划中可分别设置每件商品的佣金，最多可设置30件商品。

（2）定向计划

定向计划是卖家为淘宝客中某一个细分群体设置的推广计划，是一种自选淘宝客的计划，可以自动或手动筛选通过申请的淘宝客，佣金设置最高70%，属于主动选择的合作形式。定向计划的流量相对较低，但精准度和转化率相对较高，可以让卖家获取较大的有效流量。在淘宝客首页单击 ＋新建定向计划 按钮，即可创建定向计划。定向计划最多可添加10个，其设置流程包括设置活动标题、设置计划类型和审核方式、设置计划时间、设置类目佣金和设置计划描述。在设置计划名称时，可以直接将佣金加入标题中，以吸引更多优质淘客关注。在设置审核方式时，可选择淘宝客的等级，如果佣金较低，可自动审核；如果佣金较高，可手动审核。对于手动审核的计划，可在"计划详情"的"淘宝客管理"中进行查看和审核，同时还可查看淘宝客近期的推广情况。在设置完计划的整体佣金后，也可设置单品佣金，其设置方法与通用计划类似。

经验之谈

定向计划的计划类型如果设置为"公开"，则所有人都可见和可申请；如果设置为"不公开"，则需手动发送链接给淘宝客。需要注意的是，定向计划设置后暂停或删除将无法恢复，可将新建的定向计划设置为长期推广。

（3）如意投

如意投是系统根据卖家的如意投设置将产品展现给站外买家的一种推广方式，按成交计费，卖家推广风险较低。要参加如意投的商品，系统会根据综合评分进行排名，由阿里妈妈平台为卖家寻找淘宝客进行推广，而不需商家自己寻找淘宝客。如意投具有系统智能、精准投放、管理省心、渠道互补和流量可控等优点，主要展示位置包括中小网站的站外橱窗推广位和爱淘宝搜索页面。

如意投的展现排名规则以综合得分为主，综合得分等于宝贝综合质量分乘以佣金比例。而宝贝综合质量分主要受商品标题属性的相关性、如意投内点击率和转化率以及店铺质量等因素的影响。

如意投计划的设置方法与其他计划的设置方法类似，进入淘宝客首页之后，在"如意投"选项的"操作"栏中单击"查看"超链接，即可对计划进行设置。设置完计划整体的佣金后，也可对单品佣金进行设置，最多可设置100个商品。设置好如意投计划后，在淘宝客首页的"计划管理"页面中单击 $\blacksquare$ 自定义字段 按钮，在打开的页面中选择相关选项，可查询当前设置佣金的情况、质量评分、行业对比等。

（4）淘宝客活动广场

淘宝客活动广场是官方为卖家和淘宝客提供的推广平台，淘宝客在该平台中推出相应活动，卖家选择合适的活动进行报名。淘宝客活动广场中每个活动的要求不一样，只有符合活动要求才可进行报名。淘宝客活动广场具有官方优选淘客资源、报名简单、效果数据可查询和可长期稳定报名等优点，其佣金比例一般较高，适合推广高利润的畅销产品。

在淘宝客首页左侧选择"淘宝客活动广场"选项，即可进入淘宝客活动广场。淘宝客活动广场的报名流程包括查看活动、报名、选择商品、设置佣金和优化创意。在查看活动时，卖家主要需要关注行业类目、活动权限、活动推荐等信息。选择合适的活动并报名后，可选择主推商品，并设置商品佣金，淘宝客活动广场主推商品的数目以活动方的要求为准。报名完成后，需等待淘宝客审核。淘宝客活动广场创意优化主要是对图片进行的优化，对于未设置创意优化的商品，则默认选择商品主图的第一张图片。

 经验之谈

在淘宝客首页的活动类型中选择"活动计划"选项，在打开的页面中可查看活动效果的数据，包括点击率、转化率、销量、销售金额、结算佣金等。

8.2 直播引流推广

在营销推广越来越注重内容、注重粉丝的移动购物时代，直播这种新型的营销方式凭借其直观有效、说服力强、互动性强等特点迅速崛起，在电子商务市场具有不可忽视的影响力。淘宝直播平台实际上就是这样一个直播引流平台，现在常见的淘宝直播频道通常由淘宝达人建立，淘宝达人可在自己的频道中为卖家推广商品和品牌，展示商品的质量、外观、功能、效用等。图8-33所示为手淘首页淘宝达人的直播页面。除了淘宝达人之外，淘宝卖家也可在商家后台申请开通淘宝直播，但店铺需满足开通要求：①店铺一钻及一钻以上级别；②店铺微淘层级L1

及以上；③店铺具有一定的老客户运营能力；④店铺具有一定主营类目所对应的商品数；⑤店铺具有一定销量。

▲ 图8-33　淘宝直播

淘宝直播实际上是一个以网红内容为主的社交电商平台，在美妆、潮搭、食品、母婴等类目中比较活跃，主要依靠淘女郎、美妆达人、时尚博主、签约模特等具有一定粉丝基础的人带入流量。因此，淘宝卖家想通过淘宝直播进行引流，通常需要选择在淘宝直播平台直播，且与所推类目和自身品牌相似或一致的淘宝达人进行合作。卖家依靠淘宝直播这个大流量入口为店铺和产品带来更多优质的流量和转化，相应地，卖家也需为合作的淘宝达人支付应得的佣金。

淘宝直播的内容将会展现在淘宝App首页的直播频道中，淘宝达人可以对商品进行介绍、展示、试用（试穿）等，同时下方会显示该商品的购买链接，方便有购买倾向的买家直接进入店铺购买商品。除了淘宝直播以外，互联网上还有很多功能丰富的在线直播、短视频分享等平台，淘宝卖家也可与这些平台上的主播进行合作。注意，在挑选合作主播时，要选择适合自己商品特色的主播，同所输出的直播、视频等内容要具有吸引力，这样才能真正地实现店铺引流。

 经验之谈

卖家如果选择自主开通直播，则直播活跃且数据良好才会有更好的展示机会。自主直播更有利于经营属于自己的粉丝，并且直播时间更自由。卖家如果选择与热门主播或直播机构进行合作，则可以将内容制作交给专业团队，同时分享专业团队的粉丝优势，借由他们强大的粉丝基础实现流量的引入和转化。

8.3 移动端店铺推广

随着淘宝手机用户的不断增加，淘宝卖家们纷纷将店铺运营的重心转移到淘宝移动端上，参与移动端的竞争。与PC端店铺一样，淘宝移动端店铺的运营推广效果很大程度上决定着店铺的实际转化和最终销量。但移动端店铺的推广方式与PC端不尽相同，移动端店铺的推广方式包括码上淘、微淘达人推广等，不同的推广方式能吸引不同的消费人群。

8.3.1 利用"码上淘"进行推广

扫一扫 实例演示

码上淘即买家通过扫描二维码进入店铺的一种推广方式，这种推广方式的应用比较广泛，适合卖家在站外平台进行推广，吸引大量站外流量。二维码中包含链接地址，可以引导买家通过手机等扫描设备快速进入相应的网站。下面将讲解利用"码上淘"推广产品的方法，其具体操作如下。

STEP 01 进入淘宝卖家中心页面，单击"店铺管理"栏中的"手机淘宝店铺"超链接，如图8-34所示。

▲ 图8-34 进入手机淘宝店铺

STEP 02 进入"手机淘宝店铺"页面，单击"码上淘"下方的"进入后台"超链接，如图8-35所示。

▲ 图8-35 进入后台

STEP 03 进入"码上淘"页面，提示当前使用的淘宝账号，单击 进入码上淘 按钮，如图8-36所示。

▲ 图8-36 进入码上淘

STEP 04 展开"创建二维码"列表，单击"通过宝贝创建"超链接，如图8-37所示。

▲ 图8-37 通过宝贝创建二维码

STEP 05 选择扫码的宝贝，单击 下一步 按钮，如图8-38所示。

▲ 图8-38 选择扫码的宝贝

STEP 06 选择进行推广的渠道，这里选择

"物流包裹"选项，确认后单击 下一步 按钮，如图8-39所示。若是"渠道标签"栏中没有二维码推广使用的选项，可单击 +新增渠道 按钮，添加推广渠道。

▲ 图8-39　选择进行推广的渠道

STEP 07 此时，二维码创建成功，在右侧将显示二维码的效果，单击 下载 按钮可进行下载，如图8-40所示。

▲ 图8-40　选择扫码的宝贝

8.3.2　利用微淘达人推广店铺

移动电商是电子商务市场的大势所趋，从淘宝每年双11发布的成交数据可以看出，移动端的成交额已经远远超过PC端，成为买家进行网上购物活动的主流端口。微淘是淘宝手机端提供的一项功能，位于手机淘宝底部导航条的第2位，拥有大量的移动流量。

对于淘宝卖家而言，微淘是淘宝营销的一个重要武器。通过微淘后台发布各类宝贝信息，可以让关注了店铺的买家及时了解店铺中的宝贝动态，为店铺引入流量，同时微淘的交互功能还有利于卖家与买家的互动，提升买家对店铺的好感度和忠诚度，从而实现品牌宣传和文化传递，为店铺带来更多优质的、定位精准的买家。图8-41所示为优秀的微淘推广案例，可从浏览量、点赞量与评价量判断商品的人气，单击对应的图片可进入宝贝购买页面。

▲ 图8-41　优秀的微淘推广案例

1. 发布微淘

微淘提供了多种发布方式，如发帖子、图片、宝贝清单、宝贝上新等。卖家可以根据需要选择喜欢的发布方式，其具体操作如下。

▲ 图8-43　进入发帖子页面

STEP 01　在卖家中心的店铺管理栏中单击"手机淘宝店铺"超链接进入无线店铺装修页面，单击"发微淘"超链接进入微淘发布页面，如图8-42所示。

STEP 03　设置宝贝的标题、封面、宝贝的链接地址、标签等相关信息，设置完成后单击 发布(今日还可发布：1篇) 按钮即可发布，如图8-44所示。

▲ 图8-42　进入微淘发布页面

STEP 02　选择需要发布的微淘方式，如单击"发帖子"超链接，将打开"发帖子"页面，如图8-43所示。

▲ 图8-44　编写微淘信息并发布微淘

2. 微淘推广要素

微淘是移动端引流的常用工具，很多大型网站都在做微淘营销。那么中小型卖家如何利用微淘成为提升销量的利器呢？一是自己成长为具有实力的淘宝达人；二是寻找粉丝多、发帖内容优质的淘宝达人合作，以提高微淘帖子的曝光量，增加店铺的流量。从店铺自身出发进行微淘运营的方法总结如下。

- **熟悉微淘运营规则**：要充分了解和熟悉微淘的运营规则，及时关注微淘的新闻和活动，如关注不同等级的账号每天所能发布的微淘的条数。

- **如何拉粉**：首先对老顾客群发信息进行召回，重点是要留住拉来的粉丝，此时可发表主题丰富的内容，针对内容收藏数量或互动来分析粉丝的喜好，重点发布粉丝想要看到的题材内容。在进行题材内容设计时，可从一些热门话题、事件等方面着手，增加内容的吸引力，同时适当利用节日等活动创造与粉丝互动以及回馈粉丝的机会。

- **熟悉店铺的运营推广计划**：结合店铺的促销活动、店铺上新日、节日活动等运营推广计划，如提前两天发布预告广播，粉丝可以抢先看，提醒粉丝收藏，以及到时间提醒粉丝购买。例如，"双11"活动时，柚子美衣在11月10—12日共发了10条相关微淘。

- **发布微淘的时间安排：** 分析微淘用户访问的高峰时段，如0—1点、8—10点、13—14点、16—17点、18:30—19:30、10—11点，一般根据淘宝官方的大盘数据结合店铺销售的成交额，找出适合店铺的高峰时间段。

疑难解答

本章主要介绍了淘宝推广促销的一些方法，掌握不同推广方法的应用技巧，可以帮助网店经营者更好地推广店铺。下面主要针对淘宝推广的一些技巧和方法提出建议，帮助读者更好地认识商品促销工作。

1. 直通车关键词的质量分是指什么？和哪些因素有关系呢？

答：直通车质量分是用于衡量关键词和商品吻合程度的分数指标，吻合程度越高，关键词的质量分就越高，质量得分越高，关键词的推广信息与搜索意向更密切，得到展示和搜索的机会就更高。直通车质量分主要包括创意质量、相关性和买家体验3个维度。其中，创意质量主要体现为关键词点击的反馈情况，要求图片质量一定要好；相关性主要指关键词与类目的相关性、与属性的相关性、与标题和推广创意标题的相关性；买家体验也受很多因素的影响，如收藏量、购物车、下单等。因此，要做好直通车推广，必须做好商品标题的优化、推广标题的优化、创意图片的优化，并做好商品的相关性。

2. 不适合使用直通车进行推广的情况有哪些？

答：并不是任何产品、任何店铺都适合通过直通车进行推广，例如下面介绍的情况，使用直通车进行推广的收益可能就不太明显。

- 图片不好看的商品。图片是直通车推广中获得点击率最重要的因素，商品图片不好看，点击率较低，也会导致店铺流量低。
- 价格太高或太低的商品。价格太高的商品的转化率一般都不会太高，那么由直通车带来的收益就不高；而对于价格太低的商品，买家会很容易怀疑其质量，从而直接影响转化率。一般来说，价格适中的产品更适合参加直通车推广，收益也更好。
- 没有销量的产品。买家的从众心理会在很大程度上影响他们的消费行为，销量好的商品更容易取得买家的信任和好感，从而商品转化率就高，参与直通车推广的性价比就高。
- 中小卖家争夺热门关键词。淘宝网中的关键词热度越高，流量就越大，同样地，这些关键词的竞争环境更激烈，竞价更高。对于中小卖家而言，不论是激烈的竞争环境还是高昂的竞价，都不是轻易可以承受的。因此，中小卖家最好通过锁定长尾词的方式参与竞争。

3. 直通车的竞价技巧有哪些？

答：直通车竞价是一个需要不断总结和分析的过程，盲目竞价不仅无法带给店铺足够的流量，还会花费大量的金钱。下面介绍一些简单的竞价技巧。

- 关注转化数据，有技巧地调整关键词出价。在商品推广初期，可以适当限制直通车的花费。
- 删除上一月展现量大于100、单击量非常低或为0的关键词。

- 分析转化数据，找到排名靠前的关键词，提高关键词出价。
- 分析转化数据，从高到低对关键词的竞价进行整理和排序，降低转化低于2%的关键词出价。

4. 智钻投放有哪些注意事项？

答：智钻投放主要需对资源位、创意、定向和出价等因素进行分析。在选择资源位时，可以首先选择站内的资源位，即名称带有"网上购物"的资源位，预算不大时，数量控制在5个以内。智钻创意的制作可参考创意后台的一些模板。关于定向的选择，新手设置访客定向时最好选择自主添加店铺。出价则可直接参考系统建议，再根据投放情况适当调整。下面列出流量充足、点击率相对较高、投放性价比较高的资源位。

广告位名称	尺寸	推荐理由
无线_网上购物_app_淘宝首页焦点图2	640x200	流量充足、效果好、钻展最黄金的资源位
无线_网上购物_app_淘宝首页焦点图2	640x200	
PC_网上购物_淘宝首页焦点图2	520x280	
PC_网上购物_淘宝首页焦点图3	520x280	
PC_网上购物_淘宝首页焦点图4	520x280	
PC_网上购物_淘宝首页焦点图右侧banner二	170x200	流量充足、价格相对较低、性价比高
PC_网上购物_淘宝首页3屏通栏大banner	375x130	
PC_网上购物_阿里旺旺_弹窗焦点图2	168x175	

5. 哪些店铺更受淘宝客的欢迎？

答：淘宝客这种先成交再付费的模式可以有效降低卖家的推广风险，但是淘宝客与店铺之间存在双向选择关系。一般来说，佣金比例高、产品利润高、产品销量高、产品评价好的店铺更受淘宝客欢迎。

经典案例——玩转直通车，快速打造淘宝爆款

众所周知，直通车是淘宝为卖家提供的一款付费推广工具，可以给店铺带来大量的展示机会和流量。几乎所有的淘宝卖家都知道直通车，但是，却并不是所有的淘宝卖家都会用直通车。梦宇最开始就是一个不会用直通车的卖家。

"店铺想要发展，必须要获得流量"，淘宝卖家梦宇深信这一点。于是，等到店铺信用等级一够，他就迫不及待地加入了直通车推广的队伍中。刚开始玩直通车的时候，梦宇没有什么经验，全靠自己摸索，每天推广费用像无底洞一样地投进去，但是却没有达到理想的推广效果，梦宇非常苦恼。

难道其他卖家的直通车推广效果都是靠前期不断投入资金砸出来的吗？梦宇不相信。这种耗费大量成本的方法并不是所有卖家可以接受的，肯定是自己玩直通车的方法出了问题。梦宇花了两天时间，仔细查看了直通车中的数据，发现每项数据都非常值得分析，直通车完全依靠数据"说话"，自己之前主观草率的行为显然错了。

仔细研究了直通车的操作方法后，梦宇及时改变了投入方式。既然直通车靠数据"说话"，那自己也应该用数据对商品"从头到脚"进行重新优化。梦宇设置了每日直通车的消费限额，先通过直通车数据选好了具有爆款潜力的商品，从该商品的标题着手，将两个比较热门的标题分别通过直通车进行投放测试，选择出点击率更好的标题。然后又制作了不同的直通车

图片，同样通过直通车投放测试，选择了点击率更好的图片。接着梦宇收集了同类型商品的价格信息，算出不同档次的平均价格，通过直通车投放测试后，选择转化率更好的价格。最后制作不同展示效果的商品详情页，经由直通车投放测试后，选择了停留时间更长、咨询量更多的方案。短短半个月，该商品的自然流量点击量就增加了30%。

商品优化成功后，借着直通车这股"东风"，梦宇顺利地打造出了自己的爆款，又通过爆款带动店铺其他商品的销量，店铺销售额很快就有了飞速的提升。

总结：电子营销时代是靠数据说话的时代，买家的喜好、习惯、行为等都可以通过数据展示出来，只有学会分析数据，才能玩转淘宝。淘宝的付费推广工具虽然效果很好，但是参与推广的卖家也很多，要想从众多卖家中脱颖而出，只依靠主观直觉是不行的。

实战训练

（1）查看买家的评论，通过回复买家评论来进行店铺或商品的推广。

（2）根据店铺情况，选择合适的商品报名参加淘宝的免费使用活动。

（3）查看店铺中的宝贝推荐情况，分析所推荐的商品是否合理。

（4）策划一场店内促销活动，对参与活动的买家实行会员积分，并根据消费额度赠送礼品或优惠券。

第 9 章
网店数据分析

网店数据分析是网店经营过程中非常重要的一个环节。网店数据既反映了网店的经营状况，也暗示了网店经营的方向。通过网店数据，卖家可以及时发现运营过程中的问题和商机，并快速地做出正确决策。本章主要介绍网店经营现状分析、网店商品分析、客户分析和常用数据分析工具等内容。通过本章的学习，读者可以熟悉网店数据分析的相关知识，并能灵活地使用数据分析工具分析网店数据。

9.1 网店数据分析的意义

数据可以帮助人们发现规律，了解事实，尤其是互联网时代，数据的查看、统计和分析更加重要。对于卖家而言，了解网店运营现状、预测网店发展方向、制订网店运营计划等都离不开数据的支持。

9.1.1 了解电商大数据

自信息时代来临，数据就不再是虚拟陌生的符号，而成为驱动业务增长的关键，数据技术变成企业的竞争优势。在信息技术和网络技术持续发展的背景下，电子商务逐渐与大数据接轨，并迅速迎来了电商产业发展的新高峰。现今的电商创业者只有懂得大数据，才能够更好地了解市场、行业、商品和用户，才能为店铺的持续发展提供助力。

1. 什么是电商大数据

说到电商大数据，首先应该了解大数据。通俗地说，大数据其实就是一个通过大数据工具抓取、管理和处理的数据集合，利用大数据技术可以从各种类型的数据中快速获得有价值的信息。大数据的应用非常广泛，大到科学研究、社会信息审查，小到社交联结、内容推荐，可以说渗透到了人们生活和工作的方方面面。举一个最直接的大数据例子，很多用户有阅读新闻的习惯，且大多数用户阅读新闻时有比较明显的偏好，比如一位用户喜欢使用某新闻客户端阅读体育新闻，则通过该新闻客户端对该用户的阅读习惯、行为等数据进行分析，可以了解该用户的阅读偏好，继而自动向该用户定向推送各种体育新闻，而不会推送该用户不喜欢阅读的娱乐新闻等。

大数据技术最重要的价值是对大数据进行分析。只有通过分析，才能获取准确且有价值的信息；只有通过分析，才能获得不同使用者的行为和趋势，从而为他们推送其更需要、更喜欢的内容。

电商大数据建立在大数据的基础之上，其目的也是通过对消费者的行为、习惯等数据进行收集和分析，挖掘消费者的消费偏好。在整个电商行业，通过互联网消费大数据分析，可以了解当下消费者的消费趋势，为电商行业发展方向做出预测。同时，大数据技术还可以分析目标消费群体，提炼消费者特征，然后在全网通过特征匹配挖掘符合目标消费群体特征的潜在消费人群，进而针对该人群开展精准营销。

2. 电商大数据的应用

大数据技术在电商行业发挥着巨大作用，其应用已经十分普遍，如消费者画像分析、广告精准投放、智能推荐等都使用了大数据技术。

（1）消费者画像分析

消费者画像分析是指根据不同分析维度、特征统计、样本等数据勾勒出消费者的特征，包括消费行为与需求画像、消费偏好画像、地理分析画像和设备管理画像等。消费者画像分析是卖家了解消费者，制订精准营销计划的前提。如消费偏好画像分析，它是通过对消费者的浏览偏好、购买偏好等进行分析，推送消费者曾经浏览、收藏过的关联商品，或与消费者偏好相符合的商品。

（2）广告精准投放

广告精准投放建立在消费者画像分析的基础之上，若卖家想将广告推送给更精准的目标人群，就需要了解目标消费者画像，然后进行定向推广。比如某商品的目标消费人群为一、二线城市的上班族女性，且她们多通过移动设备完成购物，若卖家想将广告推送给她们，则首先需要通过大数据技术和工具分析出目标消费者的这些特征，然后在推广工具中建立定向推广计划，设置目标用户的性别、类型、地域，并设置移动平台推广，最后该广告将被推广至符合条件的消费者的移动设备上，从而提高了广告投放的精确度。

（3）智能推荐

淘宝推广工具中的智能推荐也使用了大数据技术，智能推荐可以通过消费者画像分析的结果，识别并预测出不同类型消费者的兴趣或偏好，从而有针对性地、及时地向消费者主动推送所需商品信息，以满足不同消费者的个性化需求。智能推荐以合适的方式将信息推送给合适的消费者，可以大幅度地提升点击率、消费者活跃度，也可以有效地激活沉默的消费群体。

9.1.2 了解网店数据

网店数据关乎网店运营的各个数据指标，是网店运营的基石。通常，卖家在做出决策之前都必须了解网店的主要数据，包括行业数据、流量数据、收藏数据、单品数据、客服数据、服务数据、物流数据和DSR数据等。

- **行业数据**：了解行业数据可以帮助卖家把握整个行业的市场行情，了解行业变化的趋势，降低网店运营风险。此外，了解行业数据还包括了解同行业其他店铺的经营状况，如类目成交金额、商品动销情况、行业销售排名等，从而吸收其他网店的优点，检验自己网店的不足。淘宝店铺一般可通过阿里指数查看和分析行业数据。
- **流量数据**：流量指网店的访问量，是关乎网店营销效果的一个重要数据指标。淘宝店铺的流量主要有4种类型，即免费流量、付费流量、自主流量和站外流量。免费流量是指买家根据关键词搜索等方法进入店铺带来的流量，店铺商品排名越靠前，被买家搜索到的机会就越大；付费流量是指使用淘宝付费推广方式进行产品推广后所获得的流量，需要支付相应的推广费用；自主流量是指买家通过商品收藏、店铺收藏等方式进入店铺所产生的流量；站外流量是指买家通过贴吧、论坛、微博、微信等渠道获得店铺信息并进入店铺所产生的流量。
- **收藏数据**：收藏数据指买家收藏店铺的数量，包括单品收藏数据和店铺收藏数据。收藏数据体现了买家的购买意向，数据越大，收藏买家返店再访问的流量越多，产生购买行为的概率也会更高。
- **单品数据**：单品数据指单个宝贝的销售数据表现，如访客数、页面浏览量、点击率、访问深度、详情页跳出率、下单转化率、下单件数、下单买家数和客单价等。单品数据反映了该单品的销售情况，卖家可针对单品数据表现不佳的部分进行优化。
- **客服数据**：客服数据可以体现客服人员的工作情况，如工作业绩、工作态度等。如对客服个人、客服团队、网店整体数据等进行全方位的统计分析，卖家可以了解网店整体的客服情况；通过统计客服的销售额、销售量和销售人数，卖家可以了解客服的营销情况；通过统计客服的客单价、客件数，卖家可以了解客服的关联营销能力；通过多维度统计客服的转化率，包括询单到下单的成功率、下单到付款的成功率、询单到付款的成功率等，卖家可以了解客服的职业技能和服务水平。

- **服务数据**：服务数据主要体现店铺的服务质量，包括退款维权情况、评价概况等。通过退款维权分析，卖家可以了解店铺近30天的退款情况和纠纷情况，从而对其进行优化处理，以防对宝贝的排名产生影响。
- **物流数据**：物流数据主要反映店铺的物流情况，包括正在派送的包裹数、已揽收包裹数、已签收的包裹数、异常包裹数、物流差评率、物流详情完整度、拒签率和签收成功率等。物流是买家十分关心的服务之一，影响着买家对网店的整体评价，因此卖家需实时关注。
- **DSR数据**：DSR数据即店铺评分，也称DSR动态评分（Detailed Seller Ratings），是指在淘宝网交易成功后，买家对本次交易的卖家进行宝贝与描述相符、卖家的服务态度和物流服务的质量3项评分。动态评分是店铺信用的直接表现形式，如果动态评分很低，不仅会影响消费者的信任，也会影响宝贝申报各种活动，因此，如果店铺动态评分低，卖家则必须对其进行优化。

9.2 网店经营现状分析

卖家的数据分析能力直接影响着网店的经营效果，其数据分析能力越强，把握市场动向的能力就越强，针对该分析结果做出的决策才会越准确。因此，卖家首先必须对网店经营的基本流量、网店运营数据有一个详细的了解。

9.2.1 基本流量分析

电子商务网站的基本流量数据大致相同，主要包括UV统计、PV统计、用户来源、关键词分析、用户地区分析、浏览路径、着陆页分析和不同时段流量统计等。各数据的含义介绍如下。

- **UV统计**：UV即网站的独立访客数，只对唯一IP访问数量进行统计，一天内同一访客多次访问网站只计算为1个访客，UV统计等同于访问网站的用户数量。
- **PV统计**：PV即页面浏览量。用户每打开网站上的一个页面就会被统计工具记录1次PV。用户多次打开同一页面，则对页面浏览量值进行累计，就算刷新页面，该页面的页面浏览量也会增加。
- **用户来源**：用户来源指用户进入网站的路径，如来自百度、搜狐等搜索引擎，来自其他网站或直接访问等。
- **关键词分析**：关键词分析指对用户访问关键词进行的统计，即用户是通过哪些关键词进入网站的。
- **用户地区分析**：用户地区分析主要统计用户地区、地区用户数量及不同地区的用户比例等。
- **浏览路径**：浏览路径指用户在网站的浏览路径，如浏览了什么网页、在网页停留的时间、从什么网页离开等。
- **着陆页分析**：记录用户进入网站的第一个页面，在其中可统计出用户进入数量和比例。
- **不同时段流量统计**：不同时段流量统计指在日、周等时间范围内分析不同时段的网站流量变化。

9.2.2 基本运营数据分析

分析店铺的运营数据，可以帮助卖家做出准确的经营决策，而以短时间内的数据为基础进行分析，例如将以周为单位的经营数据作为分析参考，则有助于卖家及时调整运营策略和产品线。此外，卖家还可通过数据变化分析是否达到运营效果。

1. 基础数据分析

关键词、流量来源、访客地区、流量分布、访客退出率和流量变化等数据都是比较基本且关键的运营数据，通过对这些数据进行分析，可以帮助网店更好地找到运营方向。下面分别对这些数据的作用进行介绍。

- **分析流量来源**：分析流量来源可以帮助卖家了解流量产生的效果，即哪些流量可以给网店带来更大收益。此外，对不同来源的流量进行单独分析，更便于卖家对不同推广渠道进行跟踪，同时通过跟踪结果选择合适的推广活动。
- **分析关键词**：通过对不同搜索引擎、不同网站的关键词流量进行分析，可以使卖家了解不同搜索引擎关键词带来的流量情况，为搜索引擎推广方案提供准确的数据参考。
- **分析访客地区**：了解访客的地区也有助于卖家做出正确的营销引导，如分析流量高的地区的客户特征，可以更好地寻找目标客户群，也可对高流量地区的客户提供部分优惠，进一步扩大该地区的市场。同时，在跟踪客户信息时，还可以对新老客户进行区分，回访老客户，维护新客户，协同会员管理、邮件营销、自媒体营销等方式制订更好的营销策略，从而达到更好的营销效果。
- **分析流量分布**：分析网站中不同网页的流量情况，帮助卖家了解网店中的热门页面，并将此作为网店打造爆款、畅销品的依据之一，从而更精准地将营销费用用在合适的产品推广中。
- **分析不同时段的流量变化**：对不同时段的流量和销售情况进行监测和分析，可以帮助卖家了解网店销售的活跃期，从而更合理地安排商品的上下架时间和运营人员的工作时间。
- **分析访客退出率**：分析访客退出率即对客户离开的原因进行分析，对比客户退出率和退出页面的数据，帮助卖家了解网店产品的劣势，以便进行修正。
- **分析着陆页质量**：分析着陆页质量即是对着陆页商品销售情况进行分析，着陆页效果的好坏不仅是推广效果好坏的一种体现，也是商品转化率高低的一种展示。

2. 重点指标分析

网店经营数据中的重点指标主要包括跳出率、购物车、转化率等，这些数据可以从不同的方面反映商品的各种问题，下面分别对其进行介绍。

- **跳出率**：跳出率是指当网站页面展开后，用户仅浏览了该页面就离开网站的比例。跳出率高对网店非常不利，卖家需要及时找到跳出原因。影响网店跳出率的原因有很多，如目标客户群定位不准确、访问页面内容不吸引顾客、页面访问存在问题和广告与访问页不符等。
- **购物车**：购物车收藏量也是反映商品情况的重要指标。购物车不仅可以反映买家选购商品的动向，还可以从侧面体现出商品受欢迎的程度。同时，将购物车信息与产品页面分析结合起来，还可判断产品的转化情况。例如，购物车指标高，但是最终的实际转化率偏低，说明产品在价格、产品描述等方面可能存在问题，需要对描述页或价格进行优化。

- **转化率**：转化率指在店铺产生购买行为的人数与到店人数的比率，它直接体现为营销效果。转化率的分析需要结合多个渠道的因素。例如，结合商品页面进行分析时，适合观察热门商品、热门品牌、商品分类等转化效果，并针对低转化率的页面进行合理、完善的调整；当结合入口页面分析时，适合观察着陆页对网店销售的影响力，并可根据其数据评估相关促销活动的实际效果。

9.3 网店商品分析

商品变化直接影响网店销售情况，在网店中会对商品情况产生影响的因素非常多。卖家除了可通过基本营销数据对商品情况进行分析之外，还可从商品销量、商品关联性和单品流量等角度对商品进行分析。

9.3.1 商品销量分析

商品销售是一个需要不断完善和优化的过程。商品在不同时期、不同位置、不同价格阶段，其销售量也会不同，卖家需要根据不同情况进行实时调整。

一般来说，网店商品销量主要与拍下件数、拍下笔数、拍下金额、成交件数、成交笔数、成交金额、成交用户数、客单价、客单价均值、回头率、支付率和成交转化率等因素有关。卖家和客服人员需要针对不同的数据做出相应的对策。例如，拍下件数高，但支付率低，说明买家可能对商品存在质疑，需要客服人员与买家进行沟通以提高支付率；回头率低，则需要进行一些必要的会员关系管理，做好老客户营销。卖家需要对每个商品的销售情况进行了解和跟踪，这样不仅可以持续完善销售计划，促进销量的增长，还可以优化库存和供应链体系，提高供应周转效率，降低成本。

> **经验之谈**
>
> 客单价是指每一个买家平均购买商品的金额，即平均交易金额。客单价和客户流量是影响销售额非常重要的因素，因此网店除了需要增加客户流量之外，还应该尽量通过关联营销等方式提高客单价。

9.3.2 商品关联分析

商品的关联销售多体现为搭配销售，即让买家从只购买一件商品发展为购买多件商品。例如，通过促销组合、满减、清仓、买赠和满赠等活动刺激买家消费，从而提高销售金额，最大限度地实现销售增长。特别是在参加淘宝活动时，适当的关联营销不仅可以对店铺进行导流和分流，还可以提高客单价，充分利用有限的流量资源，实现流量利用的最大化，降低推广成本。

1. 商品关联方法

对商品关联进行分析，实际上就是分析客单价和销售额的最大化，有效的商品关联营销可以极大地促进网店的持续发展。

（1）推出促销活动

针对关联产品推出相应的促销方案或优惠方案可以有效地提高销售额。不同类目的产品其促销方式不同，需卖家自己选择。例如，对于食品类商品，一般以"食品+食品""食品+用具"等形式推出促销活动；对于日化用品，可对不同类型的商品进行组合，如"洗发露+沐浴露"等形式。

（2）网店商品搭配和摆放

通过产品关联程度大小对商品进行搭配只是关联营销的一部分，商品位置的摆放也是十分重要的一个环节。一般来说，商品的摆放以方便顾客为基础，同时也可以进行相关产品推荐，或通过部分关联产品进行精准营销。例如，在服装类目的网店中，若当前页为某热款上衣的出售页，则在该页面下方的推荐商品中可以适当展示一些与该上衣进行搭配的其他商品，这样不仅为买家提供了搭配建议，还可根据买家喜好快速推荐与其喜好相似的商品，实现商品的关联营销。

（3）发现潜在目标客户

关联商品主要由主产品和被关联产品组成。一般来说，主产品和被关联产品的目标客户群会存在一定的差异性和共性，即购买主商品的目标客户群可能不会购买被关联商品，也可能会同时购买，目标客户群的重合即是存在潜在客户的一种体现。不会购买关联产品的客户群，可能是对关联商品兴趣不高，因此卖家可以适当地控制和调整针对该类客户的推广方案。在购买主商品的同时购买关联商品的客户群即是关联商品的潜在目标客户，在出售与关联商品类似的商品时，则可面向该部分客户进行适当推广。

2. 商品关联技巧

在监测商品销售情况的基础上对商品进行组合和关联，可以有效提高网店的整体销售额。商品的关联分析一般需要建立在一定的数据基础上，基本数据量越大，分析准确率就越高，越有利于卖家做出决策。

（1）进行商品梳理，区分商品等级和层次

商品关联并不是盲目和随意的，必须选择合适的产品梳理规范，以提高关联分析结果的精准程度。商品梳理一般包括名称、品牌、价格、规格、档次、等级和属性等内容。一般来说，关联推荐主要应用于重购、升级和交叉销售3个方面。重购是指继续购买原来的商品，升级是指购买规格和档次更高的商品，交叉销售指购买相关商品。应用于不同方面的关联推荐，应该有不同的推荐方式，如推荐同类型商品交叉购买时，最好推荐规格、价格等相似的商品，否则若是为顾客推荐了低档次的商品，将降低销售额。

（2）合理搭配商品

商品的搭配和位置对商品关联销售会产生很大的影响，关联分析可以为买家推荐合适的搭配商品，方便买家快速找到所需商品，购买更多关联商品。需要注意的是，对关联性比较大和关联性比较好的商品进行关联，才有不错的效果。在进行关联分析时，还应该学会发现和寻找更多的关联销售机会，搭配出新颖且更受买家欢迎的商品。

9.3.3 单品流量分析

分析网店数据可以使卖家实时对店铺经营现状进行调整。在策划营销活动时，分析单品质

量也可以起到非常重要的作用,通过大量的数据信息可以获取更精准的单品引流效果,打造出更适合市场的爆款。单品流量分析一般包括来源去向分析、销售分析、访问特征分析和促销分析等内容。

- **来源去向**:通过来源去向可以分析引流来源的访客质量、关键词的转化效果、来源商品贡献等,让卖家可以清楚看到引流的来源效果。
- **销售分析**:通过销售分析可以清楚商品的变化趋势,从而掌握规律、迎合变化,提高店铺转化率。
- **访客特征**:通过访客特征分析可以了解商品访客的潜在需求,从而迎合买家的需求,达到提高销售额的目的。
- **促销分析**:通过促销分析可以量化搭配商品效果,开发和激活店铺流量,增加销售量,提高单价。

9.4 客户分析

客户数据是网店经营数据的一部分,通过对买家各项数据、行为的分析,可帮助卖家从不同角度发现不同买家间的属性特征和消费行为,了解自己的目标客户群,从而为维护买家和刺激买家回购提供有利的决策依据和实施建议。

9.4.1 客户购物体验分析

对淘宝网而言,客户购物体验主要体现为DSR评分,即淘宝店铺动态评分。淘宝店铺动态评分是指在淘宝网完成交易后,买家针对本次交易中的宝贝与描述相符、卖家的服务态度、物流服务质量3个方面进行的评分,每项店铺评分是提取连续6个月内所有买家给予评分的算术平均值,如图9-1所示。

▲ 图9-1 店铺动态评分

淘宝店铺动态评分是自然搜索权重的重要影响因素之一,它不仅是店铺形象和综合实力的一种体现,更是获取买家信任和信赖的重要依据。如果店铺动态评分高于同行业店铺,将更容易获取买家的信任和选择,反之则容易引起买家的质疑和流失。同时,店铺动态评分也是淘宝官方活动要求的基本指标之一,店铺动态评分不达标,淘宝提供的很多推广活动都无法参与。

要做好店铺动态评分,需严格把控商品质量和店铺服务质量,在此基础上再进行一些个性化服务即可获得更好的效果。下面主要对做好店铺动态评分的方法进行介绍。

- **保证商品质量**：商品质量是买家对商品最基本的要求，质量好的商品才能得到买家的一致认可。同时，价格作为买家偏重的购物因素之一，也是卖家需要重视的问题，店铺商品必须定价合理，保持良好的性价比，禁止为性价比较低的商品设置虚高价格。
- **良好的服务态度**：不论是在售前、售中还是售后，客服人员都必须保持良好的服务态度。要做到这一点，卖家需要对客服人员进行培训，提升客服人员的服务态度，避免出现买家因对店铺服务态度不满而给出差评和低分的现象。
- **提高发货速度**：物流速度是买家网上购物非常重要的一个指标，物流速度慢，将容易导致中差评和低分。卖家在进行物流选择时，要尽量选择速度快、质量好的物流。
- **个性化提醒**：为了给买家留下良好的服务体验，卖家可以设置一些个性化的物流发货提醒、物流同城提醒等，免去买家登录淘宝网查询物流信息的麻烦。
- **个性化的包装和赠品**：在商品外包装盒上添加贴心提示，是获取买家好感的有效方式，如"快递小哥，这位客户对我们非常重要，请您加快配送速度哟！"类型的提示，可以给予买家被重视的感觉。此外，卖家在寄送商品时，可以赠送一些个性化的小礼品，如方便打开包裹的小物件、方便商品使用的小物件等。
- **售后跟踪**：在商品质量、服务质量、个性化服务均表现良好的基础上，卖家需要实时对售后服务进行跟进，如评价跟进、物流跟进等，通过给买家提供一些优惠的形式请求买家给予好评和高分。

9.4.2　客户数据分析

客户是网店销售额的来源，客户数据也是销售数据的一种直接体现。在分析网店客户数据时，销售额、销售额与新客户比率、销售额与回头客比率，以及新老客户比例等都是需要重点关注的数据类型。

根据淘宝网的定义，半年内在某店铺仅有过一次购买行为的买家为该店铺的新客户，半年内在该店铺有两次及以上购买行为的买家则是老客户。卖家要针对新老客户的不同需求，提供不同的网站服务和运营策略，来加强客户关系管理。当然，影响客户购物行为的因素有很多，卖家首先需要对主要因素进行分析。

在分析销售额与新客户比率时，如果新客户在销售额中的占比较低，很大程度上说明店铺流量和转化率等可能存在问题。如果是流量低，则需要通过营销推广、完善关键词和参加活动等方式为店铺引入流量，发展新客户；如果是转化率较低，则需对店铺动态评分、商品描述页内容，以及商品图片等进行优化。除此之外，服务质量、商品性价比和目标客户群定位的准确度也是影响新客户比率的重要因素。

在分析销售额与老客户比率时，如果老客户在销售额中所占比重较低，说明客户关系管理效果不明显，需对老客户营销推广方案的合理性进行分析。一般来说，相比于新客户在商品图片和质量、信用保障和售后服务等方面的需求，老客户更关注商品的深层信息，如商品规格、参数和功能等。

在资源一样的前提下，当新客户所占比率更大但返购率较低时，卖家如果想将新客户发展为长期客户，可以适当降低引入新客户的流量成本，通过商品质量、保障措施、售后支持、信用承诺等形式稳固新客户，促进他们的重复购买；当老客户所占比率更大时，卖家应该加强商品的全面介绍，增加商品比较信息，完善和优化购物流程，从而帮助老客户以最有效、最便捷的方式完成购买。

9.4.3 客户特征分析

网店的经营范围和经营对象比较广泛，买家通常分布于不同地区、不同职业和不同阶层，但很多商品都有较固定的目标客户群体，即使是相同的产品、相同的营销手段，在针对同一区域的不同职业或同一职业的不同地区时，都会呈现不同的营销效果。因此，买家需对不同地区、不同职业的买家特征进行分析，制订出不同的营销方案。

1. 地域分析

对买家进行地域分析主要是指对不同地域的买家数量、回购率、销售额、客单价和市场规模等进行分析，然后卖家根据分析结果制订不同的营销策略。图9-2所示为某网店对不同地域的买家分布情况进行的统计。

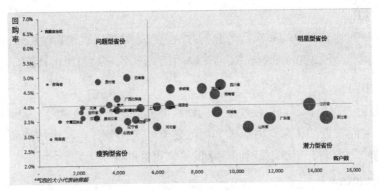

▲ 图9-2　买家地域分布图

针对分析结果，卖家需制订不同的营销方案。例如，对于销售额、回购率、市场规模均高的地域，可以加大推广力度，继续投资，保持市场活跃度；对于市场规模大，但回购率不高的地域，应该找出低回购率的原因，可根据该部分买家的特殊情况或需求进行适当改进；对于市场规模小，但是回购率高的地域，应该仔细评估，维护与这部分老客户的关系，在成本允许的情况下，也可适当加大推广力度；对于市场规模和回购率均低的地域，建议减小推广力度或放弃推广。

2. 职业分析

很多商品都具有一定的职业趋向性，即商品主要适用于某个职业或某部分职业。若销售职业趋向较明显的商品，则需对买家职业进行简单分析。图9-3所示为对某商品的买家职业分布进行的统计。

分析买家职业主要是对买家的职业、买家数量、消费水平和回购率等进行分析，买家职业情况的获取主要以问卷调查、客服交流和地址推导等形式为主。其中，客单价高、消费额高和回购率高的买家是商品的主要推广对象，消费额高、回购率低的买家是需要卖家进行维护和改善的对象，回购率高、消费额低的买家则是卖家需要努力发展的对象。此外，针对不同职业的客户群体，也可采取差异化营销策略，分别满足不同职业的不同需要，从而扩大客户范围，增加客户回购率。

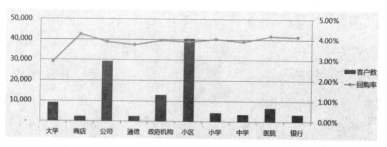

▲ 图9-3　买家职业分析

9.4.4　客户行为分析

买家的购物行为通常受多方面因素的影响，如需求、时间、商品、动机、爱好和地域等因素都会改变买家的行为。以时间为例，购物时间不同，发生购物行为的用户数量、客单价等都会存在差异。

1. RFM分析

RFM分析是一种比较简单的买家行为分析方法，包含最近一次消费（Recency）、消费频率（Frequency）、消费金额（Monetary）3个指标，用于对买家购物行为进行综合分析。

（1）Recency

Recency指最近一次消费，可以反映买家的回购率。Recency等级越高，表示买家来购买的时间越接近。购买时间较近的买家，对店铺和商品还有购买印象，再购买的倾向更高，此时当网店对其进行推广时，可以得到比购买时间较远的买家更好的营销效果。

（2）Frequency

Frequency指购买频度，是可以反映买家亲密度的一个指标，通过购买频度可以有效分析出买家的满意度和忠诚度。Frequency值高的客户群属于网店常客；对于Frequency值低的顾客群，则卖家需要重新策划有效的推广方法。

（3）Monetary

Monetary指买家的累计购买金额，是可以反映买家忠诚度的一项指标。Monetary等级越高，说明该买家群的购买力越强，可以制订专门的营销方法留住这部分买家。但仅凭Monetary等级，无法正确判断买家的再购倾向。因此，必须通过Recency的值和Frequency的值依次进行分析和比较，先判断Recency等级，分析买家的最近到店日期，再通过Frequency等级分析买家购买频率，以此确定买家的再购倾向。

综上所述，Recency等级越高，再购倾向越高；Monetary等级高，但Recency等级较低，说明买家的再购倾向变低；Frequency的值高，但Recency等级较低，说明买家的再购倾向也变低。

Recency等级较高的买家，Frequency的值高，则再购倾向也较高；Recency等级较低的买家，即使曾经Frequency的值很高，其再购倾向也较低；Monetary等级高，Frequency的值低，Recency等级较低，其再购倾向也较低。

经验之谈

　　假设将客户划分为活跃期、沉默期、睡眠期和流失期4个生命周期，则不同的商品其客户生命周期的长短不同，必须根据店铺的实际情况进行分析。根据统计数据分析出客户的生命周期后，对于活跃期和沉默期的客户，需给予一定程度的消费刺激，保持客户对店铺的熟悉度。此外，也可根据客户的客单价和再购倾向进行分析，对于客单价高但再购倾向较低的客户，也要保持消费上的刺激，加大维护力度。

2. 购物时间分析

　　分析买家购物时间，主要是指根据商品的特性来分析目标客户群的常见购物时间段，从而更准确地制订相应的推广方案，如根据买家消费时间安排商品上架时间，按照买家消费时间加大推广投放力度等。图9-4所示为某商品的购物时间段分析。

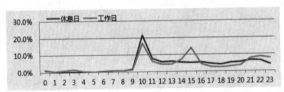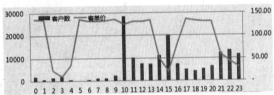

▲ 图9-4　买家购物时段分析

　　根据图9-4可推断出，该商品的消费高峰期为上午10时和下午3时，其次为11时—14时、21时—23时，一般来说，这个时间段即是商品上架的最好时间和加大推广力度的最佳时间。同时，卖家还可以周为单位分析买家的消费习惯，通过对分析数据进行总结，推断出举办促销活动的最佳日期。不同地域的买家其消费时间段也会存在差异，可以适当针对消费潜力较强的区域进行专门营销。

9.5 常用数据分析工具

　　数据是网店运营的强大支撑，淘宝网为卖家提供了多种数据分析和管理工具，帮助卖家对店铺的经营数据进行分析和总结，淘宝比较常用的数据分析工具是生意参谋。

　　生意参谋是淘宝网功能非常强大的一款数据分析工具，可以全面展示店铺经营的各项核心数据，包括店铺实时数据、商品实时排行、店铺行业排名、店铺经营概况、流量分析、商品分析、交易分析、服务分析、营销分析和市场行情等。下面介绍生意参谋主要的数据分析功能。

9.5.1　使用工具进行实时流量分析

　　店铺流量主要分为PC端流量和无线端流量，在生意参谋中，可以分别查看不同端口的流量情况，并可查看与同行的对比情况。流量分析主要包括流量概况、流量地图和访客分析。

1. 流量概况

　　在生意参谋工具首页即可对流量概况进行查看，或在生意参谋首页的导航栏中单击"经营分析"选项卡，在打开的页面中也可分别查看流量总览、流量趋势、流量排行、访客行为和访客特征等数据。图9-5所示为某店铺的流量趋势，其中无线端访客数和浏览量在大部分时段均高于PC端。

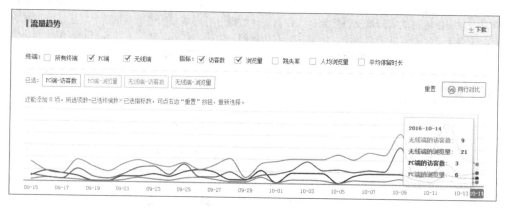

▲ 图9-5 流量趋势

2. 流量地图

在生意参谋"经营分析"页面左侧的导航栏中选择"流量地图"选项，在打开的页面中即可查看店铺流量来源、店内路径、流量去向等数据。图9-6所示为某店铺无线端访客的店内浏览路径。在查询流量来源时，可根据需要查看本店和同行的流量来源的对比。在查询店内路径时，可以分别对店铺首页、商品详情页、店铺微淘页、商品分类页、搜索结果类、店铺其他页的访客数和访客占比进行查看，还可查看页面访问排行，或根据需要分别以月、周、日为单位查询流量来源。通过对这些数据的查询，可以使卖家了解当前店铺的流量结构。对于流量不足的情况，需要通过推广方式提高店铺流量；对于转化率不高的情况，需对商品详情页、价格、店铺装修、商品展示技巧、商品形象包装和促销活动搭配等因素进行分析，找到转化率不高的原因。

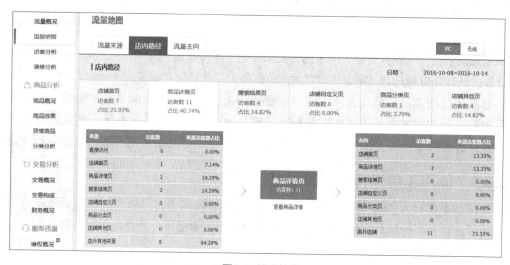

▲ 图9-6 流量地图

3. 访客分析

在生意参谋"经营分析"页面左侧的导航栏中选择"访客分析"选项，在打开的页面中可查看访客分布的相关数据，包括访问时段分布、地域分布、特征分布、行为分布、性别等，如图9-7所示。通过对访客的相关数据进行分析，可以方便卖家更准确地开展调整营销推广活动、设置商品上架时间等工作。

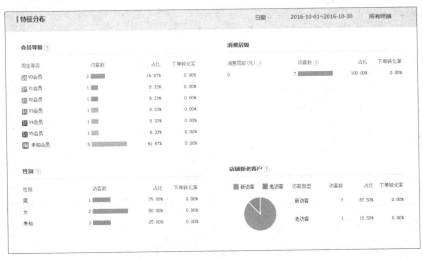

▲ 图9-7　特征分布

在"访客分析"页面单击"访客对比"选项卡，在打开的页面中可以查看访客对比的相关数据，包括消费层级、性别、年龄、地域、偏好和关键字等。如图9-8所示，"访客分析"页面可以帮助卖家更好地掌握客户数据，从而进行会员关系管理。

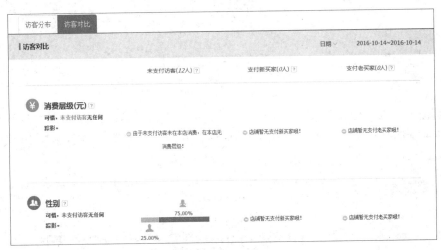

▲ 图9-8　访客对比

9.5.2　使用工具进行实时商品分析

生意参谋的商品分析主要包括商品概况、商品效果、异常商品和分类分析等内容，用于帮助卖家实时掌握和监控店铺商品信息。

1．商品概况

在生意参谋"经营分析"页面左侧的导航栏中选择"商品概况"选项，在打开的页面中可以查看商品信息概况、商品销售趋势、商品排行预览等信息，如图9-9所示。

▲ 图9-9　商品概况

2. 商品效果

在生意参谋"经营分析"页面左侧的导航栏中选择"商品效果"选项，在打开的页面中可以查看商品效果明细的相关数据。此外，单击商品后的"商品温度计"超链接，在打开的页面中可以查看当前商品的转化情况，如图9-10所示。如果当前商品存在问题，生意参谋将给出可能的建议供卖家参考。

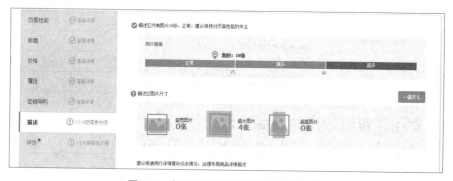

▲ 图9-10　商品转化情况

在该页面下方的"影响商品转化因素检测"栏中，可以对影响商品转化情况的因素进行检测，包括页面性能、标题、价格、属性、促销导购、描述和评价等，如图9-11所示。生意参谋将对可能影响商品转化的问题进行显示，并提醒卖家进行改进。

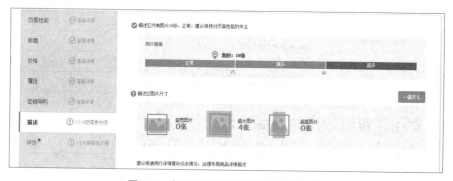

▲ 图9-11　查看影响商品转化的因素的检测情况

在"商品效果"页面中单击商品后的"单品分析"超链接，在打开的页面中可以对当前商品的来源去向、销售、访客和促销等信息进行分析。图9-12所示为对当前商品的访客数据进行分析的页面，包括来访24小时趋势图、地域、新老客户对比、性别等内容。

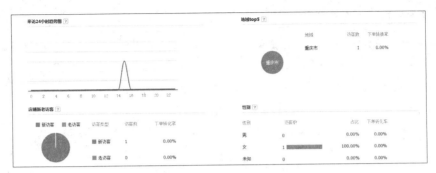

▲ 图9-12　单品分析中的访问分析

3．异常商品

在生意参谋"经营分析"页面左侧的导航栏中选择"异常商品"选项，在打开的页面中可以查看当前表现异常的商品，包括流量下跌、支付转化率低、高跳出率、支付下跌、零支付和低库存等，如图9-13所示。生意参谋会针对商品的异常情况给卖家提出大致的建议，帮助卖家优化商品。

▲ 图9-13　异常商品

4．分类分析

生意参谋中的分类分析主要是指按照类别对商品情况进行的分析，如图9-14所示。分类分析可以帮助卖家更快捷地分析出同类型商品的销售情况，更精准地找出同类商品的共同问题，从而进行统一管理和整改。

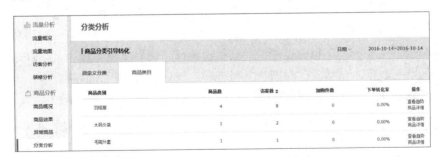

▲ 图9-14　分类分析商品

9.5.3　使用工具进行实时交易分析

生意参谋的交易分析主要包括交易概况、交易构成和交易明细3部分内容，用于对店铺的交易情况进行掌握和监控。

1. 交易概况

在生意参谋"交易分析"页面左侧的导航栏中选择"交易概况"选项，在打开的页面中可以对交易总览和交易趋势的数据进行查看和分析，如图9-15所示。通过交易总览，卖家可以了解任意天数的店铺交易额、支付买家数、客单价和转化率等数据，还可在"交易趋势"栏中查看与同行的对比。

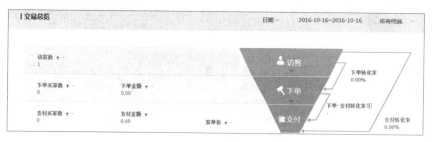

▲ 图9-15　交易总览

2. 交易构成

在生意参谋"交易分析"页面左侧的导航栏中选择"交易构成"选项，在打开的页面中即可查看交易构成数据。生意参谋主要从终端构成、类目构成、品牌构成、价格带构成、资金回流构成5个方面对交易构成数据进行分析，可以帮助卖家了解终端、类目、品牌等各方面的交易数据，以便有针对性地进行完善和优化，如图9-16所示。

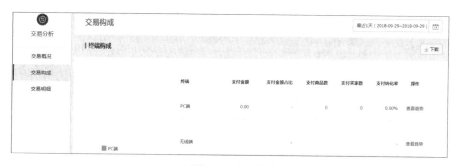

▲ 图9-16　交易构成

3. 交易明细

在生意参谋"交易分析"页面左侧的导航栏中选择"交易明细"选项，在打开的页面中可以查看详细的交易数据，包括支付时间、支付金额、确认收货金额、商品成本、运费成本等内容。交易明细分析可以帮助卖家全面掌控店铺交易情况和收支情况，如图9-17所示。

▲ 图9-17　交易明细

经验之谈

生意参谋的功能十分强大，它不仅可以分析店铺经营数据，还可以对服务质量和物流质量进行监控和分析，在"经营分析"页面选择相应的选项即可。此外，在生意参谋上方的导航栏中选择"市场行情"选项，购买相应的数据工具，还可对当前整个行业市场的情况进行了解和分析。

疑难解答

网店数据分析是网店经营过程中必须掌握的知识，卖家在经营初期常常对网店发展感到迷茫，此时就必须学会查询和分析网店的经营数据，及时导正网店的发展方向，抓住网店初期的黄金发展期。下面将针对网店数据分析的一些常见问题提出解决的建议。

1. 如何进行店铺健康诊断？怎么分析店铺问题？

答：店铺健康诊断主要是对店铺的浏览量、访客数、流量结构、成交转化率、收藏量等数据进行的平衡对比，诊断是否低于同行标准、是否需要优化、主要优化什么等。

店铺诊断一般以诊断流量结构为主，对比自主搜索进店流量、站内免费资源进店流量、站外搜索进店流量、付费进店流量的各自比例，通过结构占比来分析整个网站流量结构的合理性，从而优化店铺流量结构，提高店铺的流量质量。

店铺引入流量的根本目的是销售产品，并提高店铺的经济效益，但并不能单纯通过流量结构来评价流量质量，卖家还需对各流量结构的占比、各流量带来的收益等进行分析。网店经营受多方面因素的影响，是持续发展和变化的。如随着时间的变化，某店铺主推款的流量结构也发生了变化，由于流行元素改变，该商品自然搜索流量逐步下滑，不再受消费者青睐，反之其他非主推款自然流量上升幅度快，但由于店铺并未对这类商品进行合理的优化，导致转化率不高。此时，店铺必须对店铺商品的流量结构进行重新评估，关注自然搜索流量上升的商品情况，对其商品详情和流量结构进行优化。店铺健康诊断需平衡把握各个方面的流量，分析出问题的流量和流量出问题的原因，结合商品实际情况进行完善。

2. 店铺动态评分低有哪些影响？

答：销量、关键词热度和动态评分都是淘宝店铺非常直观且重要的数据，其中动态评分不仅是影响店铺商品排名权重的重要因素，还是卖家申报活动的硬性指标。若店铺动态评分过低，会对店铺的很多方面产生不良影响。

（1）影响搜索排名

淘宝网的DSR考核标准主要是为了对买家的购物体验进行统一的数据统计，再根据对店铺的统计结果给予不同的扶持。如果DSR评分低于同行业其他店铺，则店铺搜索排行将低于其他店铺，而店铺排名将直接影响商品流量和商品销量。

（2）影响转化率

淘宝店铺DSR评分是买家比较关注的一项数据，评分低的店铺容易给买家带来质量不好、服务不好的主观印象，即使引入了流量，转化率也会偏低，而转化率低也会影响淘宝对店铺的流量扶持，从而影响商品销量。

（3）活动受限

淘宝官方开设的活动通常是营销效果非常良好的促销活动，不仅可以提升店铺宝贝的曝光率和销量，还可以引入数量可观的新客户，积累更多老客户，对店铺的持续发展十分有利。但淘宝官方的很多促销活动、U站活动等都对DSR评分有严格的限制，若店铺DSR评分偏低，则会直接影响店铺活动的报名和审核。

（4）金牌卖家

金牌卖家是淘宝C店一个重点优势标志，买家更喜欢选择金牌卖家的店铺购买商品。金牌卖家的服务质量、购物体验、宝贝性价比等一般都高于非金牌卖家店铺，同时销售额也更加可观。如果店铺的DSR评分不合格，则会直接影响金牌卖家的获得。

3. 可以提高DSR评分又不会花费较多成本的小技巧有哪些?

答：提高DSR评分的方法有很多，有一些技巧既容易赢得买家好感，又不会花费太多成本，卖家可以根据实际情况酌情选择。

- **短信提醒**：买家在网店中购买商品后，都比较关注卖家的发货时间和自己收到商品的时间，针对买家这一心理，卖家可以投其所好地以短信营销方式为买家提供短信提醒服务，发货时提醒买家商品已发出，物流到达买家所在城市时发送物流同城提醒，从而提升买家的购物体验。如"禀报××大人，您在×××购买的××已由申通镖局快马加鞭押送至××城市，预计一日内即可到达，请大人注意接镖验镖哟！"

- **引导好评**：买家收到商品后，如果未在规定时间对店铺做出评价，系统会自动给予好评，但评分却不计入店铺评分中，因此对于收到货物却未及时评论的买家，可以适当通过短信、小卡片、小提示等形式进行引导，如五星好评晒图即可获得××优惠、参与××抽奖等。

- **感谢信**：当商品性价比不高，难以获得买家的主动好评时，卖家可以通过制作手写感谢信、个性感谢信等方式来获得买家的感情分，表明店铺会一直努力为买家服务，以亲切活泼的语言请求买家给予好评高分，从而提升店铺动态评分。

- **贴心包裹**：包装效果是买家收到商品的第一印象，切忌包装盒破旧损坏，包装不严密等。为了方便买家拆开包裹，可以提供一些小巧简易的开箱工具，同时还可以在外包装上打印一些贴心提示，以赢得买家好感。此外，在包装盒内可以给出一些无线端关注提示，如扫二维码关注、搜索公众号关注等，引导买家通过无线端进行评价，这样不仅可以提升店铺的无线端流量，还可以通过无线端高点击的特点提升店铺的转化率，扩大无线端推广的影响力。

经典案例——小数据中的"大道理"

对于淘宝卖家而言，经营店铺就是经营数据，如果不能实时了解和掌握数据，网店就很难取得成功。李云玲刚加入淘宝的时候，完全是凭借"直觉"经营店铺，后台数据想起来就去看看，看过了也就算了，从来不对数据进行分析。李云玲的店铺主要出售果园现摘的特色时令水果，主打原生态品质，比较能够迎合消费者的喜好，误打误撞之下，也还是有一些流量。

但是好景不长，店铺流量几天之内忽然下降了一半。李云玲很奇怪，自己既没有改过主图和标题，也没有编辑过页面，好端端的怎么流量忽然就下降了这么多？没有流量就没有销量，果园里的果子马上就要成熟了，正是销售的最好时节，这个时候没有流量，对店铺的打击是非常大的。

不得已之下，李云玲开始仔细查看店铺的经营数据。经过分析发现，店铺的付费流量和自然流量都下降得非常厉害，并且一两个星期前就有了这种趋势。付费流量点击较少，可能是宝贝主图、宝贝价格、宝贝销量、宝贝选款或宝贝关键词出了问题。自然搜索流量下降，可能是行情有变，关键词有问题，也可能是某个引流商品的流量出了问题。李云玲依次对每个可能的因素进行分析排除，查询了当前行业的热搜词，查看了同类目店铺的销售情况，发现换季之后，买家纷纷开始搜索应季鲜果，之前店铺的主打水果成了换季的"淘汰品"，搜索人数自然下降了很多。市场行情变了，但自己店铺的主推品依然是上个季节的水果，不仅主推品的流量损失了很多，还影响了店铺的整体排名。

找出问题之后，李云玲立刻着手整改店铺，重新优化当季鲜果的商品标题、主图、详情页和价格等，又设置好橱窗推荐和商品上、下架时间，通过数据分析工具密切关注优化后的流量动向，并不断进行调整，总算扭转了店铺流量的劣势。

总结：店铺优化并不是一劳永逸的，一个合格的卖家必须养成时刻观察店铺数据的习惯，这样才能及时发现店铺的问题。淘宝竞争环境激烈，市场在变，对手在变，如果自己驻足不前就是一种退步。卖家在进行店铺数据分析时，要时常跟店铺以前的经营情况进行对比，同时跟对手、行业进行对比，只有经过对比才能更好地做出判断。此外，店铺数据分析是多方面的，造成一个结果的因素也是多方面的，卖家必须学会分析问题，逐步排除错误选项，最终找到真正影响结果的问题所在。

实战训练

（1）了解网店经营的基本流量分析指标，然后使用生意参谋查看并分析淘宝店铺的流量数据，包括PC端访客、无线端访客、跳出率和转化率等。

（2）使用生意参谋分析店铺的客户数据，查看访客地域、访问时间段、新客户比例、老客户比例和新老客户对比等信息。

（3）使用生意参谋分析店铺的销售数据，查看交易金额、交易笔数、客单价、下单转化率和支付转化率等信息。

第4篇　管理售后

第10章
网店物流与仓储

物流配送是网店销售过程中的一个重要部分，直接关系着店铺的评价。网店经营者在开店之前，必须对不同快递公司的信息进行调查和了解，包括价格、质量、速度和包装等。本章将主要介绍物流的选择、物流设置和仓储管理等知识。通过本章的学习，读者可以熟悉网店常用的主要物流方式及物流设置和管理的基本知识。

10.1 物流的选择

网店经营作为一种构建于网络之上的商务模式，其商品的流通基本都是依靠物流来完成的。因此，网店经营者首先必须了解网店物流的类型和选择方式。

10.1.1 网上商品的主要发货方式

现在提供物流服务的公司非常多，淘宝网中集合了各种类型的物流方式，主要包括快递、EMS快递、平邮和物流托运4种类型。

1. 快递

快递发货是目前淘宝网中的商家采用最多的一种物流发货方式，快递的发货速度快，价格比较固定适中，支持上门取货和送货上门，同时还可通过网络跟踪商品物流的进度，为买卖双方的货物收发都提供了很大的便利。随着物流的发展，现在的快递公司内部管理结构越来越完善，服务质量提升较大，物流行业的发展也越来越快。比较常见的快递公司有顺丰、申通、圆通、韵达、中通和宅急送等，如图 10-1 所示，它们的服务模式基本类似，根据需要进行选择即可。

▲ 图10-1　快递公司

 经验之谈

在发货前，卖家首先应该确认能为买家所在地提供快递服务的公司，可以询问买家，也可以自己查询快递公司的服务范围。若常用快递公司不提供买家所在地的物流服务，则需要联系买家，告知物流方式需要更改。发货后，要注意关注商品的物流情况，查看买家的收货情况，确保物流正常。

2. EMS快递

EMS快递即邮政的特快专递服务，在中国境内是由中国邮政提供的一种快递服务，同时提供国际邮件快递服务。EMS快递的运送范围很广，可送至各个地方，速度较快，运送安全，支持送货上门，可在网络中跟踪物流信息，如图10-2所示。

▲ 图10-2　EMS快递

3. 平邮

平邮是邮政中寄送信与包裹业务的总称，寄送时间一般比较慢，资费视距离和重量而定，也可以通过网络查询投递情况。选择平邮的卖家一般可以自己完成对商品的打包，针对商品的情况，也可选择一些保障服务，如保价、回执等。由于平邮需要的时间一般比较长，所以选择平邮的卖家不多，但是平邮的寄送范围非常广，针对一些其他快递没有提供物流服务的区域，可以使用平邮。

4. 物流托运

不方便使用物流运送的大件物品，或超重物品，可以使用物流托运。在托运之前必须对物品进行完善的包装和标记。一般来说，物流托运主要有汽车托运、铁路托运和航空托运等形式。托运所需的时间为航空最快，铁路次之，汽车较长；托运价格则是航空最贵，铁路较便宜。在进行托运时，要注意备注好联系方式。

经验之谈

现在有很多提供托运服务的物流公司，也可直接委托这些物流公司完成托运。在委托物流公司进行托运时，要事先对物流托运公司进行了解，以免出现货物丢失、货物破损等情况。

10.1.2　如何选择适合自己的物流

电子商务的快速发展带动了物流行业的发展，现在物流服务的服务范围越来越广，加入这个行业的企业也越来越多，难免出现良莠不齐的情况。在复杂的物流环境中，卖家初期选择快递公司时一定要十分慎重，快递安全、快递价格、发货速度和服务质量等因素都需优先考虑。

1. 快递安全

物流安全是卖家必须考虑的问题，丢件、物品破损等情况会严重损害店铺的服务质量，引起买家的强烈不满。为了保证商品的安全，对于贵重物品，卖家可以选择EMS，并进行保价，从而保障货主的利益。在选择其他快递服务时，卖家要有购买保险的意识，同时需要了解理赔服务。此外，卖家还可对物品进行保护包装，在包装箱上标注易碎、轻放等字样，叮嘱快递公司注意保护等。

经验之谈

对于易碎、易损坏的商品，卖家不仅需要进行多重的保护，叮嘱快递公司安全运送，还需提醒买家在签收之前先进行验货。

2. 快递价格

快递价格与成本息息相关，为了降低成本，很多卖家都愿意优先选择价格更低的快递服务，这当然无可厚非，但也绝不能一味盲目地以低价为标准。如果低价的物流服务是以物流质量低为代价，那么卖家将得不偿失。因此，卖家需对快递公司进行详细对比。首先，了解想要选择的快递公司，通过每个快递公司的官方网站查询快递公司的基本资料、联系方式等，筛选出综合质量良好的快递公司。其次，选择负责自己所在地的各个快递公司的网点，与负责该区域的快递员沟通价格，可以在对比多家之后再做决定。最后，如果合作愉快，可以适当地进行沟通，尽量拿到比较低的友情价格，降低自己的成本。

3. 发货速度

在网上进行购物的买家，通常对物流的速度快慢非常在意，物流速度快，会非常容易赢得买家的好感，反之，则容易引起买家的不满甚至投诉。卖家一定要注意快递的发货速度，首先自己发货的速度要快，其次快递揽件并发货的速度也要快。由于快递公司在不同地区的网点一般都采用独立核算的方式，因此不同地区的快递网点其服务质量、速度等可能都不一样，卖家最好亲自考察并对比自己所在区域的快递发货速度，选择比较优秀的网点。

4. 服务质量

服务质量也是卖家挑选快递服务的标准之一。快递行业作为服务行业之一，应该具备服务行业的精神，遵守服务行业的准则。质量好的快递服务会给买家带来舒适的服务体验，从而增加买家对网店的好感度。

10.2 物流设置

在淘宝网店中，卖家需要进行物流设置后才可为买家发货，包括服务商设置、运费模板设置和编辑地址库等，下面分别进行介绍。

10.2.1 服务商设置

淘宝网店中提供了很多服务商，卖家可以选择自己常用的快递服务商并进行开通。其方法为登录淘宝卖家中心，在"物流管理"栏中单击"物流工具"超链接，进入物流工具管理中心，在该页面中可以查看现在主流的物流服务商，单击选中需要开通的服务商前的单选项，然后单击其后的 开通服务商 按钮即可，如图10-3所示。如果卖家在设置服务商时没有编辑过地址库，则首先要对地址库进行编辑，然后才可以设置物流服务商。

▲ 图10-3　选择服务商

10.2.2　运费模板设置

由于网店中的买家来自各个不同的地区，而不同地区的快递服务费用经常也不一样，因此卖家需要对运费模板进行设置，从而对不同地区的买家的运费进行区分。下面介绍淘宝网中运费模板的设置方法，其具体操作如下。

扫一扫 实例演示

STEP 01　登录淘宝卖家中心，在"物流管理"栏中单击"物流工具"超链接，进入物流工具管理中心，在右侧页面中单击"运费模板设置"选项卡，在该页面中单击按钮。

STEP 02　打开"新增运费模板"编辑页面，在"模板名称"文本框中输入模板的名称，并依次设置"宝贝地址""发货时间"等信息，单击选中"自定义运费"单选项，然后根据实际情况单击选中"按重量"单选项或"按件数"单选项，如图10-4所示。

经验之谈

根据区域的不同，卖家可以设置不同的运费模板，在寄送时，直接根据寄送地址选择相应模板即可。

▲ 图10-4　设置基本信息

经验之谈

在设置计价方式时，可以根据实际情况进行选择。如果店铺经营的是小件商品，可以选择"按件数"或"按重量"计价；如果是体积较大的商品，则可以"按体积"计价。在设置价格时，最好根据快递服务商的价格标准进行设置。

STEP 03　单击选中"快递""EMS""平邮"复选框，在其下方打开的表格中填写相关运费信息，如图10-5所示。

▲ 图10-5　填写运费信息

经验之谈

　　如果网店中商品的运费不随着重量、数量或体积的增加而增加，可将运费都设置为"0"，然后单独设置指定地区的运费模板。

STEP 04　单击"为指定地区城市设置运费"超链接，添加一个模板，单击"发送到"栏的"编辑"超链接，在打开的对话框中设置需特别指定运费的区域，单击 确定 按钮，然后设置这些特定区域的价格。

STEP 05　按照该方法依次设置EMS和平邮

的指定区域运费模板，单击选中"指定条件包邮"复选框，在打开的表格中可设置满足指定条件后包邮，在"选择地区"栏中可设置包邮地区，在"设置包邮条件"栏中可设置包邮条件，设置完成后单击 保存并返回 按钮，如图10-6所示。

▲ 图10-6　设置指定条件包邮

STEP 06　返回物流工具管理中心，即可查看已经设置完成的运费模板。在寄送商品时，选择该模板名称即可应用。

经验之谈

　　在运费模板上方单击"修改"或"删除"超链接，可对模板进行重新编辑，或将模板删除。

10.2.3　编辑地址库

　　地址库即卖家的地址，当需要发货或买家申请退货时，则需要卖家的地址。编辑地址库的方法为：登录淘宝卖家中心，在"物流管理"栏中单击"物流工具"超链接，进入物流工具管理中心，在右侧页面中单击"地址库"选项卡，在打开的页面中填写相关信息，如图10-7所示，填写完成后单击 保存设置 按钮即可。

▲ 图10-7　编辑地址库

10.3 仓储管理

仓储管理即对仓库和仓库中储存的物资进行管理。仓储管理是物流管理中非常重要的一个部分，仓储不仅是商品的保管场所，还是仓库物资的流转中心。卖家需对仓储管理有一个基本的了解。

10.3.1 商品入库

商品入库是网店日常运营工作中的一部分，一般包括商品检查、货号编写和入库登记3个步骤，下面分别进行介绍。

- **商品检查**：商品检查是指对入库的商品进行检查，一般需检查品名、等级、规格、数量、单价、合价和有效期等信息。通过商品检查，卖家可以了解入库商品的基本信息，筛选出不合格的商品。
- **货号编写**：当商品种类和数量较多时，需要对商品进行区分，一般采取编写货号的方式。在编写货号时，可以采用商品属性和名称+编号、商品属性或名称缩写+编号的方式。
- **入库登记**：入库登记是指按照不同商品的属性、材质、颜色、型号、规格和功能等，分别将其放置到不同的货架中，同时编写入库登记表格，对商品入库信息进行记录。

10.3.2 商品包装

商品包装不仅方便物流运输，同时还能对商品在物流运输过程中进行保护。商品包装一般需要根据实际情况而定，不同类型的商品其包装要求也不一样。当然，卖家也可以对商品包装进行美化，提高物流质量，增加买家好感度。

1. 常用包装方法

商品包装是商品的一部分，反映着商品的综合品质。商品包装一般分为内包装、中层包装和外包装3种。

（1）内包装

内包装即直接包装商品的包装材料，主要有OPP自封袋、PE自封袋和热收缩膜等。一般商品厂家已经进行了商品的内包装。

- **OPP自封袋**：OPP自封袋透明度较好，材料比较硬，可以保证商品的整洁性和美观性，文具、小饰品、书籍、小电子产品等小件商品均可使用OPP自封袋进行内包装，如图10-8所示。
- **PE自封袋**：PE自封袋比较柔软，主要用于防潮防水、防止物品散落等，可反复使用，明信片、小样品、纽扣、散装食品、小五金等都可以使用PE自封袋进行内包装，如图10-9所示。
- **热收缩膜**：热收缩膜主要用于稳固、遮盖和保护产品，效果类似于简单的抽真空，很多商品外覆的透明保护膜即为热收缩膜，如图10-10所示。

▲ 图10-8　OPP自封袋　　　　▲ 图10-9　PE自封袋　　　　　▲ 图10-10　热收缩膜

（2）中层包装

中层包装通常指商品与外包装盒之间的填充材料，主要用于保护商品，防止运输过程中的商品损坏。报纸、纸板、气泡膜、珍珠棉、海绵等都可以用作中层包装。

- **报纸**：如果商品不属于易碎品，且不容易产生擦痕等，可使用报纸进行中层包装，主要起到防潮作用。
- **气泡膜**：气泡膜是一种十分常见的中层包装材料，它不仅可以保护商品，还可以防震、防压和防滑。数码产品、化妆品、工艺品、家具、家电和玩具等都可以使用气泡膜作为中层包装材料，如图10-11所示。
- **珍珠棉**：珍珠棉是一种可以防刮、防潮的包装材料，也可做到轻微的防震。薄的珍珠棉可以包裹商品，厚的珍珠棉可用于填充、做模和固定商品等，如图10-12所示。
- **海绵**：海绵是非常柔软的一种材料，可用于包裹商品，也可以作为填充材料，如图10-13所示。

▲ 图10-11　气泡膜　　　　　　▲ 图10-12　珍珠棉　　　　　　▲ 图10-13　海绵

 经验之谈

卖家在选择中层包装材料时，可根据实际情况进行选择，灵活使用各种填充材料。例如，包装水果的网格棉也可用于其他小件商品的包装或作为填充材料使用。

（3）外包装

外包装即商品最外层的包装，通常以包装袋、包装盒和包装箱为主。下面对常见的外包装材料进行介绍。

- **包装袋**：包装袋是一种比较柔性的包装方式，韧性较高，且抗拉抗磨，主要有布袋、纸袋等种类，一般如纺织品等柔软抗压的商品可采用包装袋进行包装，如图10-14所示。

- **编织袋**：编织袋主要用于包装大件的柔软商品，在邮局、快递、物流等多种场合都十分常见。
- **复合气泡袋**：复合气泡袋是一种内衬气泡膜的包装袋，具有较好的防震效果。书籍、相框等物品均可使用复合气泡袋进行包装，如图10-15所示。

▲ 图10-14　包装袋

▲ 图10-15　复合气泡袋

- **包装盒**：包装盒是一种具有较好的抗压强度的包装材料，不易变形，多呈几何形状。糖果、巧克力、糕点等小件物品使用包装盒的概率较高，如图10-16所示。
- **包装箱**：包装箱与包装盒类似，通常体积较大，包装量较大，使用范围比较广，主要用于固体货物的包装，非常适合作为运输包装和外包装的材料，如图10-17所示。

▲ 图10-16　包装盒

▲ 图10-17　包装箱

2. 包装时的小技巧

在包装商品时，有心的卖家可在包装箱上做一些贴心小提示，不仅可以提醒快递员注意寄送，还可以宣传一下自己的店铺。此外，为了提升买家的好感度，还可送一些贴心卡片、小礼品，或使用具有个性特色且可以迎合目标消费群的包装箱等，如图10-18所示。

▲ 图10-18　包装小技巧

10.3.3　商品出库

商品出库是指仓库根据商品出库凭证，按所列商品编号、名称、规格、型号和数量等，准确、及时、保质保量地发给收货方的一系列工作。对于淘宝网店而言，商品出库主要包括选择物流公司、联系快递员取货和填写并打印物流信息等主要步骤。

- **选择物流公司**：当收到出库通知时，首先需要核对出库商品的信息，并根据商品信息提取对应的商品，填写商品出库表，登记商品出库信息，选择物流公司。
- **联系快递员取货**：根据商品所在地区联系物流公司该区域的快递网点，通知快递前往取货。
- **填写并打印物流信息**：填写商品的物流单，记录并打印商品的物流信息，方便对物流信息进行保存和跟踪。

10.3.4 物流跟踪

将商品包装好并交给物流公司负责运输后，卖家还应时刻关注和监督物流公司的发货和运输信息，对物流情况进行跟踪，保证商品可以在最短的时间内到达买家手中，避免因物流速度过慢而引起买家的不满。通过淘宝后台的卖家中心即可对物流情况进行跟踪，其方法是：登录淘宝网，在"卖家中心"页面中单击"物流管理"栏中的"智选物流"超链接，在打开的页面中即可查看当前所有订单目前的物流状态，如图 10-19 所示。

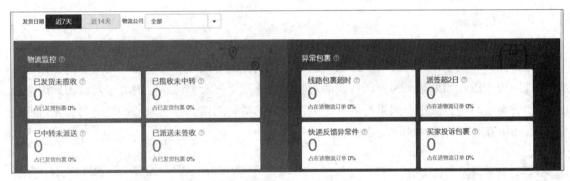

▲ 图10-19 物流跟踪

10.3.5 货物维护

在快递运输的过程中，有可能会出现货物丢失、货物破损和货物滞留等情况。此时，卖家必须及时了解货物的物流情况，与物流方取得联系，并快速实施相应的解决方案。

1. 货物丢失

货物丢失属于物流中比较严重的问题，出现货物丢失的情况时，卖家一定要与物流方进行沟通，及时对货物丢失的详细情况进行了解。一般来说，货物丢失分为人为和非人为两种情况，如果是人为原因造成的货物丢失，则需追究责任人的责任。为了防止这种情况的发生，卖家在进行商品包装时，特别是包装电子商品等贵重商品时，一定要做好防拆措施，并提醒买家先验收再签字，将风险降至最低。如果是非人为原因造成的货物丢失，那么可以要求快递公司对商品的物流信息进行详细排查，检查是否遗漏在某个网点，如果确实找不到了，可以追究快递公司的责任。

不管是何种原因造成的货物丢失，都可能延长买家收到货物的时间。为了避免纠纷，在商品出现丢失情况时，卖家应该告知买家，并与之协商好处理办法，如果买家不接受该情况，卖家则要尽快重新发货。

2. 货物破损

货物破损是一种非常影响买家好感度的情况，商品包装不当、快递运输不当等都可能导致货物破损情况的发生。为了预防这一情况，卖家在包装商品时，一定要仔细严谨，选择合适的包装材料，保证货物在运输过程中的安全。如果是运输不当的问题，则需要追究快递公司的责任。

对于买家而言，收到破损商品是一件非常影响情绪的事情，这可能直接导致差评的产生。因此，卖家一定要重视商品的合理包装，如果是易碎易坏商品，则要告知快递员小心寄送，并在包装箱上做出标识。

经验之谈

货物丢失和损坏不仅会影响物流质量，还会造成买家、卖家和快递公司等多方损失，处理起来既耗时又烦琐，卖家一定要注意避免，选择服务质量更好的快递公司，并确保商品包装的安全。

3. 货物滞留

货物滞留是指货物长时间停留在某个地方，迟迟未进行派送。货物滞留分为人为滞留和非人为滞留两种。其中，人为滞留多由派送遗漏、派送延误等问题引起，非人为滞留则多由天气等客观原因造成。如果是人为原因造成的货物滞留，则需要卖家联系物流方了解滞留原因，催促快递公司及时进行派送。如果是非人为原因造成的货物滞留，则卖家应该及时与买家进行联系，告知物流滞留原因，并请求买家理解。

经验之谈

物流配送质量是商品好评中非常重要的一个因素，为了保证货物的及时配送，卖家可以跟快递员搞好关系，让快递员优先配送。

疑难解答

物流管理和仓储管理是电子商务中比较重要的一部分，网店经营者必须对其有个大致的了解。下面主要对电子商务中仓储管理的一些疑难问题和解决方案进行介绍。

1. 不同类型的商品要如何包装？

答：一般来说，不同商品的包装技巧也不同。下面分别对不同类型的商品包装技巧进行简单介绍。

- **服饰类商品：** 一般服饰类的商品在包装时需要折叠，多用包装袋进行包装。为了防止商品起皱，可用一些小别针固定服饰，或使用硬纸板进行支撑；为了防水，还可在服饰外包装一层塑料膜。

- **首饰类商品：** 首饰类商品一般直接用大小合适的首饰盒进行包装。如果是易碎、易刮花的首饰，还应使用一些保护材料对首饰单独进行包裹。

- **液体类商品**：化妆品、酒水等液体类商品都属于易碎品，必须非常注意防震和防漏，必须严格检查商品的包装质量。在包装这类商品时，可使用塑料袋或胶带封住瓶口防止液体泄漏，用气泡膜包裹液体瓶子或在瓶子与原包装之间进行填充，在外包装纸与商品的间隙中也需填充泡沫等材料。
- **数码类商品**：数码产品价格比较昂贵，因此一定要注意包装安全，一般需要使用气泡膜、珍珠棉、海绵等对商品进行包裹，同时还需使用抗压性较好的包装盒进行包装，避免运输过程中被挤压损坏。卖家可以对数码商品进行保价，提醒买家验货后再确认签收。
- **食品类商品**：食品类包装必须注意包装材料的安全，即包装袋和包装盒必须清洁、干净、无毒。部分食品保质期较短，对温度要求也较高，包装这类商品时要注意包装的密封性等。卖家收到订单后应尽快发货，尽量减少物流时间。
- **书籍类商品**：书籍类商品的防震性和防压性都比较好，需主要注意防水、防潮的处理，一般可使用包装袋或气泡袋进行封装，再使用牛皮纸或纸箱进行打包。

2. 贵重物品的快递技巧有哪些？

答：通常贵重物品出现物流问题都会给卖家带来很大的损失，因此，卖家一定要格外注意贵重物品的快递。一般来说，寄送贵重物品时遵循以下几点。

- **挑选快递公司**：寄送贵重物品应该挑选信誉较好、服务质量较好的快递公司，最好不选择知名快递公司的代理公司。
- **运单填写**：在填写贵重物品的快递单时，货物描述中不需要写货物的具体名称，比如珠宝类商品，可以填写为饰品。
- **包装标识**：为了防止快递包装被私自拆开，可以在外包装上做一些标识，如在箱子底部贴一些与商品或店铺有关的小贴士等。
- **包装**：贵重物品一定要注意防震、防刮、防水和防压。包装时一般需要将包装盒中的空间填满，防止商品在运输过程中晃动，还可起到防震、防水的作用。
- **保价**：贵重商品一定要进行保价，保价时了解清楚保费、赔偿以及保险公司等信息。
- **先验收再签字**：售出贵重物品时，卖家一定要提醒买家先验收再签字，否则如果出现商品损坏的情况，非常容易引起耗时耗力的纠纷。

经典案例——好物流成就好口碑

小青是一名在校大学生，她在淘宝网开了一家小店，想利用闲暇时间卖一些自己制作的手工品，有书签、发簪、发夹和手链等女孩子比较喜欢的小饰品。小青也接受一些不太复杂的定制服务，帮买家制作一些动漫饰品、动漫道具等。

小青店铺的买家不多，最初只有同校或周边学校的一些同学委托她做一些小东西，后来慢慢有了一些其他买家。有了其他买家，势必就需要邮寄商品。小青是个很细心的女孩子，为了防止商品被压坏，她把每一个包裹都包装得很仔细，除了使用气泡膜层层包裹商品之外，还贴上小便签提醒快递员注意，比如"亲爱的快递小哥，这个盒子里面装着一个可爱的妹子的宝贝，它很脆弱，请你像保护小鸟一样保护好它哟！"。小青还制作了一些手工的封条，上面画了一些可爱的卡通图案，用马克笔写着"萌之封印"之类的字，每次包装商品时她都将封条端端正正地贴在包装盒上。

小青的买家都是年龄相差不大的同龄人，她们收到商品后看到包装上的便签和封条，油然升起亲切感和认同感，连带着对店铺产生极大的好感，纷纷给出好评。评论区经常能看到"店家制作的便签好贴心，画的画也非常萌，好评！""天啦店家好萌，画的画萌，写的字萌，整个儿一个大写的萌！"之类的评论。在小青店铺购买手工制品的买家，多为喜欢动漫文化的年轻人，她们有自己的娱乐圈子，也认识很多爱好相同的朋友。因为小青的手工制品做得好，服务态度好，这些买家就经常介绍朋友去小青的店铺购买。这些被介绍来的买家无一例外，均给了小青五星好评。

几个月时间，几百单交易，没有一个差评。小青靠着在物流包装上的一些小心思，竟然把店铺做到了好评率100%。跟小青一样经营同类型店铺的卖家有很多，但大部分没有小青出色。小青说店铺这点小成绩完全是因为自己运气好。其实不然，小青的脱颖而出并不能归类于巧合和偶然，服务质量是淘宝网店综合评价中非常重要的一个因素，也是衡量买家体验度的主要指标。如果是真正贴心的卖家、真正贴心的服务，买家自然能够体会出来。

总结：对于网店而言，物流服务并不仅仅是指物流运输的过程，商品包装、物流跟踪、物流运输和快件派送等都属于物流服务的范畴。为了店铺的高好评率，淘宝卖家必须在对待物流服务的问题上狠下一番功夫，为买家提供他们真正需要的并能够打动他们的服务。

实战训练

（1）通过网络查询现在主流的快递公司，收集各个快递公司的服务质量、物流速度、价格和安全性等信息，并分析它们的优缺点。

（2）登录淘宝卖家中心，进入物流工具管理中心，根据了解的快递公司信息选择并开通相应的快递服务。

（3）在淘宝后台系统中的物流工具管理中心新建运费模板，模板名称为"通用免邮"，设置上海地区的运费为10元，其他地区免邮。

（4）在淘宝后台系统中的物流工具管理中心编辑地址库，填写地址、联系方式、联系人和邮政编码等信息。

（5）了解商品入库、商品包装和商品出库的相关知识，熟悉货物丢失、货物损坏、货物滞留的处理方法。

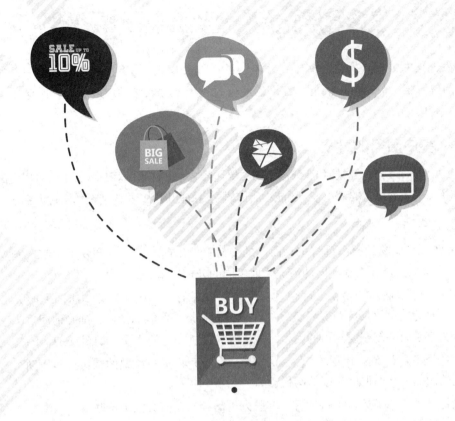

第11章

网店客服与售后服务

商品的售后服务是营销中非常重要的环节，不论是线下实体店还是网上商店，都对客服质量有非常严格的要求。客服的质量直接影响着买家的消费体验和消费行为，与网店的业绩和长远发展息息相关。本章将主要针对客户服务、售前服务、售中服务、售后服务、客户关系管理、客服人员管理等网店经营中常见的客服知识进行介绍。通过本章的学习，读者可以了解和掌握网店客户服务的基本内容和客服管理方式。

11.1 了解客户服务

作为销售过程中必不可少的一个环节，客户服务是网店利润的直接转化因素之一，在网店权重中所占的位置也十分重要。因此，在网店经营过程中，卖家必须对网店客户服务有一个充分的了解。

11.1.1 客户服务的意义

客户服务是买家了解商品信息和店铺信息的主要途径之一。优秀的客户服务不仅可以提高交易成功率，留住买家并发展更多的老顾客，还能为店铺树立良好的形象，扩大店铺的影响力和知名度。

1. 提高成交率

客户服务体现在交易的整个过程中，商品的交易在发生前、发生中和发生后都可能需要客户服务。因此，客服人员要根据不同的情况采取不同的处理措施。

- 当买家为了了解商品的价格、颜色、尺寸或物流等信息，在交易前与店铺客服人员进行沟通时，如果在线客服人员具备良好的客服技能和素养，能够快速、准确地回复买家的疑问，让买家及时了解想要知道的内容，就更容易促进交易的成功，如图11-1所示。
- 当买家选择不定、犹豫不决时，优秀的客服人员也可以通过娴熟的销售技能帮助买家选择更合适的商品，从而促进买家的购买行为。
- 当买家提交了订单但迟迟未付款时，客服人员需要主动与买家进行联系，以温和的方式对买家进行催付，主动向买家确定收货地址、联系方式、商品信息等，促进交易的进程。
- 当买家在使用商品的过程中出现了问题并向店铺提出投诉时，客服人员需要及时提出解决方案，安抚买家的情绪，挽回差评，提高店铺动态评分。

▲ 图11-1　交易之前的客户服务

2. 提高客户回头率

良好的购物体验是决定买家是否重复购买的重要因素之一。当买家在店铺中进行了一次购物体验，对店铺的服务态度、商品、质量、物流、速度和售后服务等有了不错的评价后，他就可能收藏店铺，成为回头客。买家收藏店铺后，若此后购买相同商品就会优先选择收藏的店铺，同时还能带动店铺中其他商品的销量，增加店铺的总体销售额。而没有收藏店铺习惯的客户再次搜索相关商品时，淘宝网也会优先显示已购买的店铺，如果买家在该店铺的购物体验良好，也会再次选择已购买过的店铺，而不必花费更多时间重新选择，如图11-2所示。

▲ 图11-2　购买过的店铺

3. 塑造店铺形象

网店与实体店不同，在网店中进行购物行为时，买家在收到商品之前无法切实地触摸到商品，因此很容易产生顾虑，特别是价值较高的商品，其顾虑就越重。当买家对商品存在顾虑时，客服人员便可以与其进行交流，通过对商品的专业讲解和相关售后保证来建立买家的信任感，让买家感受到卖家的态度和诚意，消除买家心中的疑虑，使买家感觉安全可靠，从而树立起店铺在买家心中的形象。随着买家对服务要求的逐渐增加，服务质量和售后质量在交易活动中所占的地位越来越重，优秀、别致和贴心的客户服务甚至成了店铺的标志之一，非常利于扩大店铺的影响力。

　经验之谈

　　交易是由买卖双方共同完成的。优秀的客户服务在交易过程中可以为买卖双方都带来便利，不仅为店铺带来良好的收益和影响力，还方便了买家的购买过程，是"双赢"的一种体现。

11.1.2　客户服务的沟通原则

虽然买家的类型多种多样，但卖家在与不同类型的买家沟通时，需要遵循的一些基本沟通原则是类似的，一般都以避免与买家发生冲突、不消极对待交易对象和交易过程为最基本的准则。下面针对客服人员应该掌握的基本沟通原则进行介绍。

1. 提供礼貌热情的服务

任何服务行业都遵循着一个相同的共识——"顾客是上帝"。"微笑服务"不仅是实体店的客服礼仪，在网店中也尤其重要，一个优秀的网店客服必须让买家在交流过程中能感受到良好的礼仪和热情的态度。

- **礼貌用语**：对于网店客服而言，礼貌的用语不仅是指语言上的温和、亲切和礼貌，还必须将热情的服务态度展现出来。一般在对待主动咨询的买家时，客服人员不宜采用"你要买什么""什么事"等冷硬的用语，善用"您好""请"等常见礼貌用语可以拉近与买家之间的距离，使买家感到亲切，这样更容易与买家建立起和谐友好的氛围，优化购买过程。
- **善用表情和图片**：表情和图片是聊天中非常常见的一个因素，非常利于活跃气氛、表达情绪。若客服人员在与买家交流的过程中使用笑脸、玫瑰、害羞和飞吻等表情，则可以适当地调节气氛，让买卖双方的沟通变得更愉快轻松，如图11-3所示。

▲ 图11-3　交流用语和善用表情

2. 换位思考

换位思考是指客服人员在与买家的沟通交流中，应该设身处地站在买家的立场上来考虑问题，将买家当作自己的朋友，思考和理解买家的实际需求，不要将自己摆在"我是卖家"的位置上，提出不适合买家的建议。

与买家交流时，客服人员可能会遇到各种问题，比如买家不愿意自己查看商品描述而直接进行咨询，遇到一点点操作上的问题就迫不及待地进行咨询，或者并没有购买行为却重复咨询商品信息等。不管遇到任何咨询问题，客服人员都应该抱以耐心宽容的态度，不对买家的问题提出质疑和偏见，再简单的问题也需认真解答，并表达自己非常乐意随时提供咨询服务的态度。

3. 技巧性地应对各种类型的买家

不同类型的买家其购买方式和交流方式都不同，客服人员要善于从买家的语言中推测他的消费心理，根据其消费特点，选择最合适的沟通方式，从而促成交易的完成。

从心理学的角度出发，买家购买商品的心理需求主要可以分为求实、求美、求名、求速、求廉、求同、求惯和求安8个方面。客服人员在与买家交流时，要根据买家的心理活动来调整自己的沟通和营销方式，以便最大化满足买家的需求并售出商品。比如针对求美的买家，在介绍商品时，客服人员可以突出介绍商品的外观；对于求同的买家，客服人员可以用商品的热销程度来说明购买人数很多，该商品值得信任。

4. 尊重与信任买家

一个合格的客服人员必须懂得基本的交谈礼仪，尊重买家是对客服人员的基本要求之一，要做到在与买家沟通时，耐心等待，如果买家话未说完，不要急于去打断对方。对于买家的问题，客服人员要及时准确地进行回答，表现出对买家的充分尊重和重视，使买家产生好感，这样买家会更加愿意接纳卖家的意见，也更容易被说服。

5. 聆听买家的问题和需求

客服人员一定要善于聆听买家的问题和要求。聆听是沟通的基本条件之一。在与买家交流时，要通过聆听分析买家的心理，寻找与买家沟通中的关键词，抓住买家想表达的主旨，从而快速做出正确的反应，给出使买家满意的答复。同时，聆听也可以让对方感觉卖家对话题很关注、很重视，觉得卖家值得信任。为了更加了解买家，在聆听的过程中，客服人员也可以查看买家的信用评价及发布的帖子，通过这些来了解买家的性格特征，从而准确抓住买家的购物心理，有针对性地做出反应并提供服务。

6. 理性对待买家的问题

在客流量多的网店中，客服人员每天都要与各种各样的买家打交道。由于买家的性格、兴趣和素质等存在差异，导致有些沟通非常轻松，而有些沟通则显得烦琐。不管遇到什么买家，客服人员都应保持理性，快速妥善地解决问题。

- **善于控制自己的情绪**：当遇到挑剔、咄咄逼人等比较难缠的买家时，客服人员首先要保持理性与冷静，善于控制自己的情绪，切忌与买家争执，应该以和平的途径来解决问题。
- **积累交流技巧**：一个优秀的客服人员应该提前了解面对不同买家时的交流方法，多积累各种处理技巧，模拟面对不同买家时的处理方式，提高自己的承受能力和应变能力。
- **不要草率做出决定**：如果买家在交流的过程中情绪比较激动，客服人员不要草率地采取强硬的态度和手段来加剧彼此的矛盾，应该始终以心平气和的态度进行沟通，这样才有可能解除误会或者挽回错误。

7. 接受对方的观点

在进行交易的过程中，如果与买家存在不同的看法，客服人员可以委婉地进行解释和建议，尝试改变买家的想法，不能强势地将自己的建议强加给买家。当买家对商品的理解有误时，客服人员要温和地讲解，传达正确的观点。当买家对商品有不好的看法与感受时，客服人员依然要尊重买家的观点，尊重买家的想法，心平气和地解释，如果买家依然不接受，就要选择其他的途径进行解决。如果双方意见出现分歧，客服人员不要刻意地去和买家发生激烈的争论，应对自己的言行抱有谨慎的态度，不恶语伤人，勇于承认错误，努力弥补买家的损失。

11.1.3 客户服务流程

客户服务是网店必须设置的一个岗位，大中型网店由于订单繁多、咨询量大、售后内容多，对客服的分工要求更加严格，因此通常有一个专门的流程化的客服系统和模式。一般来说，客户服务可以分为售前服务、售中服务和售后服务3种类型，如图11-4所示。

▲ 图11-4 客户服务的流程

11.2 售前服务

网店客服的售前服务主要是一种引导性的服务，当买家对商品抱有疑虑时，即需要客服人员提供售前服务。从买家进店到付款的整个过程都属于售前服务的范畴，具体包括买家咨询、客服应答、了解和解决问题、达成订单、确定订单并引导买家付款、引导买家收藏店铺和感谢买家光顾等内容。在售前沟通的过程中，网店的客服人员通常需要掌握的客服知识包括商品的详细信息、商品推荐以及与不同类型的买家的沟通方式等。

11.2.1 介绍商品

一名专业的网店客服必须具有基本的专业性，即必须掌握商品的专业性知识和周边知识，了解同类产品信息和网店促销方案。

- **商品专业知识**：商品的专业知识主要包括产品质量、产品性能、产品寿命、产品安全性、产品尺寸规格、产品使用注意事项等内容。
- **商品周边知识**：商品的周边知识主要是指与产品相关的其他信息，如与同类产品进行分辨的方式、产品的附加值和附加信息等，这类信息有利于提高商品的价值，使买家更加认可商品。
- **同类商品信息**：同类商品是指市场上性质相同、外观相似的商品。由于市场同质化现象十分严重，买家会面临很多相同的选择，但是质量是顾客选择的最稳定的因素，因此客服人员需要了解自己的劣势，突出自己的优势，以质量比较、货源比价、价格比较等方式稳固买家。
- **促销方案**：网上商店通常会推出很多促销方案，客服人员需要熟悉自己店内的各种促销方案，了解每种促销方案所针对的顾客群体，再根据买家的类型针对性地进行推荐。

11.2.2 推荐商品

当客服了解了产品信息后，就可游刃有余地对商品进行推荐。对于网上商店而言，商品推荐主要包括商品本身的推荐和商品搭配推荐两个方面。

- **商品推荐**：商品的推荐需要因人而异，买家的需求、使用对象、性格特点等不同，推荐的方式和类型就不一样，比如买家购买自用商品，则实用性、美观性和适用性等就是首要推荐点；如果买家购买商品是为了赠送他人，则产品的包装、产品的品牌、实用性和美观性等都需要同时考虑。
- **搭配推荐**：商品的搭配主要包括色彩搭配、风格搭配和效果搭配等。在推荐搭配时，客服人员可以以店内模特、流行元素等进行举例。

11.2.3 与不同的买家沟通

一般来说，常见的买家主要有以下几种类型。

- **便利型**：这类买家的网上购物行为多以省时、快捷和方便为主要原因，特别是没有充足的时间逛街购物的人群更愿意选择网上购物平台满足自己的需求，同时他们也是网络消费的一大群体。这部分买家一般对网上购物的流程比较熟悉，且购物行为比较果断、快速，目的性较强。与这类买家交谈时，客服人员只需提供优质的商品和良好的服务态度，注意倾听他们的需求并尽可能地提供帮助即可得到认可。
- **求廉型**：这类买家大都喜欢价格便宜的商品，同时对质量的要求也不低，他们在购物时比较喜欢讨价还价，在应对他们时，客服人员首先应该以亲切热情的用语表达自己的态度，在语言上委婉地透露出商品的价格已足够低廉，若买家不依不饶，卖家可在不造成自己损失的前提下，适当迎合买家的心理，如略微降低价格或赠送其他赠品等，以促进交易的成功。

- **随和型**：这类买家一般性格较为开朗，容易相处，与他们交谈时要保留足够的亲和和诚意，他们一般很好交流，只要站在他们的角度尽可能地满足他们的需求，即可促成交易的达成。

- **犹豫不决型**：这类买家一般会在店铺浏览很长时间，花较长的时间选购商品，并且在客服人员的详细解说下，仍然犹豫不决，迟迟不会下单。与这类买家交谈时，耐心非常重要，就算买家一再询问重复的，或者已经解释多遍的问题，客服人员也要耐心详细地进行说明，做到有理、有据，用事实说服买家进行购买。

- **心直口快型**：这类买家下单比较果断，看好了想要购买的商品后就会立刻下单，对于不喜欢的则直接拒绝。在与这类买家交谈时，客服人员尽量快速而准确地回复买家的问题，表现出自己的专业性，尽量用语亲切，以买家的立场来进行说服，这样可增加交易的成功率。

- **沉稳型**：这类买家较为精明，做决定时一般会仔细考量，缜密应对，他们的个性沉稳且不急躁。要说服这类买家，客服人员需要迎合他们的思路来进行沟通，让他们自己说服自己。

- **慢性子型**：这类买家一般会花上较多的时间来查看商品，还可能会同时查看很多同类商品，并重复进行查看和比较，与他们沟通时，客服人员一定要有耐心，并详细回答他们提出的问题。

- **挑剔型**：这类买家大多都会对网上购物持不信任和怀疑的态度，认为商品描述的情况都言过其实，并会针对商品提出各种各样的刁钻问题。与这类买家沟通时，客服人员首先要仔细说明商品的详细情况，消除他们的不信任，积极解决他们提出的各种问题，适当给予一些优惠和赠品等，促进其购买行为。

11.3 售中服务

售中服务是指商品交易过程中为买家提供的服务，主要集中在顾客付款到订单签收这个阶段，包括订单处理、装配打包、物流配送、订单跟踪等内容。

- **订单处理**：订单处理主要是指对订单进行修改，如修改价格、修改买家的地址和联系方式等。

- **装配打包**：商品在寄出之前，需要对其进行打包，如果买家提出了特殊的包装要求，也要根据情况予以满足。

- **物流配送**：物流配送是指联系物流公司进行揽件并开始配送，注意物流信息要填写正确和完整。

- **订单跟踪**：订单跟踪是指随时跟踪订单的情况，并告知买家。

11.4 售后服务

售后服务是指买家在签收商品之后，客服人员针对商品的使用、维护等进行的服务。售后服务的质量是店铺服务质量中很重要的一个方面，好的售后服务不仅可以提高店铺的动态评分，还能吸引更多新顾客，留住老顾客。网店售后服务所包含的内容非常多，如商品使用解答、商品维护解答、退换货处理和中差评处理等，其中退换货处理和中差评处理是问题比较集中的两个方面。此外，完善的售后服务还包括主动问询买家的使用情况，根据买家的反馈信息及时调整、引导买家好评、好评回复和引导买家收藏店铺等。

11.4.1 售后客服注意事项

售后服务是交易过程中的重点环节之一，好的售后服务会给买家带来非常好的购物体验，因此客服人员在处理售后问题时要特别注意。

- **态度端正**：热情、耐心、礼貌和尊重是客服人员应该具备的最基本的素质，这在售后服务中也体现得非常明显。客服人员要耐心温和地处理各种售后问题，满足买家的合理要求。
- **回应买家的投诉与抱怨**：买家收到商品后，如果对商品的质量、性能或服务感到不满，就会有各种各样的投诉与抱怨，此时，客服人员要积极面对买家的投诉或抱怨，不能回避问题或消极处理。
- **避免与买家发生争执**：少部分买家如果对商品不满意，态度会十分恶劣，客服人员在遇到这类买家时，一定要避免与其发生争执，防止事态恶化，应该尽快提出实际可行的解决方法安抚买家并解决问题。
- **留住回头客**：当买家在使用了商品并有比较积极的反应时，客服人员要抓住机会，将其发展为老客户。
- **引导买家的好评和收藏**：好评和店铺收藏对于店铺的发展非常重要，一个优秀的客服人员应该善于引导买家给出好评和收藏店铺。

11.4.2 对待买家的中评和差评

当店铺的信用和规模不断扩大之后，成交量也会随之增加，随之而来的中差评也可能会不断增加。中评和差评对店铺的影响非常大，因此客服人员需要对中差评进行处理。

1. 应对投诉的原则和方法

买家投诉是一种可能经常会遇到的问题，在应对买家投诉时，客服人员应该在遵循一定准则的基础上对投诉进行处理。

- **及时道歉**：当买家所投诉内容属实时，客服人员首先应该主动道歉，表达出卖家诚恳的态度。若是买家投诉不属实，客服应该委婉温和地详细解释，解除误解。
- **耐心倾听**：当买家抱怨发泄时，客服人员要耐心倾听，态度良好，理解买家的抱怨，认真对待和判断买家的问题。
- **及时处理**：当买家进行投诉时，一般都是想尽快解决问题，因此客服人员在处理投诉时要迅速及时，切忌拖延。
- **提出完善的解决方案**：买家投诉基本都是为了解决问题，挽回损失，客服人员应该针对买家的这种心理迅速提出让买家满意的解决方案，如更换商品、退货或赠送礼品等。

2. 对待买家的中评和差评

卖家在经营网店的过程中会遇到各种各样的买家，当遇到比较挑剔的买家时，很小的一个失误都可能造成中差评的出现。网店的客服人员不能对买家的中差评表达不满，而应该将中差评看作提升商品和服务质量的机会，认真对待，及时解决。

一般来说，造成中差评的原因主要有以下几种。

- 不满意物流速度，等待收货的时间较长。
- 未及时回答买家的问题，或服务态度不够好，以及对售后服务不满意等。
- 对商品的颜色、质量、大小、外观、价格等不满意。
- 收到的商品有损坏。

卖家遇到不同的问题，需要提出不同的解决方式，比如对商品本身不满意的，可以为买家提供退货或换货服务。

3. 避免买家的中评和差评

好评率是网店非常重要的一个因素，会对买家的购买行为产生直接影响，差评不仅会影响好评率，还会扣掉网店信用，因此卖家要尽量避免买家的中差评。而在避免中差评之前，应该先分析产生中差评的原因，并有针对性地进行解决。下面对一些常见的避免中差评的方法进行介绍。

- **做好售前、售中的商品介绍**：客服人员在进行售前、售中的商品介绍时，要注意主动对一些重要问题和细节问题进行提醒，如商品尺码、颜色偏差等，并说明原因，有特别需要注意的问题也要进行标识和说明。
- **质量把关**：质量是买家购买商品的首要因素，因此质量问题一定不能忽视。卖家在进货时要注意亲自对质量进行甄选和对比，发货前也要仔细检查商品是否破损或存在缺陷。
- **解释色差**：色差是网上商品很难避免的一个问题，色差存在的原因有很多，光线、显示器分辨率等都可能形成色差，因此卖家可以对色差问题做出适当的提醒。
- **包装**：包装也是商品的卖点之一，好的包装可以让买家感觉更超值，卖家可以在包装上做一点小创新，博取买家的好感。
- **完善的售后**：售后是避免和挽回中差评的一个关键，完善的售后服务甚至能弥补商品质量上的细小缺陷。
- **热情的服务**：服务质量很大程度上决定着买家对整个店铺的评价，如果买家对店铺的印象好，中差评的概率就会很低。
- **面对买家评价**：收到买家的中差评后，客服人员应该诚恳地面对评价，虚心接受买家的批评，表达自己立即更改的态度，从而说服买家更改评论。

4. 引导买家修改中差评

中差评是网店不可避免的情况，很多中差评产生的原因都不算严重，都可以在与买家沟通之后得到修改，一名合格的客服人员应该能够合理地引导买家修改中差评，其过程一般如下。

- **及时联系买家**：当收到买家的中差评之后，客服人员首先要及时联系买家，了解产生中差评的原因，并分析原因。
- **进行沟通**：了解了中差评的原因之后，客服人员要耐心与买家进行沟通，恳请买家修改中差评。如果中差评的原因在于卖家，则要主动承认错误，为买家换货，进行补偿。如果中差评的原因在于买家，也可通过一定的补偿措施恳请买家修改中差评。

11.4.3 退换货处理

退换货处理在网店中十分常见。当买家对物品不满意或者商品的尺码不合适时，买家就会申请退换货服务，客服人员应该根据实际情况快速做出处理。一般来说，在买家申请退换货时主要有退换、折价和换货3种处理方式。

- **退货**：当买家对收到的商品不满意时，即可申请退货。在买家申请退货时，卖家应该先了解退货原因，以及是否符合退货要求，确认之后再将卖家的退货地址告知买家并请买家告知物流凭证，收到货物后尽快给买家退款。目前买家在淘宝申请退货时，淘宝网会根据买家的信用等级直接退还货款。

- **折价**：当买家对商品不满意或商品存在细微瑕疵时，会向卖家进行反映，此时客服可以要求买家以拍照的方式反馈商品问题，再根据商品的具体情况判断是否折价、折价多少等，选择折价后再退还相应款项即可。

- **换货**：当买家觉得尺码、颜色等不合适时，即会申请换货。卖家首先需要判断商品是否符合换货要求，如果符合换货要求，则告知换货地址并请买家告知物流凭证，收到货物后再换货发回。

11.5 客户关系管理

客户关系管理是一个不断与客户交流，了解客户的需求，从而提供更完善的产品和服务的过程。客户关系管理不仅可以使卖家更了解自己的客户群，制订出更合适的营销方案，还可以通过交流管理不断发展客户，培养客户忠诚度。

11.5.1 新客户的寻找和邀请

淘宝网上的店铺数目非常多，要想让"游客"发现你的店并成为常驻客户，是一个需要投入很多精力的过程。一般来说，新客户的发展比老客户的维护更难，且需要花费更多的时间、金钱和精力等，但新客户是网店客户群中必须发展的对象，一个成功的网店必须懂得如何寻找和邀请新客户。

- **利用淘宝增值服务**：淘宝提供了直通车、淘宝客和智钻等增值服务，可以帮助卖家将客流量引导至店铺，好好把握这些客流量，即可使他们成为新客户。

- **做好店铺推广**：在电子商务时代，大部分信息传播都是通过网络进行的，卖家可以好好利用自媒体、论坛、网站等渠道对自己的店铺进行宣传，吸引新客户。

- **做好关键词**：买家在淘宝进行购物时，大多是通过关键词搜索的方式寻找自己需要的商品，只有做好了商品关键词，才能让更多人找到店铺。

- **打响店铺名号**：知名的店铺更容易吸引到新客户。

- **好看的店铺装修**：店铺装修是否美观也是是否吸引买家的一个重要原因，美观的店铺装修更容易赢得买家的青睐。

11.5.2 影响客户回头率的因素

客户关系维护对网店的影响非常大，要想使网店发展得更好，不仅需要发展新顾客，还需要维护老顾客，让他们能够留在店里固定消费。为了实现这一点，卖家首先要了解会对客户回头率产生影响的主要因素。

- **产品**：产品性价比是买家非常关注的一个问题，也是影响买家回头率的非常重要的因素。性价比越高，对老顾客的维护越有利。
- **品牌**：店铺品牌和商品品牌在很大程度上影响着买家的回头率和忠诚度，因此要做好品牌定位。
- **服务**：买家是否选择再次在店内消费，服务质量占很大的因素，良好的服务品质和购物体验也非常可能将新客户发展为老客户。
- **促销**：不断变化且能吸引买家的促销手段，也会刺激买家的再次购买，在卖家开展促销活动时，可以通过短信、旺旺、网站宣传等方式提前告知买家。
- **会员**：会员折扣、会员积分等优惠政策可以维护更多的老顾客。
- **回访**：不定期地通过短信、旺旺、邮件等形式回访买家，可以增加买家的印象，使其在选购该类商品时首先想到和选择熟悉的店铺，提高买家的回头率。

11.5.3　老客户的发展与维护

网店的新客户来之不易，因此卖家一定要做好老客户的发展工作，在将新客户发展为老客户之后，也要懂得对老客户进行维护。

1. 老客户的发展

将新客户发展为老客户是很多卖家都希望做好的一项工作。一般来说，想要更好地发展老客户，需要做到以下几点。

- **为买家着想**：做好售前、售中和售后服务，可以使买家对店铺产生好感。而站在买家的角度考虑问题，分析和考虑他们的需求并满足，可以让买家觉得卖家值得信任，更容易交流，不仅可以减少交易纠纷，也可以让买家对店铺的态度更宽容。
- **推荐合适的商品**：如果卖家为买家推荐的商品不够好，则买家会对卖家产生不信任感。如果卖家为买家推荐的商品质量、价格等都能使买家满意，就能使买家再次光顾店铺。
- **建立买家的信任度**：买家在进行网上购物时，通常都希望获取的信息是真实准确的，因此卖家如果证明了自己商品信息的真实性，就能在一定程度上获得买家的信任。销量、好评等都是获取买家信任度的一种方式。

2. 老客户的维护

老客户的重复消费是网店中非要重要的一个销售数据，对店铺的影响很大。一个成功的网店必须懂得维护老客户的方法。下面对常用的老客户维护方法进行介绍，主要包括建立会员制度、定期举办促销活动和老客户回馈3种。

- **建立会员制度**：建立会员制度能帮助卖家更好地维护老客户，防止客户流失。会员制度的消费奖励额度一般根据店内商品的价格而定，最好保持在既能抓住客户又能保证经济效益的程度上。会员制度可以分不同等级，如普通会员、高级会员、VIP会员等，针对不同消费能力或消费总额的客户，给出对应的优惠。
- **定期举办促销活动**：目前的各大网络购物平台以不同的名义衍生出了节日、店庆、回馈等各种促销活动，好的优惠活动可以为店铺带来非常大的经济效益。在策划促销活动时，一定要提前对活动进行宣传。促销活动必须有时间限制，不然容易让客户产生倦怠感。促销活动推荐的商品一般为畅销商品，但是需要适当地搭配滞销商品，带动其他商品的销量。

- **老客户回馈**：回馈老客户是一种比较常见的老客户维护方法，如果店铺值得信任、商品性价比高、服务质量好，就很容易赢得回头客。在淘宝的客户关系管理系统中，显示了光临店铺的客户基本信息和光顾次数，通过这个功能，卖家可以对已有客户进行分类，并通过短信、旺旺等方式定期向老客户推荐优惠活动，还可以通过以往的交易信息对客户数据进行分析，针对不同的客户进行分层营销。

11.5.4 客户关系管理工具

客户关系管理工具是专门用于整理和管理客户的工具，客户关系管理工具可以使客户管理工作更加事半功倍。下面对一些常用的客户关系管理工具进行介绍。

1. 淘宝网后台会员关系管理

淘宝网后台的会员关系管理系统是十分常用的会员关系管理工具，可以对网店所有客户进行管理，如制订营销活动、设置会员等级、客户分析等。图11-5所示为淘宝后台的会员关系管理页面。

▲ 图11-5 淘宝网后台的会员关系管理页面

2. 淘宝开放平台的客户关系管理软件

除了淘宝网提供的会员关系管理功能之外，其他的软件服务商也开发了很多客户关系管理软件，卖家可以直接在淘宝网中进行选择和购买，如图11-6所示。

▲ 图11-6 客户关系管理软件

11.5.5 客户关系管理的内容

使用客户关系管理工具管理客户是网店中非常重要的一项工作，客户关系管理的内容一般包括数据收集、客户分组和客户等级设置等。

扫一扫 实例演示

1. 收集客户数据

客户数据是客户关系管理的基础，卖家可通过网店后台查看客户的手机、邮箱、地址等信息，当然卖家在与客户交流过程中收集的其他信息也可存放在该会员管理系统中。下面介绍在淘宝后台的会员管理系统中收集和整理数据的方法，其具体操作如下。

STEP 01 登录淘宝卖家中心，在"营销中心"栏中单击"会员关系管理"超链接，进入聚星台页面，如图11-7所示。

▲ 图11-7 聚星台

STEP 02 在左侧的"客户管理"列表下选择"客户列表"选项，进入客户列表界面，在其中需要查看数据的客户名后单击"详情"超链接，如图11-8所示。

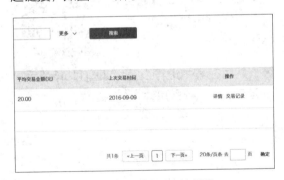

▲ 图11-8 进入客户列表界面

STEP 03 在打开的页面中将显示该客户的具体信息，单击页面右上方的 编辑 按钮，可对客户信息进行编辑和补充，如图11-9所示。编辑完成后单击 保存 按钮完成保存即可。

▲ 图11-9 编辑客户信息

新手练兵

登录淘宝卖家中心，在聚星台的"客户列表"页面中查看老客户的客户资料。

2. 设置会员等级

淘宝网后台的会员管理系统提供了设置会员等级的功能。下面介绍在淘宝后台的客户管理页面设置会员等级的方法，其具体操作如下。

扫一扫 实例演示

STEP 01 登录淘宝卖家中心的会员关系管理页面，展开"客户列表"选项，进入客户列表界面，在需要更改会员等级的客户名后单击"详情"超链接，打开客户信息页面，单击页面右上方的 编辑 按钮，单击"会员级别"栏右侧的下拉按钮，在打开的下拉列表中选择会员等级即可，如图11-10所示。

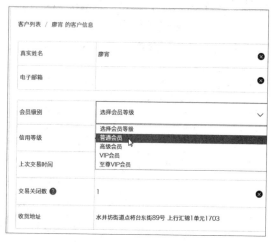

▲ 图11-10 设置会员等级

STEP 02 单击"会员状态"栏右侧的下拉按钮，在打开的下拉列表中可设置该会员是否享受折扣，如图11-11所示。

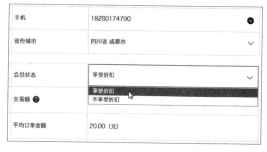

▲ 图11-11 设置会员状态

经验之谈

在"客户列表"页面的下方单击 +添加备注 按钮，在打开的页面中可以填写客户的详细信息，或者对客户的喜好、习惯、参与活动情况等信息进行备注。

3. 设置VIP

淘宝后台的会员管理系统将会员分为普通会员、高级会员、VIP会员和至尊VIP会员4个等级。只要购买商品并完成交易的客户即可自动变成普通会员，而要成为高级会员、VIP会员和至尊VIP会员，则要满足店内指定的消费条件。下面介绍设置VIP会员条件的方法，其具体操作如下。

扫一扫 实例演示

STEP 01 登录淘宝卖家中心的会员关系管理页面，展开"客户列表"选项，单击右侧的 VIP设置 按钮，如图11-12所示。

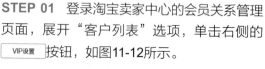

▲ 图11-12 VIP设置

STEP 02 打开设置页面，在其中即可设置不同等级的会员的消费额度，如需要设置高级会员，需先在高级会员栏下方启用该会员等

级，然后在其中进行设置，如图11-13所示，设置完成后保存即可。

▲ 图11-13 设置会员消费额度

4. 客户分组

卖家设置了会员等级的消费条件后，系统会自动将满足条件的客户提升到相应的等级，拥有相应的优惠或折扣。除此之外，也可以手动对客户进行分组，其方法为：登录淘宝卖家中心的会员关系管理页面，展开"客户列表"选项，单击右侧的 分组管理 按钮，进入分组管理页面，单击 新增分组 按钮，在"分组名称"文本框中输入组名称，单击 确定 按钮即可完成创建，如图11-14所示。建立好分组之后，进入客户的详细资料页面，单击 +添加分组 按钮，在打开的下拉列表中即可为客户设置分组。

▲ 图11-14　客户分组

11.6　客服人员管理

客服人员对网店非常重要，网店想要获得良好的发展，对客服人员的数量和质量都有一定的要求，因此卖家需要了解客服人员的招聘和管理方法。

11.6.1　客服人员的招聘和选择

网店的规模和经营方式不同，网店中的客服人员的工作模式也不一样，一般来说，主要有集中化工作模式和分散化工作模式两种，不同模式的客服人员的招聘和选择方式也不一样。其中，集中化工作模式是指网店拥有自己专门的客服团队和工作地点，实行统一管理。分散化工作模式是指以远程的方式建立起来的团队管理模式，客服人员分散各地，只通过同一个平台联系和共事。

- **集中化工作模式**：集中化工作模式对客服人员的要求更高，在数量和质量上都更严格，对客服人员的任职标准也有一定的要求。招聘这种客服人员时，一般可以通过招聘会、网络平台等发布招聘信息，通过笔试和面试等方式进行选择，其招聘流程大致如图11-15所示。

制订招聘要求，发布招聘信息　➡　筛选简历，挑选符合标准的应聘者并通知面试　➡　进行面试，通知已聘用人员

▲ 图11-15　招聘流程

- **分散化模式**：分散化模式多适用于小型网店，成本较低，对客服人员的要求也相应较低。分散化模式的客服人员一般可通过网络来招聘时间充足的人员，通过远程的方式对其进行指导和监督。

11.6.2　客服人员素质要求

客服是网店职能部门中非常重要的一个组成部分，一名合格的客服人员必须在心理素质和技能素质方面都能均衡达标。

1. 心理素质

由于买家的类型多种多样，在客户服务的过程中，客服人员会承受各种压力，因此必须具备良好的心理素质，具体内容如下。

- **处变不惊**：不管遇到任何问题，客服人员都要稳定沉着地安抚买家的情绪，不能自乱阵脚。
- **承受能力**：当面对买家的责问和埋怨时，客服人员要有良好的心态，虚心接受并积极处理买家的问题，不与买家发生争执和争吵。
- **情绪的自我调节**：当客服人员在与买家的沟通中产生负面情绪时，要学习情绪的自我调整，提高抗挫折打击的能力。
- **真诚付出的心态**：客服人员在对待买家时，要热情真诚；客服人员在对待店铺时，要敬业负责。
- **积极进取**：客服人员的能力直接与店铺的销售额产生联系，为了提高店铺的销售额，客服人员应该积极进取，努力提高自己的业务能力。

2. 技能素质

技能素质即客服人员的专业素质，主要包括商品熟悉度、交流能力、消费者心理分析能力、网站规则熟悉度以及计算机和网络知识等。

- **商品熟悉度**：商品熟悉度是客服人员必须具备的基本知识。一名合格的客服人员必须了解商品的用途、功能、颜色款式、尺码大小、销量、库存和评价等多个方面的知识，当买家询问时，可以做到游刃有余地进行回答，这样不仅可以节约销售时间，还能体现店铺的专业性。
- **交流能力**：对于销售客服而言，交流即是一种话术，在销售的过程中，需要通过语言中的销售技巧来说服买家。对于售后客服而言，需要通过语言拉近与买家的距离，安抚买家的情绪，赢得买家的好感。
- **消费者心理分析能力**：在网店销售中，买家的需求一般都是通过文字反映出来的，因此客服人员必须在文字中寻找和分析买家的需求，才能投其所好。
- **网站规则熟悉度**：每个电子商务平台都制订规则，对买卖双方的交易行为、交易程序等进行了规范，客服人员需要站在商家的立场上详细了解这些规则，把握交易尺度。除此之外，当买家不了解规则时，客服人员需要进行一定的指导。
- **计算机和网络知识**：电子商务建立于网络之上，依靠网络开始和发展，因此客服人员必须了解基本的计算机和网络操作知识，了解收发文件、资料的上传和下载、浏览的使用以及办公软件的使用等知识，且应具备一定的打字速度。此外，客服人员还需熟练淘宝的基本操作。

11.6.3　客服人员激励方法

为了使客服人员保持积极向上的工作态度，使客服团队获得良性的可持续发展，卖家必须对客服人员进行必要的激励。常用的客服人员激励方法主要有奖惩激励、晋升激励、竞争激励和监督激励等。

1. 奖惩激励

奖惩激励是指通过制订奖励和惩罚条款对客服团队进行激励，鞭策和鼓励整个团队向更好的方向进行发展。

（1）奖励机制

网店一般可以采取精神奖励和物质奖励两种方式来激励客服人员，通过奖励机制，可以有效地调动人员的积极性，优化整个团队的风气。

- **精神奖励**：精神奖励是一种以满足精神需要为主的奖励形式，精神奖励可以激发员工的荣誉感、进取心和责任心。网店可以根据自己的实际情况来制订精神奖励的标准，将奖项设置为新人奖、季度优秀服务奖、年度优秀服务奖，或C级服务奖、B级服务奖、A级服务奖等，并对不同等级的客服人员颁发相应的荣誉勋章等。
- **物质奖励**：物质奖励主要表现薪资福利奖励，对调动客服人员的服务积极性非常有效，网店可以根据实际的要求和标准制订不同的奖励等级，为满足标准的员工发放相应奖励。

（2）惩罚机制

惩罚机制是指网店制订专门的惩罚条例，对表现不好、不合格或犯错违规的客服人员进行相应的惩罚，主要目的是鞭策员工积极向上，保持团队的专业性和责任感，也是对员工行为的一种规范。惩罚形式一般以警告、批评、扣除奖金为主要形式，情节严重者也可进行淘汰。

2. 晋升激励

晋升激励是指为客服部门划分不同的层级职位，对员工的工作能力进行考察，能力优秀者则可获得晋升的平台和空间。晋升激励可以充分调动员工的主动性和积极性，打造和谐、卓越的客服团队，同时为每位客服人员实现自我价值提供机会。

一般来说，客服部门可以划分为客服人员、客服组长、客服主管和客服经理等层级，但在使用晋升机制激励员工的同时，网店必须为客服人员制订相应的培训计划，制订相应的选拔和任用制度，树立员工的学习标杆，引导其他员工不断学习和改进，才可使晋升机制真正发挥出良好的效果。

3. 竞争激励

营造积极良性的竞争氛围是卖家科学管理客服团队的有效手段，良性竞争不仅可以促使员工之间互相学习，发现并弥补自身的不足，还可以使整个团队在一种积极向上的环境里持续提高。

科学良性的竞争机制一般可以借助数据作为支撑，清晰明确的数据可以让员工清楚地看到自身的不足以及对手的优点，从而不断督促自己做出更好的成绩。

4. 监督激励

监督激励是指管理者对客服人员的工作态度、工作成绩、客户满意度和员工认可度等进行跟踪、督察、管理，使其工作效果达到预期目标。此外，通过对客服工作进行监督，管理者还可以评估出客服人员的工作效率，并将其作为客服考核的指标之一。监督方法主要包括管理者评价、问卷调查等方式。

11.6.4 客服人员绩效考核

网店的客服考核一般以关键绩效指标考核法（KPI）为主，即将员工需要完成的工作标准以指标的形式罗列出来，根据指标对员工进行评价，引导员工关注公司整体绩效指标和主要考核方向，不断完善和提升自己。图11-16所示为淘宝某店铺KPI考核表格。

考核年月：_____年____月			被考核客服_____		被考核人签字：_____	
序号	KPI 指标	权重	详细描述	标准	分值	得分
1	询单传化率（X）	40%	最终付款人数/询单人数	X≥65%	100	
				65%＞X≥60%	90	
				60%＞X≥55%	80	
				55%＞X≥45%	75	
				X＜45%	65	
2	支付率（F）	25%	支付宝成交笔数/拍下笔数	F≥95%	100	
				95%＞F≥90%	90	
				90%＞F≥85%	80	
				85%＞F≥80%	60	
				F＜80%	0	
3	落实客单价（Y）	5%	客服落实客单价/店铺客单价	Y≥1.18	100	
				1.18＞Y≥1.14	90	
				1.14＞Y≥1.12	80	
				1.12＞Y≥1.1	60	
				Y＜1.1	0	
4	首次响应时间（ST）	10%	首次响应时间（秒）	ST≤15	100	
				15＜ST≤20	90	
				20＜ST≤25	80	
				25＜ST≤30	60	
				ST＞30	0	
5	平均响应时间（PT）	10%	平均响应时间（秒）	PT≤30	100	
				30＜PT≤35	90	
				35＜PT≤45	80	
				45＜PT≤55	60	
				PT＞55	0	
6	其他	10%	日常工作完成度		100	
7	总得分	100%				
评级			差评处理情况			
业绩奖金			差评奖金		总奖金	

▲ 图11-16 淘宝某店铺KPI考核表格

疑难解答

客服工作是一个需要进行长期实践和总结，并不断完善的工作。下面对客服服务过程中的一些疑难问题进行简单解答。

1. 客服人员应该如何消除买家的疑虑？

答：在网店中销售商品，买家可能经常会对商品品牌、材质和价格等产生疑虑。客服人员要想打消买家的疑虑，首先需要思考买家产生疑虑的原因。一般来说，买家最容易对商品的真伪、质量和颜色等产生疑虑，因此客服人员在向买家介绍商品时，应客观详细地向买家解释并做出推荐，突出商品的优点，侧重商品的价值，展示商品的性价比，耐心、真心、诚心、热心地为买家服务，用自己的专业性让买家放心。

2. 客服人员获取商品信息的渠道有哪些？

答：在介绍商品给买家前，客服必须详细了解商品的信息，做好完全的准备，而客服了解商品信息的途径主要有查看已有的商品资料、询问厂商和批发商处的营业人员或资深人员、阅读报纸和专业杂志等资料获取相关信息、通过网络等媒体收集相关信息等。

3. 怎样与要求不同的买家进行沟通？

答：买家的类型各种各样，其要求也不一而足。在与对价格要求不同的买家交流时，如果是爽快直接的买家，需要适当表达感谢，或赠送一些小礼品，让买家感觉物超所值，培养买家的忠诚度；如果是讨价还价的买家，可以提供适当优惠，或者温和诚恳地表示已经是物超所值的价格了，也可以推荐他看一下其他价格更便宜的商品。在与对商品质量要求不同的买家交流时，如果是对质量要求严格的买家，则客服需要实事求是地介绍商品，把可能存在的问题都说出来，让买家对商品有一个大概的认识，引导买家对质量做出客观的取舍，或者推荐其购买质量更好的商品。

经典案例——不从买家身上找原因

每次一赶上促销活动，罗云的店铺就忙得不可开交。有时就会出现让她比较头疼的事情，如鞋子不合脚要换货、颜色不正要退货、鞋子味道不好要退货等，稍微回复不及时对方就觉得卖家想"赖账"。越忙，这种事情就越多，经常让罗云恨不得关掉计算机求个清净。

但是客服人员怎么能跟买家生气呢？不仅不能生气，还要忍着性子好言好语地解释、安抚，并立马解决问题。买家说对货不满意要退货，罗云不问原因二话不说就答应了，将退货地址和退货注意事项仔仔细细发过去。买家说货不合适要换，罗云不等买家的货寄到，只要看到了快递单号，立刻就把要换的商品快寄过去了。有些同行很奇怪，罗云退换货这么爽快，就不怕吃亏吗？

罗云怕吗？还是有点怕的。万一被退回来的商品已经被买家损坏了怎么办？万一已经退款但是商品没寄回来怎么办？罗云也考虑过这种情况，但是没办法，谁让消费者是"上帝"呢！

其实罗云已经吃过了"退换货"的亏，买家说要换货的时候，罗云为防万一，仔细地询问了商品的情况，多问了两句把买家问得不耐烦了，结果货也不换了，一个差评直接出现在罗云的店铺评价中。

网络世界这么大，买家的类型各种各样，遇到脾气好的买家就算了，遇到脾气不好的买家，简直得不偿失。罗云说："还不如不问原因，直接给买家退换货，这样买家觉得卖家耿直，值得信任，说不定下次还光顾呢！总之啊，不管是不是买家的问题，我们都不能从买家身上找原因，首先解决好买家的问题，这才是最重要的。"

总结：开门做生意，并不是每一件商品都能让买家满意，难免会出现一些商品问题或物流问题，如果恰好遇到挑剔的买家，很容易遭到投诉。客服人员在面对投诉时，一定要态度端正、注意倾听、不推卸责任、及时解决问题，这样才能避免投诉的升级。

实战训练

（1）了解和熟悉客服的基本流程，掌握售后问题的处理方法。

（2）使用淘宝后台的会员管理工具为店铺的买家分组，丰富买家的资料，并设置其会员等级。

（3）了解客服人员的素质要求，了解客服人员的绩效考核数据，熟悉关键绩效的计算和评比方法。